Boris Cyrulnik y Louis Ploton *(Coords.)*

Envejecer con resiliencia

Colección
Psicología / Resiliencia

Otros títulos publicados en Gedisa:

Los patitos feos
La resiliencia: una infancia infeliz no determina la vida

Bajo el signo del vínculo
Una historia natural del apego

Del gesto a la palabra
La etología de la comunicación en los seres vivos

Me acuerdo...
El exilio de la infancia

Autobiografía de un espantapájaros
Testimonios de resiliencia: el retorno a la vida

Las almas heridas
Las huellas de la infancia, la necesidad del relato y los mecanismos de la memoria

¿Por qué la resiliencia?
Lo que nos permite reanudar la vida

Resiliencia y adaptación
La familia y la escuela como tutores de resiliencia

Envejecer con resiliencia

Cuando la vejez llega

Boris Cyrulnik y Louis Ploton *(Coords.)*

Título original en francés:
Résilence et personnes âgées
© Odile Jacob, février 2014

© De la traducción: Alfonso Díez
Corrección: Marta Beltrán Bahón

Cubierta: Juan Pablo Venditti

Primera edición: octubre de 2018, Barcelona

Derechos reservados para todas las ediciones en castellano

© Editorial Gedisa, S.A.
Avda. Tibidabo, 12, 3º
08022 Barcelona (España)
Tel. 93 253 09 04
Correo electrónico: gedisa@gedisa.com
http://www.gedisa.com

Preimpresión:
Moelmo, S.C.P.
www.moelmo.com

ISBN: 978-84-9784-956-2
Depósito legal: B.21058-2018

Impreso por Sagrafic

Impreso en España
Printed in Spain

Queda prohibida la reproducción total o parcial por cualquier medio de impresión, en forma idéntica, extractada o modificada, en castellano o en cualquier otro idioma.

Índice

¿Resiliencia en la vejez? 9
Boris Cyrulnik

Creatividad, humor y resiliencia a medida que la edad
avanza.. 19
Marie Anaut

Desde la perspectiva del animal viejo: resiliencia
y envejecimiento, otro punto de vista 37
Claude Béata

Familia y resiliencia durante el envejecimiento 49
Michel Delage

Las interacciones tardías 65
Antoine Lejeune

Envejecimiento, música y resiliencia 79
Pierre Lemarquis

Libertad, gestualidad, personas mayores 91
Jean-Pierre Polydor

Los olvidos imposibles o el deseo de olvidar 119
Pascale Gérardin

Enfermedad de idealidad y de resiliencia: posibles destinos... 133
Mireille Trouilloud

Motivación, resiliencia y envejecimiento.................... 151
Cyril Hazif-Thomas y Philippe Thomas

Los mecanismos psicodinámicos de la resiliencia
en el envejecimiento.. 171
Marion Péruchon

El trabajo psíquico de resiliencia en el anciano 189
La función de los mecanismos de desprendimiento: releer y religar la propia vida
Jacques Gaucher y Gérard Ribes

Envejecimiento y resiliencia: ¿*quid* de la teoría de la mente? ... 201
Alain Brossard

Edad provecta, discriminación y resiliencia 217
Yves Kagan y Jérôme Pellerin

A modo de conclusión 245
Serge Sirvain y Louis Ploton

Los autores... 251

¿Resiliencia en la vejez?

Boris Cyrulnik

Los signos aparentes de la vejez son pérdidas: pérdida de frescura, de músculos, de memoria, hasta el naufragio final. ¿Cómo quieren pensar la resiliencia, que consiste en reanudar un nuevo desarrollo, con tal imagen de la vejez?

De hecho, se constata que con la inevitable vejez, el proceso de adaptación lógico consiste en renunciar y optimizar. La persona mayor renuncia, con una sonrisa, a participar en los Juegos Olímpicos, pero optimiza los puntos fuertes que ha adquirido a lo largo de su desarrollo y de su historia: la aptitud para construir un relato de su representación de sí mismo y dar sentido a las inevitables pruebas y a los traumas de su existencia. Ahora bien, dar un sentido a un acontecimiento que se percibe es metamorfosear la connotación afectiva de dicho acontecimiento: «Me sentí muy desgraciado cuando me eliminaron de la carrera de medicina», dice el señor M., de 76 años, «y finalmente me doy cuenta de que eso me permitió empezar una aventura literaria. Me convertí en especialista en Aragon en el CNRS... Una gran felicidad... Pero todavía siento alguna tristeza por no haber sido médico».

Nos encontramos en plena definición de la resiliencia en la vejez: en el momento del desgarro, a los 20 años, cuando el señor M. fue eliminado de la carrera de medicina, únicamente sintió pena, un enorme sentimiento de pérdida, una imagen de sí mismo degradada para toda la vida. «Nunca seré médico». Luego, renunciando a aquel sueño perdido, optimizando otro punto fuerte de su personalidad, el amor por la literatura, fue feliz en el CNRS. Cuando se alcanza la vejez, la «edad de la sensatez», decía Saint-John Perse, «se ven la cosas de otro modo».

La ralentización psicomotriz es una constante en la existencia de todos los seres vivos, animales y humanos. En un contexto apacible no resulta un hándicap. El declive cognitivo es más difícil de evaluar, puesto que depende del desarrollo de los individuos y de los contextos técnicos que pueden estimular o disminuir los rendimientos. Las creencias culturales organizan el modo de dirigirse a las personas mayores, de aportarles seguridad, de movilizarlos o abandonarlos. La cognición en la edad avanzada es la consecuencia de todos estos determinantes heterogéneos.

El sentimiento de vejez, ¿puede ser el mismo en el siglo xxi que en la Edad Media? Una niñita que llega al mundo hoy en día será probablemente centenaria. Controlará su fecundidad, consagrará dos o tres años a la maternidad, en un contexto en el que la tecnología permite que lo social ya no se tenga que construir con los músculos de los hombres y el vientre de las mujeres. ¿Qué hará esa niña de los noventa y siete años de vida que le quedan? ¿Atribuirá a la maternidad el mismo valor que las mujeres que, en el siglo xix, morían a los 36 años después de trece embarazos? ¿Atribuirá a la pareja la misma significación que en la época en que los hombres, sacrificados —y en consecuencia heroizados— bajaban con orgullo a la mina para trabajar en ella quince horas diarias?

A estos cambios tecnológicos y sociales, que suponen una nueva representación de la vejez, hay que añadir los descubrimientos de las neurociencias: la neuroplasticidad puede ser definida como «un proceso neurobiológico que permite la recuperación de un buen funcionamiento cerebral tras una enfermedad o una alteración debida a la edad». Buen funcionamiento no significa retorno al estado anterior, puede significar también aceptación de la pérdida y optimización compensatoria de lo que todavía funciona bien. Es un «nuevo desarrollo» en la vejez, que corresponde a la definición de la resiliencia en la tercera edad (Mora, 2013).

Esta resiliencia debe ser considerada como un reajuste del mundo mental alterado por las pérdidas. Cuando se es un niño, la pérdida de los padres provoca un trastorno del nicho sensorial que tutoriza el desarrollo. Es un riesgo vital y una alteración de todos los desarrollos biológicos y psicológicos. Para un anciano, de lo que se trata es de la pérdida de las capacidades adquiridas a lo largo de su desarrollo y de su historia; pérdida de amigos o de relaciones sociales, pérdida de vigor físico, pérdida de memoria. ¿Se puede reorganizar el nicho que rodea a los ancianos, de tal forma que les permita reorganizar su mundo mental? El uso de los recursos íntimos depende de la disposición de los recursos exteriores. Un viejo abandonado tiene pocas oportunidades para reorganizar su mundo íntimo, sólo puede dar sentido a los acontecimientos de su vida dirigiéndole su relato a alguien. Una emoción compartida es una forma de socializarse y de modificar el sentimiento provocado por la representación del acontecimiento. Las personas mayores experimentan un extraño placer al contar cómo vivieron la aparición del «hada electricidad», de los automóviles o de la televisión. Es más difícil que cuenten la guerra de 1940, o las tragedias de su existencia, porque es más difícil compartir recuerdos de horror que un momento de placer. Pero ellos dicen, en un lenguaje hoy desaparecido, que sus victorias contra la desgracia son un ejemplo «edificante» que se debe transmitir a las jóvenes generaciones.

Es posible aislar e incluso evaluar los factores que contribuyen a la resiliencia. El esquema lógico consiste en buscar los elementos que se deben optimizar antes, durante y después del trauma.

Antes del trauma de la vejez, un sujeto herido ha adquirido ya factores de protección o factores de vulnerabilidad. Un aislamiento precoz durante los primeros años de la vida inscribió en su memoria una inaptitud para controlar sus reacciones emocionales. El empobrecimiento de las estimulaciones en el nicho sensorial de los primeros años no sinaptizó las neuronas prefrontales, cuya función de inhibición se vuelve hipofuncional. La amígdala rinencefálica ya no tiene nada que la frene y puede multiplicar su volumen por cuatro (Radchenko, Allilaire, 2007).

Es posible más tarde, a lo largo del desarrollo, resiliar esta vulnerabilidad neuroemocional precozmente adquirida. La palabra y los rituales sociales son útiles de control de la impulsividad y del pasaje al acto. Cuando estas suplencias afectivas y culturales se han vuelto posibles por la educación y la cultura, estas personas llegan a la tercera edad habiendo construido un factor de resiliencia a pesar del hándicap precoz. Pero a menudo, la impulsividad ha provocado un trastorno de la relación y de la socialización que no ha permitido instaurar este factor de resiliencia. Cuando el adulto se las arregla para no enfrentarse a su vulnerabilidad, la denegación le da una apariencia de solidez, pero con la edad se ve reaparecer la impulsividad. Cuando el viejo se encuentra de nuevo aislado, la falta de control emocional vuelve a la superficie. La vulnerabilidad había quedado simplemente enterrada bajo las superestructuras de la vida cotidiana, sin haber sido resuelta. A la inversa, cuando el viejo ha aprendido a verbalizar y a mentalizar su mundo íntimo, este trauma resuelto no reaparece (Masten, Wright, 2010).

La estructura del trauma y el modo de enfrentarse a él participan en el éxito o el fracaso de la resiliencia. Quienes soportan con el menor sufrimiento posible el duelo, las perdidas y la disminución de las capacidades físicas son aquellos que, antes del trauma, habían adquirido un apego seguro y una aptitud para mentalizar. En el momento mismo de sufrir el trauma, ya tratan de comprender la situación agresora para controlarla mejor (foco externo) y utilizar los puntos fuertes de su personalidad (foco interno). Esta reacción adaptativa explica el *coping*, pero no la resiliencia.

Mediante el *coping*, el agredido se enfrenta al trauma actual con los puntos fuertes de su desarrollo. Es una transacción entre lo que el sujeto es y lo que hay a su alrededor en aquel momento. Pero después del trauma, la representación de lo ocurrido puede convertirse en un factor de resiliencia o de no resiliencia. Así, hubo soldados que durante la guerra de las trincheras de 1914-1918 estaban enloquecidos, pero que luego, apoyados por sus familias, que les aportaban seguridad, y glorificados por su pueblo al llegar la paz, confesaban con una sonrisa el pánico que habían sufrido y pudieron volver a vivir su vida sin traumas. Un *coping* catastrófico no había impedido un buen proceso de resiliencia. A la inversa, algunos de quienes fueron llamados a la guerra de Argelia se habían beneficiado de la seguridad aportada por la solidaridad sus compañeros, pero las circunstancias de la guerra y la acogida hostil cuando volvieron con sus familias les hicieron callarse y no compartir nunca el horror de lo que habían visto o hecho. El *coping* había sido excelente, pero el silencio impuesto provocó una escisión de su personalidad: «Sólo podemos compartir con los nuestros lo que son capaces de entender.» La resiliencia fue mala y a menudo, en la vejez, los recuerdos ocultos y nunca elaborados surgen de un modo sorprendente «como si eso acabara de ocurrir».

La señora R, de 74 años, consulta por accesos de angustia que la torturan, sobre todo de noche. Tiene pesadillas cuyo tema es una violación y la policía. Es ella quien viola y la policía acude para llevarla a la prisión. Tras un muy largo silencio, murmura: «Me pregunto por qué no dije nada». Luego, perdida en sus brumas interiores, no responde a las preguntas. Sólo en la tercera entrevista explicará: «Sorprendí a mi hija, en mi cama, con su padre... Me pregunto por qué no dije nada». Su hija no acudió a comisaría, la vida se reanudó, aunque perturbada por un espeso silencio. La señora R. había evitado enfrentarse a la imagen traumatizante refugiándose en la hiperactividad cada vez que la representación del trauma se insinuaba en su pensamiento. La denegación es un eficaz factor de protección, ya que impide el sufrimiento. Pero evitando enfrentarse con el problema, este mecanismo impide la resiliencia, ya que la mentalización permanece bloqueada en la defensa, como si la señora R. hubiera pensado: «El recuerdo de esa imagen impensable me espanta, tengo que ponerme a trabajar enseguida para no pensar». Treinta y cinco años más tarde, con las modificaciones debidas a la edad, este medio de protección ya no sigue siendo eficaz. El recuerdo del trauma no elaborado resurge y tortura a la señora R, «como si eso acabara de ocurrir». La huida hacia adelante ya no es posible, porque ahora está cansada. La memoria de los hechos recientes se borra, dejando resurgir el recuerdo de los acontecimientos lejanos. Con mayor razón, dado que la memoria traumática se caracteriza por una «anatomía» particular: el centro de la agresión es una hipermnesia claramente impregnada en el cerebro, mientras que el contexto, no significativo en el momento de la agresión, permanece vago, está mal temporalizado y su huella es débil. Esta estructura de la memoria es característica del síndrome psicotraumático que la señora R. pudo evitar gracias a la denegación. Probablemente la señora R. tuvo que callar, como los soldados de la guerra de Argelia, porque no tenía a nadie con quien hablar, nadie con quien compartir aquel acontecimiento impensable, fuera del marco de la cultura. Nadie hubiera podido creerla. La debilidad fisiológica de su memoria y de sus músculos, al disminuir la eficacia de su protección hiperactiva y solitaria, dejó resurgir la imagen oculta de un trauma nunca resuelto, ¡con el que ni siquiera se había enfrentado!

La representación del trauma del pasado, conjugado con el apoyo contextual, puede convertirse en un factor de resiliencia o no hacerlo. Hay al menos dos veces menos síndromes psicotraumáticos tras una catástrofe interhumana, como si fuera más fácil perdonar a la naturaleza (no es culpa suya) que a los hombres (es intencional). Pero cuando hay una repetición de catástrofes, como en el caso de erupciones de volcanes o en las guerras crónicas como las de Oriente Medio, se constata que quienes recibieron apoyo durante la primera catástrofe sufren menos alteraciones psíquicas que quienes no recibieron el apoyo adecuado o incluso fueron abandonados a su suerte (Shalev, Freedman, 2005).

La edad de la sensatez es también la edad del balance. Y cuando una persona mayor se representa su pasado, relata su historia. Puede evocar en su recuerdo los inevitables momentos dolorosos de su existencia. Esta orientación es más fácil cuando la soledad contextual lo invita a «rumiar», a dar una forma triste a un recuerdo que justifica su estado de ánimo actual. Pero cuando tiene el apoyo de su entorno y una figura de apego (amigos, hijos o nietos) le pide un relato para compartir con él su experiencia, la metamorfosis es instantánea, el viejo cuenta los acontecimientos a condición de que sean socializables: «Viví una guerra que os permite ser libres... Fui un héroe del trabajo cuando las jornadas laborales duraban doce horas». Un recuerdo compartido cambia la connotación afectiva del acontecimiento y teje un vínculo con los oyentes. Los dos factores más eficaces de la resiliencia están presentes: el vínculo y el sentido.

Las causalidades directas son poco explicativas: cuanto más se envejece, ¡menos pesado es el duelo! (Miller, Wortman, 2002) Un niño que pierde a su madre corre el riesgo de morir él también. Y si no muere, su personalidad quedará alterada por mucho tiempo. Una persona mayor que pierde a su madre, más mayor aún, tendrá un duelo ligero. La muerte de un allegado no tiene el mismo efecto en función del género, la edad, la historia y el contexto.

El estado de salud de las personas mayores es un factor de resiliencia. Los hombres sufren un pico de mortalidad entre los 60 y los 65 años (accidentes de trabajo, de tráfico, alcohol, corazón), pero pasados los 70 años, los que quedan están mejor de salud que las mujeres, que padecen más enfermedades crónicas limitantes. El trauma que ocurre a esta edad altera más a las mujeres. Pero lo que explica más las diferencias de reacción es la existencia de depresiones anteriores al trauma (Codirkswager, Grievink, Van der Velden, Ysermans, 2006). Una vulnerabilidad adquirida, inscrita en la memoria del trauma, disminuye el *coping* y la resiliencia.

Los rasgos de personalidad son poco determinantes: cuando el desarrollo ha permitido adquirir una estabilidad emocional, cuando la historia de la persona mayor le proporciona una buena imagen de sí mismo y cuando el apoyo afectivo le aporta seguridad y le da ánimos, se puede predecir una buena resiliencia. Si los viejos extrovertidos tienen mejores puntuaciones de resiliencia (Ionescu, Jourdan-Ionescu, 2011), ello es probablemente porque su desarrollo, su historia y sus apoyos les han permitido adquirir un optimismo y un impulso hacia los demás que los hace más agradables de frecuentar y más capaces de ir a buscar por ellos mismos a sus tutores de resiliencia (Jopp, Rott, Oswald, 2008).

Uno de los factores más fiables de resiliencia en la tercera edad puede ser evaluado pidiendo a las personas que enumeren sus relaciones afectivas y cuenten el número de encuentros o de llamadas telefónicas que reciben durante la semana. Cuando, después de cada desgracia, la edad ha disminuido los encuentros, el aislamiento físico, afectivo y verbal altera el psiquismo. Pero cuando tras una desgracia la persona ha podido conservar relaciones afectivas, encuentros físicos y compromisos sociales, será fácil que se desencadene una resiliencia.

Germaine Tillion todavía trabajaba en la víspera de su muerte, con 104 años. Antropóloga en el Musée de l'Homme, en París, se comprometió con la Resistencia y fue deportada. En Ravensbrück, cada noche, organizaba una conferencia para explicar a las otras detenidas lo que iba entendiendo acerca del sistema concentracionario. Tomaba notas para escribir una opereta sobre la vida en los campos, convirtiendo así el horror en una obra de arte que soñaba con poder compartir algún día: «Había perdido el deseo de vivir, y riéndome de aquel horror decidí, con la ayuda de mis codetenidas (Geneviève de Gaulle y Anisse Postel-Vinay entre otras) escribir una opereta, parodia de *Orfeo en los infiernos* de Offenbach» (Tillion, 2007). En el campo deseaba morir, pero volvió a la vida cuando decidió «reírse hasta el último minuto», con lo que consiguió crear a su alrededor un grupo de amistad, de ayuda mutua y de alegría que duró hasta sus 104 años (y quizás todavía dura).

La religión es un precioso factor de resiliencia en los ancianos, cuyo estudio ha sido descuidado. El imperativo «ama la religión, o bien ódiala» ha dificultado los estudios científicos del tema. No se trata de afirmar que «sólo Dios nos salvará» o, por el contrario, que «Dios siempre provoca guerras de religión»; se trata de preguntarnos si la creencia en Dios puede ayudar a un anciano a reanudar su vida tras un trauma. Las investigaciones psicológicas y epidemiológicas lo precisan: los creyentes afrontan mejor la desgracia y, en caso de trauma, desencadenan fácilmente un proceso de resiliencia (Pargament, Cummings, 2010).

Se puede analizar de qué modo la religión estructura un modo de vivir que coordina un haz de factores de resiliencia:

- frecuentarse para calmarse mutuamente;
- tratar de comprender, dar sentido al sufrimiento;
- identificarse con una imagen protectora;
- reunirse para celebrar rituales religiosos;
- crear un sentimiento de pertenencia que da seguridad;
- hacerse una representación sublime de uno mismo;
- participar de una trascendencia;
- leer los textos que se comparten, cantar, llevar a cabo peregrinaciones, aportan los factores de resiliencia del arte y de la acción;
- codificar la sexualidad y la alimentación para controlar la impulsividad;
- sentirse contenido y seguro por la obediencia a una ley divina.

Germaine Tillion, que no era creyente, había encontrado en ella misma estos factores laicos de resiliencia que la religión aporta a la mayoría.

Algunos piensan que la religión es una defensa inmadura, ya que impone una sumisión a una figura de apego omnipotente, una respuesta infantil a una necesidad de protección (Freud, 1971). Otros piensan incluso que la religión es un proceso arcaico de socialización.

La religión es un factor de resiliencia cuando aporta el sostén de los rituales y de los encuentros. También puede dar sentido a la desgracia. Pero esta defensa de grupo y de trascendencia es a menudo instrumentalizada para hacer que la sociedad funcione como un solo hombre. Una religión sin empatía, sin interés por otra creencia u otra cultura convierte al grupo en clan. Esta solidaridad clánica ignora o detesta lo que no proviene de ella misma. El odio es un arma para los regímenes totalitarios.

Conclusiones

La representación del tiempo cambia con la edad. Un recién nacido únicamente puede anticipar su futuro, porque en el momento de llegar al mundo no tiene pasado. Su lóbulo prefrontal sólo se conectará con el circuito rinencefálico hacia la edad de 4-7 años, en función de las estimulaciones del medio. En ese momento se vuelve capaz de buscar en su pasado imágenes y palabras que constituyen la representación de sí. Un bebé no tiene nada que reprimir porque no puede tener recuerdos.

La resiliencia en la edad avanzada se opone al prejuicio de la degradación inexorable. Las pérdidas debidas a la edad son cosas a las que es posible acomodarse y que pueden ser compensadas tejiendo nuevos vínculos. Los recursos internos son optimizables mediante transacciones con el medio.

Referencias bibliográficas

Codirkswager A. J., Grievink L., Van der Velden P., Ysermans C. J. (2006), «Risk factors for psychological and physical health problem after a man-made disaster», *British Journal of Psychiatry*, 189, págs. 144-149.
Freud S. (1971), *L'Avenir d'une illusion*, PUF, París.
Ionescu S., Jourdan-Ionescu C. (2011), «Évaluation de la résilience», en S. Ionescu (ed.), *Traité de résilience assistée*, PUF, París, págs. 61-127.
Jopp D., Rott C., Oswald F. (2008), «Valuation of life in old and very old age: The role of socio-demographic, social and health resources for positive adaptation», *The Gerontologist*, 48, págs. 646-658.

Masten A., Wright M. (2010), «Resilience over the life span. Developmental perspectives or resistance, rocovery and transformation», en J. W. Reiche, A. J. Zautra, J. S. Hall, *Handbook of Adult Resilience*, The Guilford Press, págs. 221-222.

Miller E., Wortman C. B. (2002), «Gender differences in mortality and morbidity following a major stressor. The case of conjugal bereavement», en G. Wetdiner, S. M. Kopp, M. Kristenson (eds.), *Life and Behavioral sciences*, IOS Press, 327, págs. 251-266.

Mora F. (2013), «Successful brain aging: Plasticity environmental enrichment and lifestyle. Dialogues in clinical neurosciences», *Cerebral and Neuroplasticity*, 15 (1), págs. 45-51.

Pargament K., Cummings J. (2010), «Anchored by faith, religion as a resilience factor», en J. W. Reich, A. J. Zautra, J. S. Hall, *Handbook of Adult Resilience*, The Guilford Press, págs. 193-210.

Radchenko A., Allilaire J. (2007), «Neuroplasticity and depression: Taking stock», *Neuronale*, 32, págs. 6-10.

Shalev A. Y., Freedman S. (2005), «PTSD following terrorist attacks: A prospective evaluation», American Journal of Psychiatry, 162, págs. 1188-1191.

Tillion G. (2007). *Une opérette à Rovensbrück. Leverfügdar aux enfers*, Seuil, París.

Creatividad, humor y resiliencia a medida que la edad avanza

Marie Anaut

Las actividades humorísticas y las vinculadas más generalmente a la creatividad pueden ser captadas en su articulación con los procesos de resiliencia a lo largo de los distintos períodos de la vida y en particular en los mayores. La resiliencia corresponde a un proceso dinámico, en el que las influencias del entorno y los recursos del individuo interactúan para permitirle a la persona adaptarse a pesar de la adversidad y desarrollarse, manteniéndola a salvo de las secuelas de los traumatismos. Entre los recursos que ayudan al sujeto a construir un proceso resiliente, la creatividad y el humor ocupan un lugar particular. Constituyen factores de protección intrapsíquicos, particularmente mediante la simbolización, favoreciendo el proceso de integración y de transformación de los traumatismos.

A lo largo del envejecimiento, la creatividad y el humor pueden facilitar los ajustes psíquicos específicos de este período de la vida. En efecto, el contexto biopsicosocial cambia con el transcurso de la edad, provocando un desequilibrio relacional y psicoafectivo, así como la necesidad de llevar a cabo reajustes psíquicos para volver a adaptarse. La autonomización de los hijos y su partida del hogar, el fin de una actividad profesional con la jubilación, los signos de una salud en declive, son ocasiones de confrontación con el pasado, períodos de balance vital. A medida que la edad avanza, el sujeto tiende a revisitar los recuerdos de su infancia y más generalmente los de toda una vida. Es una etapa de crisis de desarrollo, en el sentido eriksoniano, es decir, una etapa del ciclo de la vida que induce mutaciones identitarias y psicoafectivas. A lo largo del envejecimiento, las personas se enfrentan con la reminiscencia de su pasado, que puede contener traumatismos no elaborados. Algunas personas abordarán las etapas del envejecimiento desarrollando su creatividad (escritura, dibujo, pintura, escultura, etc.) y a veces haciendo uso del humor. La creatividad y el humor son recursos que pueden ser movilizados en la puesta en juego de procedimientos con finalidad protectora, pero responden igualmente a funciones elaborativas, que en particular permiten a las personas reestructurar los traumatismos antiguos que se pueden reactivar a medida que la edad avanza.

Crisis del envejecimiento: el balance de pérdidas y ganancias

El paso del tiempo obliga a tener en cuenta cambios importantes para el sujeto. El proceso de envejecimiento comprende distintas dimensiones adaptativas vinculadas a las transformaciones fisiológicas, pero también a las modificaciones de las relaciones y los puntos de referencia sociales. El sujeto de edad avanzada tendrá que enfrentarse a muchas conmociones relacionales y a sus consecuencias psicoafectivas. Deberá adaptarse e integrar las modificaciones que afectan a las bases fundamentales de su vida, alterando las esferas fisiológicas, sociales y mentales. El proceso de envejecimiento puede ser abordado de diversas formas: por el lado de las pérdidas, pero también por el lado de las ganancias.

Por el lado de las pérdidas, podemos mencionar la alteración de los vínculos relacionales, la disminución de las participaciones sociales, fruto del abandono de las responsabilidades profesionales con la detención de la actividad remunerada al llegar la jubilación. En este estadio, es habitual en nuestra sociedad hablar de una «cesación de la vida activa», términos terribles, representativos de la mirada social mortífera que se dirige a los jubilados. Por otra parte, el sujeto no sólo debe enfrentarse a las consecuencias del fin de la actividad profesional, sino que también deberá enfrentarse a los duelos de la pérdida de seres queridos: cónyuge y amigos. Además, a lo largo del envejecimiento, la persona se encontrará con la realidad de la degradación de sus capacidades psíquicas y cognitivas, con el declive de su salud y el deterioro de su memoria. Para algunos, la pérdida de contacto con los avances tecnológicos, que para las personas mayores pueden volverse inaccesibles e imposibles de dominar, agrava el sentimiento de una discordancia social y relacional, con lo que se acentúa la dependencia. La alteración de las capacidades funcionales puede generar frustraciones, sentimientos de desvalorización y un descenso de la estima de sí que se acompaña a veces de una sintomatología depresiva.

Por el lado de las ganancias, podemos destacar el aumento del tiempo libre y la ausencia de estrés causado por preocupaciones profesionales y las responsabilidades ligadas a estas actividades. Del mismo modo, las relaciones familiares puede ser menos apremiantes y la autonomización y la partida de los hijos del hogar (en la mayoría de los casos) dejan más tiempo para otras implicaciones relacionales, sociales y afectivas.

En consecuencia, el envejecimiento no se debe poner únicamente en la columna de las pérdidas y los duelos. Podemos entenderlo igualmente a partir de las capacidades de una persona para llevar a cabo las actividades necesarias para conseguir su bienestar. La jubilación y la partida de los hijos son períodos en los cuales los *seniors* deben redefinir su valor como seres humanos, más allá de su oficio o de su implicación en el hogar (especialmente en el caso de las mujeres sin actividad profesional). Este período de la vida ofrece oportunidades para descubrir experiencias nuevas, no sólo por la consolidación de las habilidades ligadas a la experiencia pasada, sino también por la posibilidad de adquirir nuevos conocimientos. Esto da a los *seniors* la ocasión de explorar nuevos proyectos y hacer uso de nuevas capacidades, que reemplazarán a las que hasta entonces habían orientado y estructurado su modo de vida. Así Pierre, después de su jubilación como profesor, preparó y sostuvo una tesis de musicología, tan sólo por el placer de completar sus conocimientos como autodidacta en este dominio, que hasta entonces había sido para él una ocupación ocasional. Hay que tener en cuenta que tocaba muy bien varios instrumentos musicales sin haber estudiado nunca solfeo.

Evidentemente, esta visión de la vejez realizada no corresponde a todos los casos. Desde el punto de vista psicológico, las personas ancianas se ven sometidas a duras pruebas. Las múltiples tensiones debidas a los cambios (físicos, psíquicos y de modo de vida) que se producen durante la edad avanzada son muy exigentes desde el punto de vista emocional. Es un período de crisis identitaria propicia a hacer un balance de la vida, durante el cual los recuerdos felices y los infelices acuden de nuevo y movilizan reajustes psíquicos. Tras la jubilación, el anciano puede experimentar un aburrimiento existencial, con el sentimiento, sobre todo, de la propia inutilidad. La jubilación es una de las causas de depresión, ligada a la pérdida del estatus que se derivaba de la actividad profesional, sobre todo si no hay ninguna otra actividad que compense y colme este vacío. En este período de la vida, una de las patologías más frecuentes es, efectivamente, la queja depresiva.[1] Las estadísticas de salud afirman que una persona de cada tres de más de 65 años padece síntomas depresivos. Así, a lo largo de la vejez, los individuos sufren cambios que pueden poner en entredicho su bienestar emocional. El anciano tiene que encontrar nuevos puntos de referencia socioafectivos y debe recurrir otra vez a los vínculos existentes. El reajuste relacional y afectivo con el cónyuge es a veces difícil y cada vez se ven más separaciones conyugales tardías. La mirada vuelta hacia el pasado puede causar la actualización de conflictos antiguos que resurgen, lo cual a veces da a lugar a que se reactiven conflictos familiares que se remontan, a veces, a la infancia.

Durante el envejecimiento, cierto número de situaciones difíciles se acumulan, como la pérdida de los puntos de referencia socioafectivos, los cambios físicos y cognitivos. A esto se añaden se añaden a veces problemas económicos debido a la disminución de los ingresos, que conduce a algunos ancianos hasta el umbral de la pobreza. Todo esto constituye un contexto que puede resultar traumatógeno. Además, este período de balance vital puede despertar traumas antiguos. Esto nos lleva a preguntarnos por las modalidades de adaptación a las que recurren las personas mayores para adaptarse y, en ocasiones, para llevar a cabo un proceso de resiliencia durante este período particular de la existencia. En este contexto, podemos explo-

---

1. Ploton L., Laroque G., (2003). *La Personne âgée. Son accompagnement médical et psychologique et la question de la démence*, Chroniques sociales, Lyon.

rar el papel desempeñado por factores que facilitan la resiliencia[2] en el sujeto de edad avanzada, y más específicamente las relaciones singulares con la creatividad y con el humor en este período de la vida. Tanto la creatividad como el humor pueden expresarse de múltiples formas: escritura, dibujo, pintura, escultura, cine, teatro, *sketches*, bromas, etc.

La creatividad en el anciano: un nuevo impulso vital

En las personas de edad, la noción de creatividad es a veces cuestionada, en una amalgama algo apresurada que consiste en considerar que el deterioro de ciertas capacidades (físicas y cognitivas) en las personas que envejecen se extendería de un modo más global a las aptitudes creativas en su conjunto. Ahora bien, la clínica en gerontología, así como los numerosos ejemplos de la vida corriente, muestran que incluso a una edad avanzada la mayoría de las personas son capaces de actividades creativas. Algunas de ellas, por otra parte, encuentran ocasiones para desarrollar una creatividad que había permanecido en suspenso durante el período de actividad profesional, o que ha sido obstaculizada por las preocupaciones ligadas a la educación de los hijos. Cuando, una vez libre de estas obligaciones profesionales o familiares, el anciano está en una situación que le permite disponer de más tiempo, puede demostrar que tiene un impulso creativo en ocasiones notable. El período del envejecimiento, que corresponde a un momento de crisis identitaria y de desarrollo, puede en sí mismo favorecer la expresión de la creatividad como un exutorio frente a la desestabilización psíquica y relacional. A lo largo de las edades de la vida, la creatividad surge con más intensidad en ciertos momentos del ciclo vital de los sujetos. Los períodos de crisis del desarrollo, como la adolescencia, la crisis de la mitad de la vida o también la jubilación o el envejecimiento, son particularmente propicios para la expresión de ese impulso creativo.

---

2. Anaut M., (2008). *La Résilience, surmonter les traumatismes*, Armand Colin, «128-Psychologie», París.

La creatividad remite a las aptitudes del sujeto y está relacionada con un proceso psíquico que, como el humor, pone en acto un impulso vital. Según Didier Anzieu,[3] la creatividad corresponde a un «conjunto de predisposiciones del carácter y de la mente que pueden cultivarse y que se encuentran, si no en todos [...] al menos en muchos». La mayoría de los individuos tienen un potencial creativo oculto que se traducirá de modos distintos. Puede expresarse mediante actitudes o producciones humorísticas, pero también de un modo más serio, incluso muy serio.

Asociada o no al humor, la creatividad se traduce en actividades y producciones de obras originales. Sin embargo, dar pruebas de creatividad produciendo una obra no significa por fuerza que la producción resultante haya recibido un reconocimiento artístico por parte de la sociedad. Por otra parte, el valor artístico fluctúa mucho y está sometido a apreciaciones subjetivas, ya que los criterios estéticos son muy cambiantes en función de las épocas y las culturas. Numerosos artistas considerados actualmente como de primer orden no habían conseguido ser apreciados en vida, ni habían alcanzado la celebridad, incluso a veces murieron en la miseria.

Célebres o desconocidos, cierto número de individuos que tuvieron una trayectoria vital traumática llegaron a ser artistas capaces de encontrar en su vida el motor y los recursos de su creación artística. Algunos de ellos son escritores, otros pintores, autores de obras de teatro o bien cineastas. Algunos también optaron por el humor, volviéndose actores cómicos o humoristas. Buen número de ellos son creativos desde siempre y siguen siéndolo a edad avanzada; otros desarrollaron su creatividad con la madurez aportada por la vejez.

Humor, *seniors blues* y autoirrisión

En el adulto, el humor en una acepción amplia corresponde a la capacidad de captar los aspectos divertidos de las situaciones, hacer bromas, jugar, estar alegre y crear humor. Corresponde a una modalidad

---

3. Anzieu D. *et al.* (1974), *Psychanalyse du génie créateur*, Dunod, París.

de expresión atractiva que facilita las relaciones y permite tejer vínculos sociales. Facilita establecer o consolidar alianzas amistosas y sociales. Constituye un impulso vital que acompaña a los sujetos a lo largo de toda su vida.[4] Lejos de extinguirse con la edad, esta capacidad para abordar la vida desde un punto de vista humorístico puede desarrollarse y mejorar a lo largo del tiempo. Georges Minois[5] considera que el sentido del humor y las facultades humorísticas progresan con la edad, lo cual podría compensar la disminución de las otras capacidades. El humor en el anciano puede responder a una búsqueda de satisfacciones para combatir el malestar interno y la soledad.

El sentido del humor tiene virtudes protectoras, alivia las tensiones, ayuda a desdramatizar las dificultades y a considerar la vida de un modo más optimista. El distanciamiento humorístico hace más soportables los problemas y lo trágico de las situaciones cotidianas. Mediante la expresión de emociones positivas, el humor crea un clima de distensión en el que el placer, el juego y la diversión son posibles, lo cual facilita las interacciones sociales. Permite pacificar relaciones tensas entre dos personas o en el seno de un grupo y ofrece la posibilidad de expresar frustraciones e insatisfacciones de un modo socialmente aceptable.

Más generalmente, el humor puede ser entendido como un soporte comunicativo que permite abordar temas delicados, dolorosos o angustiantes como el envejecimiento, la enfermedad, el duelo, la sexualidad o la muerte. El distanciamiento humorístico hace así más soportables las circunstancias desfavorables de la edad avanzada. Este estado de ánimo queda bien ilustrado en el ejemplo de la coral de octogenarios cantantes de *rock'n'roll*, filmados en el documental I Feel Good.[6] Esta coral, compuesta de un grupo de veinticuatro coristas de edad venerable, llevó a cabo una gira de conciertos de rock, presen-

---

4. Fry W. F. Jr. (1992), «Humour, physiology and the ageing process», en L. Nahemow, K. A. McCluskey-Fawcett y P. E. McGehee (eds), *Humour and Aging*, Academic Press, págs. 81-98.

5. Minois G. (2000), *Histoire du rire et de la dérision*, Fayard, París.

6. Documental filmado por Stephen Walker en 2008, con Bob Cilman, fundador de la revista.

tándose en escenarios del mundo entero. Esta iniciativa bastante atípica muestra la vitalidad de las personas mayores y la agudeza de su sentido del humor. En efecto, aquellos coristas *seniors* practican de buen grado la autoirrisión y el humor, en especial el humor negro, sobre temas relacionados con la vejez y la muerte. Así, Fred, unos de los coristas, declara con malicia: «¡De continente en continente, he acabado incontinente!». Su repertorio musical está lleno de guiños en los que de lo que se trata es de reírse de ellos mismos. De este modo parecen estar desafiando a la muerte mediante la risa, con elecciones musicales provocativas como: *Should I stay or should I go?*, *Forever Young*, o *Staying alive*.

Con la edad, buen número de personas tienden a desdramatizar situaciones adversas riéndose de ellas, también pueden considerar su situación actual desde un punto de vista humorístico. Los acontecimientos trágicos y los azares de la vida cotidiana son considerados a veces con más serenidad, destacando aspectos insólitos o cómicos. De la misma manera, la forma de contemplar los acontecimientos felices, pero también los difíciles del pasado, puede ser humorística. El anciano que se ríe de sí mismo reconsidera su trayectoria vital destacando los aspectos irrisorios o absurdos de las pruebas por las que ha pasado.

Sigmund Freud[7] afirmó que la esencia del humor consiste en ahorrarse los afectos a los que la situación hubiera dado lugar, revelando nuestra capacidad para convertir el sufrimiento en placer. La grandeza y el aspecto sublime del humor residen en el «triunfo del narcisismo», que se niega a sentir el sufrimiento de la realidad, reduciéndolo fuertemente, aunque sin ignorarlo. En la perspectiva psicodinámica, el humor es considerado un mecanismo de defensa adaptado, sobre todo en su forma de autoirrisión.

El humor ayuda a proteger a los sujetos en el momento en que se encuentran en el contexto traumático, pero también puede ayudar a contar más adelante la experiencia adversa. En el primer caso, el humor tiene sobre todo una función de protección que actúa en la inmediatez, impide que el sujeto sea invadido por las emociones mórbidas

---

7. Freud S. (1928), «L'humour», *International Journal of Psychoanalysis*, 9, págs. 1-6.

y previene la efracción psíquica en el momento del peligro. En el segundo caso, el humor participa en una función de reajuste psíquico, y no sólo ayuda al sujeto a compartir su experiencia, sino que la rememoración a través de lo cómico sirve de soporte para la elaboración. Destacando los aspectos absurdos, la irrisión o lo cómico que hay detrás del contexto mórbido, el sujeto puede volver a elaborar sus afectos, dar un sentido a lo que ha padecido, retomar el control y rehabilitarse como sujeto.

El humor permite convertir las experiencias más difíciles en algo que se puede compartir, narrar lo insoportable atenuando las emociones, relativizar a veces el horror vivido, evidenciando aspectos incongruentes, irrisorios, insólitos de las situaciones. Reírse y hacer que otros se rían de una situación nociva permite retomar las riendas de la vida, no ser ya tan sólo la víctima vulnerable, evitar tanto la autocompasión como la compasión de los demás y llevar a cabo un trabajo sobre los sentimientos de vergüenza. Así, a los 74 años, Stanislaw Tomkiewicz[8] pudo abordar con mucho humor el período doloroso de su pasado en una obra autobiográfica, *La adolescencia robada*. En particular, contó su vida de adolescente en el gueto de Varsovia, luego su detención en un campo de concentración durante el período nazi. Él, que durante mucho tiempo había mantenido oculta esta experiencia dolorosa, eligió la mediación de la escritura y la distancia narrativa del humor para poder decir al fin lo indecible. Pero sólo a una edad avanzada se permitió escribir y publicar su historia de vida.

Cierto número de obras de autoficción han conseguido un papel notable en la literatura mediante narraciones de infancias heridas relatadas con humor. La mayoría de ellas son novelas autobiográficas escritas en la madurez y a menudo en la vejez. Jules Renard publica *Pelo de zanahoria* a los treinta años, Hervé Bazin tiene 37 cuando revisita su infancia y escribe *Víbora en el puño*, mientras que Jules Vallès escribe *El niño* cuanto tenía 47 (murió con 53).

Los relatos de vidas golpeadas son atenuados a veces mediante la distorsión del humor, que permite metamorfosear las experiencias nocivas, dándoles, si no una justificación, al menos un sentido para la

---

8. Tomkiewicz S. (1999), *L'Adolescence volée*, Hachette Littératures, París.

persona, ya que el aspecto humorístico permite reducir y dominar la carga emocional de la rememoración. Estos distintos ejemplos de relatos de vida tienen en común el uso de la autoirrisión y del humor negro para escribir acerca de las desgracias y los traumas padecidos. Examinando su historia de vida a partir de una perspectiva humorística, estos autores pudieron hacer un trabajo sobre sus sufrimientos. Por tanto, no se trata de simples testimonios destinados a transmitir y compartir una experiencia dolorosa. Estas novelas autobiográficas demuestran ante todo la posibilidad de actuar sobre las heridas y cambiar las representaciones de los traumas desde la distancia de los años y la experiencia de la madurez. Así, «la modificación de una representación puede hacer soportable el recuerdo de una herida del pasado».[9]

A lo largo del desarrollo del sujeto, los mecanismos de defensa cambian,[10] los recursos internos y externos ya no son los mismos en la edad adulta o en la vejez que durante la infancia. De este modo, personas que han padecido un traumatismo en la infancia pueden abordarlo de un modo diferente con las nuevas posibilidades de la madurez adulta y con la edad avanzada. Al haberse modificado el contexto interno y el externo, la vulnerabilidad del pasado puede ser superada y se hace posible la elaboración tardía de los traumatismos antiguos.

Creatividad, sufrimiento psíquico y elaboración de los traumatismos

Entre los mecanismos de defensa maduros se incluye, además del humor, la creatividad.[11] Si para Sigmund Freud el humor corresponde al alivio de las tensiones, podemos considerar, más generalmente,

---

9. Cyrulnik B. (2004), *Parler d'amour au bord du gouffre*, Odile Jacob, París.

10. Vaillant G. E. (2000), *The Wisdom of the Ego* (1993), Harvard University Press, Cambridge, MA.

11. Ionescu S. *et al.* (2012), *Les Mécanismes de défense: théorie et clinique*, Armand-Colin, «Cursus», 3ª edición, París.

que es el conjunto del mecanismo creativo, sean cuales sean sus expresiones, el que favorece la liberación de las tensiones. Según Jean Guillaumin, a través del acto creador el sujeto es animado por el «deseo de liberarse de ambivalencias y culpabilidades arcaicas, de registro persecutorio o depresivo, y de "reparar" o "restaurar" el objeto, al mismo tiempo que se repara y se estructura también a sí mismo».[12] Así, la creatividad tendría una fuente en el registro de la culpabilidad, pero también en el de la búsqueda de la reparación. Más generalmente, en un abordaje psicoanalítico, la hipótesis principal consiste en considerar el núcleo traumático[13] como el motor de la actividad artística. Numerosos artistas parecen demostrar que el impulso creador se encuentra resumido en el mito del «artista maldito», que sería creativo debido a su propio sufrimiento. Este planteamiento remite a la creencia, instalada en la sociedad contemporánea, que consiste en pensar que el sufrimiento estaría en el origen del arte, dicho de otro modo, que sólo se puede crear en medio del dolor. Algunos artistas mantienen de un modo más o menos consciente una vida caótica, con lo que parecen alimentar su creatividad y no poder crear sino rodeados de sufrimiento y en la desgracia. Podemos ver que hay artistas alcohólicos o dependientes de las drogas que son reticentes a curarse de sus adicciones ante el temor, por ellos mismos explicitado, de no poder seguir creando. Sin embargo, nadie ha podido demostrar el carácter ineludible de este vínculo causal entre dolor y creación. Un número igualmente considerable de artistas muestra que la creación es compatible con una vida feliz. Por tanto, nada indica que sea necesario sufrir para crear. Como subraya Boris Cyrulnik,[14] «que el sufrimiento obligue a crear no significa que se esté obligado a sufrir para convertirse en creativo».

En consecuencia, la creatividad, se apoye o no en heridas ocultas y traumatismos no elaborados, corresponde sobre todo a un impulso

---

12. Guillaumin J. (1974), «La création artistique et l'élaboration consciente de l'inconscient», en D. Anzieu *et al.*, Dunod, págs. 209-237.

13. Freud S. (1971), «La Création littéraire et le rêve éveillé» (1908), en *Essais de psychanalyse appliquée*, Gallimard, París.

14. Cyrulnik B. (2001), Entrevista en *Le Monde de l'éducation*, mayo de 2001.

vital. No es menos cierto que, muy a menudo, el impulso creativo parece alimentarse mediante procesos inconscientes de autopreservación. Esta interpretación es conciliable con el modelo de la resiliencia, que considera la creatividad y el humor como recursos importantes en la puesta en juego del proceso de reconstrucción tras experiencias traumáticas. A lo largo del camino hacia la resiliencia, la creatividad es un recurso estructurante para el sujeto. En esta perspectiva, podemos considerar que la producción de una obra artística o humorística puede obedecer a la búsqueda de un apoyo dotado de virtudes elaborativas.

La actividad creativa, en particular la que se apoya en el humor, se constituye como mediación de la reorganización psíquica y ofrece un marco para reelaborar la representación del trauma. Sean cuales sean sus formas de expresión, la creatividad instituye un espacio de elaboración encontrado-creado por el autor, que permite la emergencia de modos de reorganización psíquicos cercanos a los procesos instaurados por el trabajo psicoterápico. La obra se convierte en el soporte exterior de la simbolización.

Creatividad, transmisión y búsqueda de reconocimiento

Según Didier Anzieu,[15] crear sería «un modo de luchar contra la muerte, de afirmar una esperanza de inmortalidad». Desde el punto de vista psíquico, el motor creativo puede apoyarse en el deseo consciente o no de dejar huellas, de transmitir la experiencia vivida, de compartir con los descendientes o con la sociedad. Esto puede conducir a los mayores a crear obras artísticas, a escribir, a pintar, a componer o a contar su vida. La creatividad puede apoyarse en el humor, que se puede expresar de formas diversas: dibujos, historias divertidas, autoirrisión... Pero los soportes de la creatividad son numerosos y variados. Obedecen al imperativo de transmitir, pero también de encontrar un sentido a la historia de la propia vida y elabo-

---

15. Anzieu D. *et al.* (1974), *Psychanalyse du génie créateur*, Dunod, París.

rar los recuerdos traumáticos. La transposición mediante la creación (escritura, obra pictórica u otra) permite dar sentido al trauma. Así, se vuelve a trabajar sobre las heridas psíquicas a través de la actividad creativa. Según Charles Baudelaire, «el genio es la infancia reencontrada».

La necesidad de crear y de transmitir a los demás, esta necesidad imperativa que está en el corazón del acto creativo, puede explicarse por la necesidad de pasar por la confrontación con la realidad exterior. La obra propuesta y expuesta a los demás se convierte así en real y es autentificada. Este aspecto puede ser ilustrado por numerosos ejemplos de autores: escritores, pintores o cineastas. Entre los escritores, encontramos muchos casos de autores que se inspiraron directamente en su historia de vida. Tal es el caso del artista y escritor Jean Genet, que nació de un padre desconocido y fue abandonado a temprana edad por su madre, para vivir luego en una familia de acogida hasta la edad de 13 años. Su vida de adolescente y de adulto es un testimonio de un trayecto vital lleno de heridas, marcado por la delincuencia y por la experiencia de la cárcel. Su infancia llena de carencias y su caótico recorrido en la vida adulta alimentaron, sin embargo, su inspiración artística y parecen haber actuado como motor creativo. Muchos otros artistas podrían ilustrar este fenómeno.

El impulso creativo se acompaña de la necesidad de mostrar, la obra debe ser dada a ver a los demás, a la sociedad, que constituye la prueba de realidad necesaria para el reconocimiento del autor. Jean Guillaumin afirma que «la motivación para encarnar la obra y el cuidado de su realización no pueden estar exentos de la idea de someterla a una mirada distinta —aunque sea un poco la mirada del creador puesta a cuenta de los demás— de alienar por tanto a su autor, sean cuales sean las precauciones que éste tome para que tal alienación no sea persecutoria».[16] Así, la exposición de la producción artística parece necesaria, incluso esencial, para que el sujeto sea reconocido por los demás, que forman parte de esta realidad. Este reconocimiento por el público concierne a la creación artística en tanto que producto, pero también al autor de la obra.

---

16. Guillaumin J. (1974), *op. cit.*

Cuando la creatividad se expresa mediante escritos publicados, la obra ofrece la posibilidad de una representación y una elaboración de las heridas que puede ser compartida. Esta elaboración no se detiene en lo escrito, se amplifica con la publicación, la lectura por otros y los intercambios ulteriores ligados a la publicación y al reconocimiento social. Esta dimensión del compartir desempeña un papel importante en la continuación del trabajo de elaboración del sufrimiento.

En la novelas de autoficción, el autor no busca relatar la realidad objetiva de los hechos, se trata ciertamente de una obra subjetiva.[17] La creación expuesta tiene por misión testimoniar ante los demás, así como ante el propio sujeto, de su valor. La obra requiere el reconocimiento social —y no por fuerza un valor artístico— que sirve de algún modo como una aprobación moral y confirma el valor positivo del mundo interno del autor.

Los escritos autobiográficos de los mayores

En la edad madura, las producciones creativas son múltiples, pero los escritos sobre la historia de vida son, sin duda, las obras más frecuentes. Ciertos relatos cuentan los traumatismos y permiten que aparezcan las heridas todavía sensibles de la existencia, algunas de las cuales se remontan a la primera infancia. En el marco de la creación y de las actividades producidas por los mayores, se puede atribuir un lugar aparte a los escritos autobiográficos de las personas que cuentan historias de vidas rotas. La literatura proporciona numerosos ejemplos de relatos de vidas de personas que han vivido infancias heridas o trayectos vitales de adultos marcados por los traumas. Tratan de decir lo innombrable, contar el incesto, las violencias sufridas o la falta de amor, con palabras a veces disimuladas y sensibles, púdicas o a veces violentas. Bastantes escritores ocasionales o confirmados cuentan trayectos de vida marcados por carencias relacionales graves durante la infancia, maltratos y violencias intrafamiliares. Otros se han

---

17. Cyrulnik B. (2012), *Sauve-toi, la vie t'appelle*, Odile Jacob, París. [Trad. cast.: *Sálvate, la vida te espera*, Debate, Barcelona, 2013].

visto enfrentados a pruebas muy difíciles de la existencia: accidentes, catástrofes, guerras, genocidios.

Lo más frecuente es que los autores experimenten la necesidad de contar su vida a una edad avanzada. En esta actividad de creación, se trata ciertamente de «contarse», pues si el trabajo de escritura se lleva a cabo no es sólo para *contar* a los demás, sino en primer lugar para *contarse* a sí mismo la propia historia, revisada y corregida por la memoria afectiva. Es decir, una memoria que deja lugar a la reconstrucción de lo imaginario y a un sentido *a posteriori*. En este contexto, la escritura autobiográfica obedece a la necesidad de narratividad descrita por Bernard Golse,[18] quien recuerda que cada individuo necesita remitirse a una historia, su historia, y contarla o contársela. Por eso muchas personas mayores experimentan la necesidad imperativa de transmitir mediante la escritura su historia y a veces publicarla, como si el recorrido de una vida sólo tomara sentido mediante su exposición a terceros.

Jorge Semprún únicamente se autorizó a publicar *La escritura o la vida* —obra autobiográfica y de reflexión sobre la memoria en la que acaba relatando su estancia en el campo de concentración de Buchenwald— a los 71 años.[19] Como muchos supervivientes de los campos nazis, no había podido narrar esta vivencia traumática. Luego explicó que la necesidad de escribir la experiencia traumática se le volvió necesaria en aquel momento de su recorrido vital, mientras que no había podido hacerlo durante largos años. Como muchas otras personas que conocieron aquella época terrible, explica que le fue más fácil abordar este período doloroso con sus nietos que con sus hijos y dirigirse a sus allegados a través de la escritura.

El paso por la escritura reactiva los recuerdos y los sufrimientos soterrados. La escritura autobiográfica reviste un aspecto catártico que puede ser favorecido por una edad avanzada. La distancia de los años permite abordar con otras armas las emociones que resurgen con la evocación de los sufrimientos que habían permanecido mucho

---

18. Golse B. (2001), «Pour grandir: la nécessité d'une histoire», en C. Bergeret-Amselek, *Naître et grandir autrement*, Desclée de Brower.

19. Semprun J. (1994), *L'Écriture ou la vie*, Gallimard, París.

tiempo acallados, escondidos, tapiados tras el imperativo de vivir el presente sin volverse hacia el pasado. Fue pues en la edad madura cuando Jose Semprún pudo al fin escribir y volver a trabajar los recuerdos de su deportación. Como escritor, fue a partir de una creación literaria como pudo entregar su historia. La edad avanzada le permitió contar(se) haciendo un trabajo de memoria y de reflexión sobre la historia de los prisioneros en un campo de concentración. Más allá de un simple testimonio, fue sin duda una creación artística lo que le ayudó a liberarse de una historia que sólo podía abordar pasando a lo escrito, mediante una obra literaria publicada. Esta obra constituyó para el autor un medio de transmisión, pero también una forma de echar cuentas con lo vivido traumático, lo cual parece indicar un proceso de resiliencia.

Muchas personas que se enfrentaron a grandes adversidades experimentan dificultades para transmitir su experiencia a su familia, a sus amigos y sus descendientes. Para algunos de ellos, la obra creativa, ya sea en forma de escrito, con la producción de un filme o una obra de teatro, surge como un remedio ante la imposibilidad de transmitir de otro modo. Algunos pasan por la simbolización más indirecta, menos explícita, como la pintura o la escultura, para expresar traumatismos, en una modalidad elaborativa que no pasa por las palabras. Emplean un lenguaje menos explícito, más interpretativo, pero que obedece a un mismo impulso vital. La transposición a una obra de arte (reconocida o no por la sociedad) aporta una dimensión suplementaria a la narratividad. El autor de la obra debe efectuar un trabajo de distanciamiento suplementario que permite una elaboración de los sufrimientos pasados que permanecían encriptados en la psique.

Pistas de reflexión

El análisis de los procesos que intervienen en la creatividad en la persona mayor permite pensar la creación como algo que participa en un proceso resiliente. Cualquiera que sea la transformación experimentada por el paso al acto creador, el producto creado (novela de autoficción, *sketch* humorístico, filme, pintura) no sólo surge como un testimonio del proceso resiliente ya acontecido, sino que, sobre todo, participa del proceso resiliente en su actualidad. Recordemos que la resiliencia no se adquiere de una vez por todas, sino que se trata de un proceso dinámico y evolutivo que se construye a lo largo de toda la vida. El impulso creador del sujeto de edad avanzada forma parte por tanto de la dinámica misma del proceso resiliente. Mediante el acto creador, el autor pone su resiliencia a trabajar, en la medida en que encuentra en la fuente de creatividad un impulso vital que lo pone a distancia de los efectos mortíferos y participa plenamente en la elaboración del trauma. De este modo, la producción de la obra es una prueba de la resiliencia, pero sobre todo se convierte en *acto de resiliencia*. En consecuencia, poniendo en juego su creatividad, que a veces se apoya en el humor, los adultos que han alcanzado la vejez depositan la pesada carga de sus heridas y ponen de manifiesto los recursos que los ayudaron a construirse a pesar de la adversidad. Testimonian así de una vitalidad que sigue presente.

La creatividad y el humor constituyen recursos que refuerzan los vínculos sociales y sostienen los reajustes psíquicos a lo largo del envejecimiento. Bajo formas variadas, estas dos modalidades protegen al sujeto que envejece y le permiten revisitar las heridas del pasado, mediatizando la elaboración de los traumatismos. Participan pues plenamente en el proceso de resiliencia durante la vejez.

Referencias bibliográficas

Anaut M. (2008), *La Résilience, surmonter les traumatismes*, Armand Colin, «128-Psychologie», París.
Anzieu D. et al. (1974), *Psychanalyse du génie créateur*, Dunod, París.
Cyrulnik B. (2012), *Sauve-toi, la vie t'appelle*, Odile Jacob, París [trad. cast.: *Sálvate, la vida te espera*, Debate, Barcelona, 2013].
Cyrulnik B. (2004), *Parler d'amour au bord du gouffre*, Odile Jacob, París.
Freud S. (1971 [1928]), «La Création littéraire et le rêve éveillé», en *Essais de psychanalyse appliquée*, Gallimard, París.
Freud S. (1928), «L'humour», *International Journal of Psychoanalysis*, 9, págs. 1-6.
Fry W. F. Jr (1992), «Humour, physiology and the ageing process», en L. Nahemow, K. A. McCluskey-Fawcett, P. E. McGehee (eds.), *Humour and Aging*, Academic Press, págs. 81-98.
Golse B. (2001), en C. Bergeret-Amselek, *Naître et grandir autrement*, Desclée de Brower.

Guillaumin J. (1974), «La création artistique et l'élaboration consciente de l'inconscient», en D. Anzieu *et al.*, *Psychanalyse du génie créateur*, Dunod, París, págs. 209-237.

Ionescu S. *et al.* (2012), *Les Mécanismes de défense : théorie et clinique*, Armand-Colin.

Minois G. (2000), *Histoire du rire et de la dérision*, Fayard, París.

Ploton L., Laroque G. (2003), «La Personne âgée. Son accompagnement médical et psychologique et la question de la démence», *Chronique Sociale*, 6a edición.

Semprun J. (1994), *L'Écriture ou la vie*, Gallimard, París.

Tomkiewicz S. (1999), *L'Adolescence volée*, Hachette Littératures.

Vaillant G. E. (2000 [1993]), *The Wisdom of the Ego*, Harward Universit Press, Cambridge MA.

Desde la perspectiva del animal viejo: resiliencia y envejecimiento, otro punto de vista

Claude Béata

Desde hace ya más de diez años, nos interesamos por el concepto de resiliencia y su aplicación en los animales (Béata, 2001; Béata, 2003; Béata *et al.*, 2004). Si bien esto parece simple en un perro joven, como hemos podido demostrar antes, la aplicación del concepto en el animal de edad más avanzada resulta más audaz. Los trabajos del grupo de investigación sobre el tema señalan repetidamente la importancia de la palabra en el trabajo de memoria que pueden llevar a cabo el resiliente de edad avanzada aquejado de una enfermedad neurodegenerativa y su entorno. Teniendo en cuenta todo esto, el animal parecería quedar excluido de lo que está en juego en los procesos de resiliencia en los individuos de edad avanzada.

El perro es un animal social. No dispone de la palabra, pero esto no le impide comunicarse, ser capaz de sentir empatía, dar y recibir solidaridad. Por tanto, es lógico preguntarse, en esta especie y en otras, sobre la posibilidad de una resiliencia. Esto pasa por responder a las siguientes tres preguntas:

- La comparación de los cerebros, su anatomía, su funcionamiento y su envejecimiento, con enfermedad o sin ella, ¿permite plantear hipótesis de homología y analogía?
- En caso afirmativo, ¿puede el estudio del envejecimiento animal

aportarnos un punto de vista distinto sobre la resiliencia humana en los trastornos del envejecimiento?
- En resumen, ¿confirman esta relación los resultados de los pocos estudios en animales domésticos de edad avanzada, esencialmente perros, y las anécdotas clínicas?

Cerebros humanos, cerebros animales: las bases biológicas de la degenerescencia y de la resiliencia

El ser humano, mediante sus realizaciones, su historia, su acceso a la cultura y a la transmisión del saber, siempre se ha sentido fuera de la condición animal. No hay nada más sorprendente para un veterinario y, supongo, para todos los biólogos especialistas de la filogenia y de la evolución.

El resultado, como lo demuestra el simple hecho de que yo esté escribiendo este capítulo, es singular. Pero aun así, quién podría dudar de la continuidad de esta evolución que no nos sitúa al final de lo que sería una línea única, sino como una de las ramas, sin duda la más espectacular, de una evolución paralela en una carrera que algunas especies pierden (y entonces, desaparecen) y que otras ganan al desarrollar durante tanto tiempo como nosotros aptitudes distintas pero complejas. Ni los perros, ni nuestros primos más cercanos, los chimpancés o bonobos, ni otros «grandes cerebros» naturales como los delfines o elefantes, han inventado lenguajes o producido tecnología, pero también son el fruto de una evolución tan larga como la nuestra.

Cerebros comparados

Pero ahora veamos nuestros cerebros y comparémoslos: los humanos no tienen el cerebro más grande, y los perros, que no tienen un cerebro muy grande (75 gramos de media respecto a los 1,3 kg de media en las personas), no son los más alejados de nosotros en lo que respecta a compartir sentimientos comunes y procesos como el apego. ¿Tiene acaso la talla poca importancia?

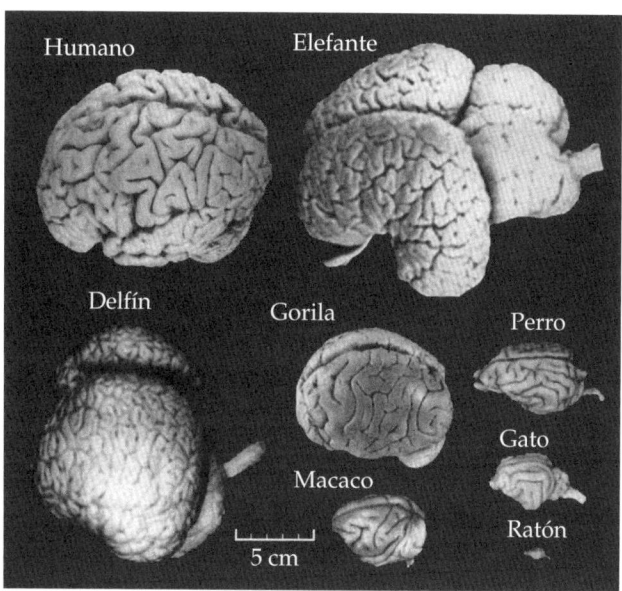

Figura 1. Tallas respectivas de los cerebros de los distintos mamíferos (DR)

La respuesta es evidente: por supuesto, la talla del cerebro —o más bien, la complejidad de sus circunvoluciones y la repartición de sus estructuras— desempeña un papel y es típico decir que la inteligencia sólo puede aparecer a partir de cierto peso del cerebro. La parte del córtex prefrontal, por ejemplo, es una de las claves para la compresión de la diferencia. Entre el 3% en perros y más del 30% de los humanos, es evidente que estos cerebros no son iguales. No obstante, la existencia de esta parte (aunque sea pequeña) de córtex prefrontal en el perro le abre la puerta a muchas funciones ejecutivas que, de hecho, no son exclusivas a los humanos. Y, aunque la palabra no ha aparecido en cerebros animales, basta con observar la distribución de las áreas sensoriales para entender que, sin duda, la resiliencia existe en ellos durante el envejecimiento, pero pasa por otros canales.

Algunos animales tienen un cerebro mucho más voluminoso que el humano, y sabemos que incluso teniendo en cuenta su peso, los elefantes y los delfines no tienen nada de qué avergonzarse en lo que a volumen encefálico se refiere. Pero, ciertamente, no tenemos datos

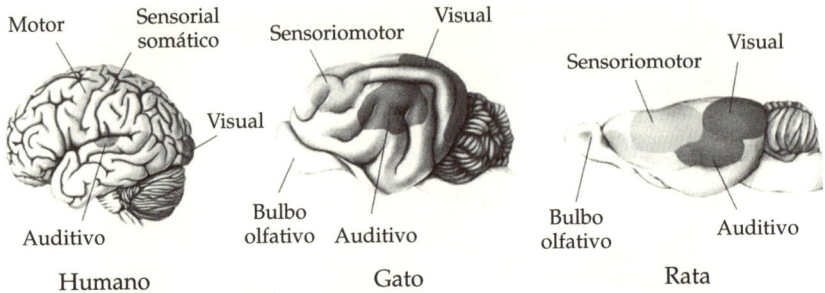

Figura 2. Comparación de las distintas áreas asociativas sensoriales en la rata, el gato y el ser humano (www.lecerveau.mcgill.ca)

de su envejecimiento cerebral, o sólo datos muy parciales. Sabemos que viven en sociedades animales en las que los jóvenes y los viejos no son abandonados a su suerte. También sabemos que en estas especies sociales, el hecho de vivir mucho tiempo va generalmente acompañado de un lugar elevado en la jerarquía del grupo. Vivir más tiempo que la media es considerado por parte del grupo una característica que merece, al menos, una forma de respeto.

En los elefantes, las matriarcas a menudo son las hembras de más edad a las que el grupo confía su dirección (y también, por tanto, su supervivencia). «El elefante viejo sabe encontrar agua», dice un proverbio de la República Centroafricana. En los delfines, de la misma forma, parece que la edad confiere una ventaja social e implica formar parte de un grupo de sabios en el que se toman las decisiones.

Esto aún no indica resiliencia, pero sí que en el animal ya existe la consideración de que el hecho de haber sobrevivido más allá de la media parece ser un signo de adaptación y de que esta cualidad favorece la integración de estos abuelos extraordinarios. Para poder abordar el capítulo de la resiliencia es necesario mostrar que estos cerebros de animales también pueden sufrir pérdidas importantes y que, a pesar de ellas, algunos pueden continuar viviendo en condiciones correctas.

Lesiones clásicas del tipo enfermedad de Alzheimer en animales

Los procesos degenerativos neuronales del tipo de la enfermedad del Alzheimer vienen acompañados en las personas de lesiones histológicas características y bien conocidas. Depósitos amiloides, acumulaciones de proteínas Tau con fosforilación incrementada, degeneración neurofibrilar y placas amiloides, consideradas como características de la enfermedad de Alzheimer.

¿Existen todas estas lesiones en animales? ¿Hay modelos naturales de la enfermedad de Alzheimer?

La respuesta es clara: sí.

Sí, pero no todos los animales presentan la totalidad de las lesiones características.

En algunas especies, como la cabra o el conejo, se han encontrado verdaderas placas bastante parecidas a las lesiones humanas con todos los elementos característicos, incluyendo las acumulaciones neuronales de la proteína Tau fosforilada. Desafortunadamente, por supuesto, estos descubrimientos en la autopsia no han sido puestos en relación con trastornos (o la ausencia de ellos) capaces de justificar que la idea de resiliencia se extienda a los individuos de edad avanzada en estas especies animales. En la literatura científica, depósitos de amiloides acompañados o no de placas se han encontrado en muchas especies: además de las especies domésticas ya citadas, se han descubierto depósitos de amiloides *post mortem* en bisontes, osos, camellos, elefantes, delfines, macacos y babuinos. Al parecer, entonces, la patogenia de la afección puede existir en la mayoría de especies de mamíferos que, de una u otra forma, tienen la posibilidad de vivir durante mucho tiempo.

De forma experimental es el lémur, por supuesto, el menor de los primates, el que nos proporciona el modelo más interesante, aunque no produzca placas de forma espontánea. Los trabajos llevados a cabo han aportado mucho, las poblaciones artificialmente envejecidas (acelerando la alternancia entre el período diurno y el nocturno) han permitido aprender sobre el desarrollo de las lesiones amiloides. Pero la forma de vida de este animal (nocturno, poco social) hace difícil aplicar los descubrimientos realizados, preciosos para la investigación, con el fin de confirmar la posibilidad de una resiliencia en los animales de edad avanzada.

Una vez más, al que podemos recurrir es al perro: no obstante, sus lesiones no son análogas. Las proteínas Tau anormalmente fosforiladas no se encuentran en esta especie, tampoco las degeneraciones neurofibrilares. Si hay acumulación amiloide, se da bajo una forma difusa y no existen las placas clásicas de los seres humanos. Incluso el péptido Aß sólo se encuentra en su forma larga, con 42 ácidos aminados, mientras que en las personas se presenta en una forma corta de 40 AA o una forma larga de 42. Pero, por ejemplo, en los perros, la secuencia de ácidos aminados de la proteína Aß 1-42 es estrictamente idéntica a la de los humanos, mientras que difiere en 3 ácidos aminados en ratas y ratones (Sarasa, Pesini, 2009).

Hay pues parecidos y diferencias fundamentales. No obstante, en los perros, los trastornos descritos por los autores como «*Alzheimer-like*» o como «*dogs with canine counterpart of Alzheimer disease*» (Bernedo *et al.*, 2009) existen, están descritos y están relacionados con la carga amiloide (Cummings *et al.*, 1996 ; Dimakopoulos, Mayer, 2002).

Los trabajos de Cummings (Cummings *et al.*, 1996 ; Head *et al.*, 1995) y Colle (Colle, 1997; Colle *et al.*, 2000) nos permiten saber qué tipo de depósito amiloide puede aparecer en el cerebro de un perro y en qué localización. Han demostrado, cada uno por su parte, que la pérdida cognitiva está relacionada con la carga amiloide, aun cuando está también —y sobre todo— relacionada con la edad de los individuos.

El giro cingulado es uno de los lugares donde se encuentran preferentemente depósitos amiloides, y esto corresponde a lo que sabemos de la progresión de las placas en la enfermedad de Alzheimer, cuya base es el sistema límbico. (Duyckaerts, Pasquier, 2002). El córtex entorrinal también puede verse afectado y aunque no tengamos casos suficientes para que los datos sean estadísticamente relevantes, quedamos intrigados durante un estudio preliminar ante signos clínicos muy distintos cuando esta zona estaba afectada. La perturbación de la función olfativa parecía estar en el origen de un riesgo agravado de conductas agresivas en perros viejos en los que enfermedad degenerativa dañaba principalmente esta zona.

No hay lugar a dudas: los animales presentan lesiones similares a las de las personas y su cerebro sufre también la posibilidad de enfermedades degenerativas.

Resiliencia y ancianidad: ¿tienen los animales algo que enseñarnos?

Para que los animales puedan responder a esta pregunta, primero deben poder envejecer y, salvo en especies muy raras, el acceso a la vejez es casi imposible.

Los animales muy viejos no existen, o más bien no existían.

Los animales salvajes tienen dificultades para sobrevivir cuando sus capacidades físicas y mentales disminuyen. Los animales de producción son animales a menudo destinados al consumo cuando aún son jóvenes, y aun cuando lo que nos interesa son sus producciones (leche, lana, etc.) no se les mantiene cuando su producción disminuye. En cuanto al animal de compañía, cuya vida puede ser mucho más prolongada, durante mucho tiempo ha sufrido la ausencia de recursos médicos adaptados y sufre todavía de límites financieros para poder acceder a cuidados que hoy en día son de alta calidad, pero cuya naturaleza privada hace que estén restringidos a unos pocos.

¿Es entonces razonable pedir a los animales que nos hablen de resiliencia en edades avanzadas cuando ellos mismos tienen dificultades para llegar a envejecer?

Algunos investigadores defienden la idea de la importancia del modelo animal en el estudio de las enfermedades degenerativas y la mejor resistencia de algunos animales a estas afecciones. Defienden que es posible hablar, bajo ciertas condiciones, de resiliencia. Hay dos escuelas enfrentadas a este respecto.

Hay quienes quieren utilizar únicamente animales modificados, transgénicos, para reproducir de la forma más exacta posible lo que sucede en humanos usando ratones manipulados genéticamente, aunque la patología espontánea no parece existir en esta especie (Langui *et al.*, 2007). Es el caso de los trabajos hechos con todos los ratones transgénicos (PS1, PS2, Tau, ApoE4, Alfa-sinucleína, TGF-ß1, doble transgénico o knock-out), y esto ha podido aportar cierto número de confirmaciones sobre la formación de las placas amiloides o la hiperfosforilación de la proteína Tau. Otros, en cambio, se centran en estudios sobre animales salvajes, pero en este caso solo pueden ser retrospectivos y faltan muchos datos de animales viejos en un entorno natural.

Sin embargo, también hay quienes hacen referencia a los delfines que quedan varados y lo vinculan a enfermedades degenerativas que afectan al líder natural del grupo, cuyo sistema de eco-localización estropeado por la degeneración neurológica cerebral causaría estos incidentes en grupos que siguen ciegamente al jefe. También es destacable constatar que, en el caso citado, la autopsia ha mostrado una invasión de depósitos amiloides del cerebro que también afectaba al cerebelo y al bulbo cefalorraquídeo, algo que sólo se encuentra en casos extremadamente severos de enfermedad de Alzheimer humano (Sarasa, Pesini, 2009). Los autores en cuestión no han llevado a cabo este salto lógico, pero quizás si los delfines encontrados presentan tales lesiones es porque han conseguido «resiliar» hasta el momento de una degeneración masiva. Por supuesto, esto permanece en un terreno hipotético.

Los elefantes y delfines, dotados como se sabe de un importante poder cognitivo y una organización social muy elaborada, aunque nos dejan entrever pistas prometedoras, no pueden ayudarnos a responder a la pregunta. Hay que volver otra vez al que es el modelo de envejecimiento y de resiliencia en el animal más simple y más evidente, fácilmente estudiable y accesible para nosotros: el perro.

Perros viejos y resiliencia: resultados y anécdotas

Antes de llegar nuestros propios trabajos y a los de otros sobre el tema, quisiéramos dar prioridad a la clínica. En efecto, en la comprobación cotidiana es donde podemos afirmar con la mayor seguridad, primero sin más pruebas que la intuición clínica y luego con la acumulación y la convergencia entre los distintos clínicos, que en los perros viejos también encontramos casos de resiliencia.

En 2004 describimos el caso de Kim, un perro viejo extraordinario, con un síndrome confusional acompañado de una ansiedad masiva (Béata, 2004). Había sido un perro brillante (tercero en el campeonato de *France agility*) y la pérdida de sus capacidades le provocaba cólera y ansiedad. Kim nos enseñó que, también en los animales, la pérdida se hace más difícil cuando la conciencia todavía está presente de forma intermitente y cuando hay mucho que perder. Pero, sobre todo, lo que nos enseñó es que, incluso a los 12, 13 o 14 años, un perro, cuya degeneración neuro-cerebral es ya evidente, es capaz de reanudar el curso de una vida armoniosa.

Hoy se nos consulta regularmente por animales que se están apagando y a los que su familia humana no quiere abandonar. Me gustaría tomar el ejemplo de Marcus, un *golden retriever*, como símbolo de lo que vemos cada vez más a menudo. Cuando Marcus llegó a la consulta con sus propietarios tenía 14 años. Esto es ser muy viejo para un perro grande (un *golden retriever* pesa alrededor de 30 kilos y tiene una esperanza de vida media de 12 años).

Marcus había sido un perro perfecto, que correspondía a los deseos de sus amos. Fue elegido para vivir en contacto con niños y fue su ángel de la guarda, nunca fue amenazador con ellos, siempre estaba preparado para el juego y para aguantar sus bromas. La familia en la que fue adoptado era una familia moderna: los niños iban a la escuela, los dos miembros de la pareja trabajan. El perro debía quedarse solo una gran parte del día y siempre lo aceptó con buen humor.

Pero luego, lo que muy verosímilmente era una degeneración cerebral lo dejó sin recursos para esta plasticidad, para esta adaptación al ritmo de la casa. Marcus empezó no pudiendo soportar ya estar solo en momentos poco habituales (salidas al restaurante o al cine) y luego incluso las ausencias regulares, debidas al trabajo o a la escuela, le causaban una ansiedad que lo llevaba a causar desperfectos en la casa. Lo que ha cambiado en los últimos diez años es que, hasta no hace mucho, estos perros eran candidatos inmediatos a la eutanasia. En este caso, la que acudió fue una familia cohesionada alrededor del animal, consciente de un pronóstico sin duda sombrío, pero que quería intentarlo todo. Lo que Marcus había dado a la familia, la familia se lo quería devolver. Aunque estas historias no pueden acabar bien, los cuidados permitieron acompañar al perro calmando sus crisis ansiosas y ralentizando la degeneración, en todo caso haciéndola soportable durante algunos meses. Si Marcus pudo obtener estos meses adicionales, si consiguió de alguna forma ser resiliente, fue gracias al tutor de resiliencia que era apego profundo y recíproco por el que estaba vinculado a su grupo humano.

Antes de Marcus, había estado Oscar.

Oscar formaba parte de un grupo de 40 perros que reclutamos para nuestro estudio ECAR (sobre perros mayores resilientes), estudio que vino a confirmar algunas nociones intuitivas (Béata *et al.*, 2004). Los resultados eran previsibles: para que un perro pueda vivir más, es mejor que sea adoptado joven, una sola vez y en buenas condiciones (un entorno estimulante). Nada de esto es sorprendente, aunque siempre está bien verificar lo que el sentido común nos sugiere. Por otra parte, Oscar nos mostró que la vida no obedece siempre a leyes estadísticas. Él era un *schnauzer* de tamaño medio adoptado dos veces, lo que este estudio era el único factor realmente significativo (Khi dos $p = 0,05$, 1 grado de libertad sobre la diferencia de media de edad entre los perros que han sido adoptados una vez o más). La segunda vez, además, ya era adulto. Y no obstante, a este perro todo le estaba bien. Oscar es uno de los primeros testimonios de una resiliencia canina lograda.

Después tuvimos a Max, en la segunda parte de este estudio, destinada a confirmar los resultados en combinación con un estudio sobre las virtudes de un suplemento nutricional de propiedades tranquilizadoras. Max había tenido una vida complicada. Había sufrido un accidente, había sido abandonado... y en el momento de entrar en el estudio era el más viejo (210 meses, o sea, más de 17 años). Él fue el que más mejoró durante el estudio, mostrando así que su edad no le impedía progresar en resiliencia. También él se benefició de un apoyo importante de su última familia de adopción. Max fue un digno sucesor de Oscar entre los representantes de la resiliencia en perros de edad avanzada.

Estos perros sólo son ejemplos destacados entre los miles de casos que los veterinarios observan en su práctica cotidiana.

Algunos objetarán que esto sólo son anécdotas, pero su acumulación acaba siendo una base seria de reflexión. Para acabar en un tono más científico, volvamos a la publicación de Cummings que demostraba la correlación del declive cognitivo con la edad ($r = 0,83$; $p < 0,001$), pero también de la carga amiloide ($r = 0,55$; $p < 0,05$) (Cummings *et al.*, 1996). La lectura atenta del artículo y de los diagramas que mues-

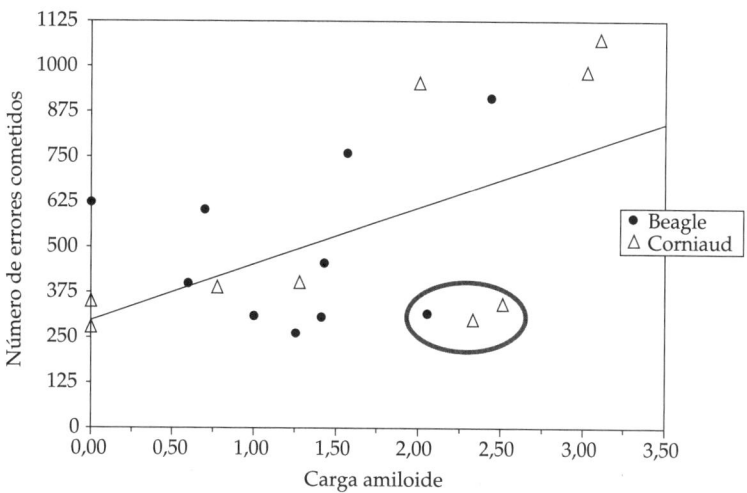

Figura 3. Correlación entre la edad y el declive cognitivo

tran la relación entre carga amiloide y el número de errores cometidos en los test utilizados muestra que bastantes perros (tres en nuestra ilustración) escapan a la fatalidad de la relación lineal entre la lesión orgánica y su traducción conductual.

Aquí, la resiliencia salta a la vista en el gráfico.

Conclusión

La resiliencia en el individuo de edad avanzado es un concepto quizás difícil de aprehender.

Los animales que nos interesan por sus capacidades cognitivas y su estructura social aportan casi todas las pruebas de que su cerebro, capaz de *performance* y de plasticidad, también es vulnerable a las enfermedades degenerativas. Es difícil pedir a los animales salvajes pruebas de una posibilidad de resiliencia,

Aunque los descubrimientos en la autopsia a veces puedan establecer esta presunción. Los animales domésticos más cercanos a nosotros son los perros. Ellos, a través de los estudios científicos y también de anécdotas clínicas cotidianas, nos aportan la demostración de que también pueden experimentar el fenómeno de la resiliencia y dar muestras de ello.

Referencias bibliográficas

Béata C. (2001), «La résilience chez l'animal familier», en *La Résilience. Résister et se construire*, Éditions Médecine et Hygiène, págs. 169-176.
— (2003), «Résilience», en *L'Enfant et l'animal*, ZooPsy, págs. 17-21.
— (2004), *La Psychologie du chien*, Odile Jacob, p. 335.
Béata C., Marion M., Marlois N., Massal N., Mauries J., Muller G. (2004), «La résilience chez le chien âgé: pléonasme ou oxymoron?», en A. Lejeune (ed.), *Vieillissement et résilience*, Solal, págs. 35-44.
Bernedo V., Insua D., Suarez M. L., Santamarina G., Sarasa M., Pesini P. (2009), «Beta-amyloid cortical deposits are accompanied by the loss of serotonergic neurons in the dog», *J. Comp. Neurol.*, 513, págs. 417-429.
Colle M. A. (1997), *Analyse immunohistochimique de la préséniline 1dans le cerveau des patients atteints de la maladie d'Alzheimer familiale et sporadique et dans le cerveau du chien âgé*, DEA de Neurociencias, Paris-VI.
Colle M. A., Hauw J. J., Crespeau F., Uchihara T., Akiyama H., Checler F., Pageat P., Duyckaerts C. (2000), «Vascular and parenchymal Abeta deposition in the aging dog: correlation with behavior», *Neurobiol. Aging*, 21, págs. 695-704.
Cummings B. J., Head E., Afagh A. J., Milgram N. W., Cotman C. W. (1996), «Beta-amyloid accumulation correlates with cognitive dysfunction in the aged canine», *Neurobiol. Learn. Mem.*, 66, págs. 11-23.
Dimakopoulos A. C., Mayer R. J. (2002), «Aspects of neurodegeneration in the canine brain», *J. Nutr.*, 132, págs. 1579S-1582S.
Duyckaerts C., Pasquier F. (2002), «Modèles animaux de la maladie d'Alzheimer», en *Démences*, Doin, págs. 165-171.
Head E., Mehta R., Hartley J., Kameka M., Cummings B. J., Cotman C. W., Ruehl W. W., Milgram N. W. (1995), «Spatial learning and memory as function of age in the dog», *Behav. Neurosci.*, 109, págs. 851-858.
Langui D., Lachapelle F., Duyckaerts C. (2007), «Modèles animaux des maladies neurodégénératives», *Médecine/Sciences*, 2, págs. 180-186.
Sarasa M., Pesini P. (2009), «Natural non-transgenic animal models for research in Alzheimer's disease», *Curr. Alzheimer Res.*, 6, págs. 171-178.

Familia y resiliencia durante el envejecimiento

Michel Delage

La resiliencia y el buen envejecer: dos cosas que no hay que confundir

La resiliencia y el envejecer bien son dos ideas de moda. La resiliencia, víctima de su éxito mediático, tiende a diluirse en muchos malentendidos a medida que se difunde. Funciona como un «atractor semántico»[1] hacia el cual convergen a veces ideas muy diversas cuando se habla del estrés o el trauma. En cuanto al «envejecer bien», se trata de un reto de toda la sociedad, ya que en Occidente asistimos a un aumento regular de la esperanza de vida, mientras que la población sigue envejeciendo.

Ahora bien, hay que decir que no todo el mundo envejece igual. Algunos envejecen prematuramente y mal. Otros envejecen como es de esperar, por así decir. Coinciden con las representaciones que nos hacemos de una vejez vinculada al déficit, a la decrepitud progresiva. Y luego hay excepciones, que conservan durante mucho tiempo buenas capacidades cognitivas y físicas, buena salud, están satisfechos de la vida que llevan. Podríamos decir incluso que muestran cierta obstinación frente a las dificultades de la edad avanzada.[2] ¿Significa esto que al envejecer de esta forma se muestran resilientes? Indudablemente demuestran tener recursos, a diferencia de los que declinan rápidamente. También es posi-

---

1. Durand G. (1993), *Les Structures anthropologiques de l'imaginaire*, Dunod, París.

2. Danon-Boileau H., Dedieu-Anglade G. (2012), *Une certaine forme d'obstination. Vivre le très grand âge*, Odile Jacob, París.

ble, por otra parte, que estos recursos estén vinculados a factores genéticos, pero no únicamente. Quienes envejecen bien muestran tener virtudes vinculadas a la actitud, a una posición ante la existencia. Se preocupan por estar activos, tener contacto con la vida y ser optimistas.

Algunos autores han intentado estudiar de forma más precisa estos parámetros del «envejecer bien». Han constatado que la asociación de una buena salud,[3,4] la preservación de buenas capacidades cognitivas y físicas, o un buen apoyo social son mejores que la enfermedad, capacidades cognitivas débiles de base, el aislamiento y la pobreza. Perogrullo hubiera dicho lo mismo.

No obstante, teniendo en cuenta todo esto, se recomienda un estilo de vida activo, tanto física como mentalmente. Se anima a las personas mayores a cuidar de su salud poniendo el acento sobre todo en la detección precoz de algunas patologías. Se practica la psicología positiva,[5] se preparan programas que tienen como objetivo optimizar las capacidades de adaptación, e incluso compensar algunos daños, cuando se trata, por ejemplo, de regular las consecuencias de ciertas pérdidas. ¿Podemos hablar entonces, respecto de estas intervenciones, de resiliencia asistida al servicio del envejecer bien?[6] De ninguna forma, desde mi punto de vista.

Hoy en día existe un debate, que está muy lejos de quedar zanjado, sobre la noción de resiliencia. Algunos la asimilan a las capacidades de adaptación a pérdidas irremediables de naturaleza diversa ocasionadas por el envejecimiento. En estas condiciones, no vemos qué añadiría el término de resiliencia al de adaptación. Muy al contrario, la resiliencia es un proceso que puede iniciarse cuando la adaptación no ha tenido lugar, no existe o no es posible. Se ha producido una ruptura, una solución de continuidad en la existencia en el senti-

---

3. Aguerre C. (2011), «La résilience assistée au service du bien vieillir», en S. Ionescu (ed.), *Traité de résilience assistée*, PUF, París, págs. 383-427.

4. Rowe J. W., Khan R. L., *Successful Ageing*, Pantheon Books, 1998.

5. Seligman M. E. P. (2002), «Positive psychology, positive prevention, and positive therapy», en C. R. Snyder, S. J. Lopez (eds.), *Handbook of Positive Psychology*, Oxford University Press, págs. 3-12.

6. Aguerre C. (2011), *op. cit.*

miento de uno mismo, una bifurcación en la trayectoria existencial. En estas condiciones hay, probablemente, un antes y un después. Esta ruptura puede estar vinculada a un acontecimiento o a un conjunto de acontecimientos. Puede ser muy antigua y entonces la resiliencia supone que examinemos, en la persona mayor, cómo el proceso que pudo iniciarse en el pasado prosigue, transformándose necesariamente, o quizás se bloquee bajo la influencia de las circunstancias actuales. O quizás la ruptura ocurre cuando el anciano se ve confrontado en el presente a un daño grave o a un conjunto de factores muy dañinos, y la entonces resiliencia no puede estar asociada a una vejez lograda. En efecto, en este caso se puede tratar de una enfermedad invalidante o una agresión (sabemos que hay muchas agresiones a personas mayores en nuestra sociedad actual). Puede haber sufrido una catástrofe natural (que le obliga, por ejemplo, a abandonar la casa inundada), o haber perdido su apoyo afectivo principal, en un duelo que a veces adquiere una dimensión traumática, a consecuencia de lo cual se encuentra solo y aislado, a veces víctima de maltrato.

Quizás pueda iniciar mejor un proceso de resiliencia quien antes ha demostrado tener capacidad de adaptación. Sin duda, para la resiliencia son necesarias estrategias de *coping*, pero éstas no son suficientes por sí mismas. Asociada al traumatismo, la resiliencia exige recurrir a conceptos que no son los del *coping*. Hacen referencia a las capacidades de separación psíquica respecto de lo que causa el trauma, de transformación de la experiencia vivida, de integración de esta experiencia en el conjunto de la vida mental. Ello supone mecanismos de construcción y de reconstrucción psíquica, una creatividad. Todo lo cual produce un desarrollo hacia un nuevo potencial. En el caso de personas mayores, esto significa la posibilidad de desplegarse de nuevo en una existencia que proporcione satisfacciones a pesar de todo, a pesar especialmente de la posibilidad de la muerte cercana. Esta fecha límite que se perfila en el horizonte justifica que se pueda plantear la idea de un «declive resiliente».[7]

---

7. Delage M., Haddam M., Lejeune A. (2007), «Une résilience est-elle encore possible malgré la maladie d'Alzheimer», en A. Lejeune, C. Maury-Rouan (eds.), *Résilience, vieillissement et maladie d'Alzheimer*, Solal, págs. 149-160.

El proceso transaccional de la resiliencia en el anciano

Sabemos que la resiliencia supone la movilización de recursos internos gracias a la posibilidad de recurrir a recursos externos. Boris Cyrulnik nos ha mostrado,[8] desde este punto de vista, la importancia del tutor de resiliencia.

En los recursos internos, intrapsíquicos

La resiliencia en las personas mayores implica mecanismos comunes a formas distintas de resiliencia y también mecanismos específicos. Aquí nos limitaremos a recordar los unos y los otros.

Se trata siempre de capacidades de construcción psíquica, de creatividad, de transformaciones de la experiencia vivida. Esto supone poder contar con una flexibilidad psíquica suficiente. En definitiva, la flexibilidad es al psiquismo lo que la plasticidad es a las neuronas. Se aprecia en la capacidad de mentalización de la experiencia, en la riqueza del recurso a la imaginación, en el uso de mecanismos de defensa también, a su vez, flexibles, es decir, modulables y capaces de asociarse o permitir, según las circunstancias, el paso de uno a otro. Podemos citar aquí la sublimación, el humor, la anticipación, las capacidades de proyección hacia el futuro. Más específicas de la edad son las creencias y la inscripción en la temporalidad.

- *Las creencias* pueden alimentar una actitud combativa y de esperanza, sabiendo distinguir lo que es posible y lo que ya no lo es. Es posible mantener una creencia en sí mismo que se puede alimentar mediante mitos familiares[9] y remitir a los desafíos del pasado que se han superado con éxito. Pero también puede tratarse de un recurso a la espiritualidad, apoyado en la religión o no. En todo caso, la muerte que se acerca hace a menudo más atractiva la creencia en una presencia divina más fuerte y confortante.

---

8. Cyrulnik B. (1999), *Un Merveilleux Malheur*, Odile Jacob, París.
9. Neuburger R. (1995), *Le Mythe familial*, ESF.

- *La inscripción en la temporalidad* supone la posibilidad de una fluidez que permite al anciano que tiene una historia rica operar un recorrido entre los tres tiempos: pasado, presente y futuro. Esto, por supuesto, en caso de que sus capacidades cognitivas y su memoria se lo permitan. Ello implica un presente siempre inventado, un pasado que se es libre de recordar y la elaboración de un relato que no esté demasiado contaminado por las reviviscencias invasoras, además de un futuro que todavía proporcione elementos que sean interesantes para la persona y más aún para los demás en la perspectiva de la transmisión.

El anciano está en el corazón de la memoria familiar, porque él es quien permite vincular a los vivos con los muertos de la familia, mientras que la familia es, por su parte, el hilo que vincula al mayor con sus raíces y el punto de apoyo para su impulso vital, ya que a través de su descendencia su vida se prolonga de algún modo más allá de la muerte. La actividad narrativa que desarrolla con sus allegados tiene, cuando es posible, una importancia enorme. Se puede basar en documentos de diversos tipos (fotos, videos, objetos, etc.).

En el plano interpersonal, intersubjetivo

El entorno tiene un papel clave. La restricción de la autonomía debidas a la edad y a las dificultades por las que atraviesa el anciano, la perspectiva del final de su vida, provocan un clima de gran inseguridad. Las necesidades de protección están activadas. La persona mayor se convierte, más que en otras edades de la vida adulta, en tributario de figuras del cuidado, más aún, si cabe, cuando sufre. Únicamente gracias al apoyo que recibe y a la capacidad para la coherencia de sus figuras de cuidado, puede desarrollar recursos necesarios para un proceso de resiliencia.

Por supuesto, podemos pensar en el apoyo que aportan cierto número de disposiciones concretas cuyo objetivo es la protección en la vida cotidiana y que demuestran la atención que se da a la persona Pero la contención es de otra naturaleza. Significa que en el entorno del mayor, una o más personas sean capaces de hacer un trabajo de transformación de las emociones negativas que vive el mayor. La mentalización, a menudo, tiene este precio. Es gracias a la mentalización a través de otro de lo que él vive, como la persona herida puede, a su vez, llevar a cabo un trabajo de pensamiento, apropiarse de una construcción psíquica capaz de dar sentido a la realidad vivida. No obstante, aquí es donde surgen los obstáculos:

- *La contención*, tal y como Bion la indicó en las interacciones precoces, se establece a partir de la expresión del malestar por parte del bebé, y esta expresión lleva a la madre a responder. Pero a menudo el anciano que sufre se queda el sufrimiento para sí. Se desvincula de la realidad del entorno. Funciona a menudo en un registro de evitación, como demuestran las exploraciones del apego.[10] Así, para contener su sufrimiento, a menudo es necesario tenderle la mano, mostrar solitud, «ir hacia...».
- *El entorno* del anciano, por otra parte, está alterado: la madre del bebé que sufre transmite confianza y seguridad, en las condiciones habituales. Pero los allegados del anciano a menudo son, a su vez, personas mayores que también sufren de su condición. Ésta es, por ejemplo, la situación de una pareja de ancianos cuando uno de ellos cae enfermo. Al otro también le alcanza la enfermedad, digamos que por contagio emocional, viviendo al mismo tiempo la indisponibilidad de la pareja que desde hace tiempo es para él una figura de apego, indispensable para su propia seguridad.

Así, en una familia, es posible que las consecuencias de la enfermedad, de las heridas y las alteraciones de la vida mental del anciano se propaguen de unos a otros, salvo que los demás se protejan tomando distancia, desprendiéndose de la vida relacional con él.

Llegados a este punto, concluimos:

---

10. Wensauer M., Grossman K. C. (1995), «Qualität der Bindung Repräsentation, sociale integration and Umgang mit Netze work Ressourcen im höherer Erwachsenenalter», *Zeitschrift für Gerontologie und Geriatrie*, 28, págs. 444-456.

1. Que el sufrimiento, las consecuencias psíquicas de las heridas de distinta naturaleza que la vida puede infligir siempre son intersubjetivas.
2. Que la resiliencia hay que entenderla, por tanto, en una dimensión intersubjetiva. La idea del tutor de resiliencia se vuelve más compleja cuando a las figuras de apoyo naturales les corresponde el papel de tutores, siendo el caso que ellos mismos también sufren.

Las enfermedades neurodegenerativas como la enfermedad de Alzheimer ofrecen un ejemplo particularmente significativo. La resiliencia en estos casos se entiende razonando de forma sistémica. Los recursos personales del que sufre la enfermedad se agotan con el avance del proceso patológico. Al mismo tiempo, la intersubjetividad se desgarra, porque el paciente ya no es el mismo. La resiliencia supone entonces que los «apoyos naturales» se impliquen en una nueva intersubjetividad, en la posibilidad, a pesar de su propio sufrimiento, de desarrollar recursos capaces de conducir a un declive «suave», es decir, sin demasiados conflictos conductuales en el paciente, sin demasiados obstáculos relacionales. Esto es posible gracias al desarrollo de capacidades empáticas particulares que estudiaremos en lo que llamaremos las interacciones tardías.

El anciano que sufre y los recursos de la resiliencia familiar

Los «círculos de la resiliencia»

Hay distintos círculos de resiliencia que podemos describir así.

- *El primer círculo* está formado por las transacciones entre el paciente y lo que llamaremos «el apoyo natural de proximidad» (puede ser el cónyuge, pero también un niño). Los recursos internos del paciente pueden ser movilizados por el «tutor de resiliencia» que constituye este allegado.
- *El segundo círculo* concierne a las transacciones que se establecen entre los allegados menos cercanos, aquéllos que pueden apoyar

las transacciones del primer círculo (estos pueden ser los hijos o los hermanos en posición de apoyo principal).
- *Un tercer círculo* puede estar formado por personas más alejadas, miembros de la familia ampliada, amigos, vecinos, vecinos del mismo barrio.
- *Un cuarto círculo* lo representan los profesionales repartidos entre diversos tipos de intervinientes, desde el ámbito médico-social hasta las acciones terapéuticas.

Estos círculos mantienen entre ellos relaciones dinámicas y evolutivas en el tiempo. En este, en efecto, intervienen las circunstancias diversas, incluyendo la necesidad de estancias en el hospital o desplazamientos a instituciones que pueden ocasionar sufrimiento, así como las enfermedades crónicas.

Podemos entender esta dinámica utilizando el modelo del apego. Este modelo nos enseña la necesidad de protección que surge ante la proximidad física y psíquica de una figura de cuidados cuando el recurso a una fuente de seguridad interna no es suficiente, y la posibilidad de pensar y representar de forma comunicable y compatible las emociones reguladas en las interacciones con el o los allegados. La noción de base de seguridad ayuda a entender mejor estos puntos.

La base de seguridad

Una base de seguridad significa, al nivel de una familia, la posibilidad de establecer solidaridades, suplencias, complementariedades, de forma que cada uno pueda contar con la ayuda de cualquier otro miembro de la familia si lo necesita, del mismo modo que él mismo ayuda a quien lo requiera.

Podemos tomar los elementos funcionales siguientes como característicos de toda base de seguridad.

1. *Una calidad de comunicación, clara, directa, que transmite mensajes e información fácilmente comprensibles*. La comunicación no siempre es fácil con un anciano que oye mal o cuyos procesos cognitivos están alterados. En tal caso se deberá prestar una atención particular a la comunicación no verbal, corporal.

2. *La libre expresión de los sentimientos*. Esto supone la ausencia de bloqueos vinculados a ciertas inseguridades, también la ausencia de forzamiento debido a un entorno intrusivo. El entorno debe poder desarrollar una actitud empática que permita identificar las dificultades, los sentimientos más allá de las palabras, también dar respuestas tranquilizadoras. Podemos destacar la idea de «emocionalidad expresada» y preconizar un entorno capaz de entender el sufrimiento del paciente, de apreciar con exactitud sus expectativas en vez de mostrar impaciencia, enfado, comentarios críticos o una implicación emocional excesiva y negativa.
3. *La colaboración en la resolución de los problemas*. Esto significa que en una pareja se es capaz de definir objetivos realistas apreciando las posibilidades del paciente al que se quiere ayudar. Y no invalidarlo, de forma que siempre pueda tener cierto control de su entorno, sin verse desposeído de la autonomía y los recursos que aún tiene.
4. *El equilibrio entre la apertura y el cierre de la familia*. El trauma, la enfermedad, el sufrimiento, sobre todo si son crónicos, producen un efecto de cierre sobre sí mismas de las personas, de las parejas y de las familias. Ahora bien, la existencia necesita alimentarse de aportaciones exteriores, del mantenimiento de cierta forma de vida social. Saber recurrir a ayuda exterior es un índice de implicación en un posible proceso de resiliencia. Esto, en efecto, indica esperanza y confianza, en vez de la cerrazón que demuestra desesperación y una creencia en la incapacidad de los otros para ayudar, o bien que se percibe a los terceros extraños como amenazas para la vida privada de la familia, incluso para la intimidad relacional.

Acabamos de enumerar las características funcionales de la base de seguridad. Pero para que estas características se desplieguen, hay que pensar en el anciano y en cómo son las relaciones con él. Dicho de otro modo, hay que desarrollar buenas capacidades de empatía y de mentalización, es decir, tener la posibilidad de apoyarse en un trabajo psíquico de transformación, de representación comunicable y compartible. En la familia, ante la enfermedad, el sufrimiento y las dificultades de la edad se aportan cuidados, pero al mismo tiempo se aporta pensamiento. La resiliencia familiar se comprueba en esta capacidad de mentalizar por otro, o por otros, lo que él o ellos mismos no pueden pensar debido a sus propios sufrimientos, a la intensidad o la complejidad de las emociones negativas experimentadas, a veces también a causa de las alteraciones cognitivas.

De este modo se desarrolla la capacidad de preservar o reconstruir un mundo de sentido y de significado; así es como se alimenta en familia, para el anciano, en torno al anciano y con el anciano, una actividad narrativa que le hace vivir. De este modo vive en los relatos de la existencia, tanto el que se desarrolla en el presente como el que se despliega en lo que fue y lo que vendrá.

La resiliencia supone el mantenimiento de una inscripción espacio-temporal de la existencia.

1. *Cuando el anciano pierde su autonomía perceptivo-motriz*, esta inscripción espacio-temporal se hace posible mediante el apoyo de lo imaginario. Es mediante el relato de los demás, de lo que hacen, de los que ven, de lo que viven, como la persona mayor permanece inscrito en el campo de la vida, porque se evocan con él ciertos lugares a los que se ha ido, ciertos acontecimientos vividos, un paisaje conocido. Se le hace compartirlo. Y, al mismo tiempo que comparte, se mantiene en el anciano el sentimiento de una pertenencia viva, sentimiento tanto mayor cuanto que produce anudamientos en la memoria de unos y otros a través de la actividad narrativa. Los efectos de la transmisión son aquí especialmente importantes. La evocación del presente puede alimentar la elaboración de recuerdos, y a veces es toda una historia familiar lo que se organiza a través de los elementos del pasado. Algunos aspectos más o menos olvidados resurgen, el anciano puede sentir la necesidad de decir lo que había preferido callar hasta entonces: heridas antiguas que pueden abrirse de nuevo por efecto del sufrimiento actual. Entonces se tejen y vuelven a tejer los vínculos familiares, en un entrecruzamiento en el que los relatos colectivos pueden alimentar los relatos de cada uno, a la vez que, de forma sucesiva, cada uno reorganiza su propia historia a la luz del relato de los otros, en especial el de la persona mayor.
2. *Cuando el mayor pierde su autonomía psíquica* debido a una enfermedad neurodegenerativa, poder pensar lo que vive, entender las ne-

cesidades y darles respuesta es de particular importancia. La noción de interacciones tardías[11] puede ayudarnos a precisar lo que está en juego. Cuando calificamos los intercambios como «interacciones», designamos secuencias conductuales observables. Las relaciones, por su parte, designan lo que, en la sucesión de secuencias interaccionales, da lugar a representaciones cuya valencia permite definir la cualidad de las relaciones. Los vínculos corresponden al orden simbólico en el que se inscriben las interacciones y las relaciones (por ejemplo, el vínculo de parentesco que une al anciano con su apoyo natural): no son pues directamente observables en cuanto tales. Cuando observamos las interacciones entre dos o más personas, vemos sus mímicas, gestos, actitudes, movimientos, pero también sus actos de palabra. Además, estos son los que habitualmente privilegiamos, porque suele preocuparnos su contenido. No obstante, en los dos extremos de la vida, la palabra no tiene la importancia que le damos habitualmente. En lo que se suele llamar las interacciones precoces, el niño no ha adquirido el lenguaje, pero él y su (o sus) figura(s) de cuidados se entienden gracias a la capacidad de los adultos para descodificar las necesidades que expresa con el cuerpo. En el anciano —y especialmente cuando sufre déficits cognitivos— la palabra escasea, incluso desaparece y, como adultos, nos decimos: «Ya no nos podemos comunicar con él, ya no le entendemos».

Desde nuestro punto de vista,[12] aquí hay lugar para interacciones tardías. Éstas necesitan que hagamos un esfuerzo para intercambiar a un nivel no verbal que sigue siendo posible. Así, las interacciones tardías suponen una disposición particular del entorno para una comunicación con el mayor en la que la palabra se contextualiza mediante las miradas, el gesto, la proximidad corporal capaz de expresar, intencionalmente, la apertura del espíritu del mayor. Entonces se le indica a éste la solicitud, la disponibilidad y la sensibilidad que

---

11. Cyrulnik B., Delage M., Lejeune A. (2007), *Mémoires et résilience: les interactions tardives*, Solal, Ballan-Miré.

12. *Ibid.*

se muestra para descodificar e inscribir en una relación de sentidos lo que la persona vive en su cuerpo y en su mente, sin poder expresarlo en palabras y pensamiento.

Finalmente, podemos decir que las interacciones tardías permiten el mantenimiento existencial del mayor gracias al esfuerzo hecho por parte de los otros para comunicarse con él, entenderlo, preocuparse por él y responder a sus necesidades.

Los desafíos transaccionales en los distintos círculos

1. *El primer círculo es el que yo señalo como «emparejamiento resiliente».* El emparejamiento designa una relación exclusiva y simétrica entre el mayor que sufre, herido, y una figura de cuidados que puede ser el cónyuge, si aún vive, pero que puede ser también otra persona: un niño, por ejemplo. El emparejamiento resiliente significa que un paciente puede contar sin reservas con la ayuda de una figura de cuidados disponible, atenta, capaz de reconocer sus necesidades, aportar respuestas buenas en el ámbito de la ternura, la tranquilidad y la seguridad, la dignidad. Esta figura puede adoptar esta actitud mejor si, en la interacción, el paciente muestra por su parte una capacidad para expresar su reconocimiento por la calidad de la atención y de los cuidados que recibe. Ambos son validados por esta relación: el que cuida, por sus competencias, por su capacidad de dar; el mayor como alguien respetado, como persona, como sujeto. Este último punto es especialmente importante con los pacientes cuya consciencia está a veces alterada y cuyas capacidades están impedidas por déficits sensoriales, motores o cognitivos. A pesar de todo, en las interacciones tardías, el anciano, por poco que se le haga caso, aún tiene la capacidad de mostrarle al interlocutor su reconocimiento, mediante una sonrisa, un gesto, una presión de la mano. La calidad de esta interacción, en la que encontramos analogías con la coordinación afectiva en las interacciones precoces,[13] depende de la calidad de los apegos anteriormente construidos con

---

13. Stern D. (1989), *Le Monde interpersonnel du nourrisson*, PUF, París.

los *partenaires*. En efecto, los problemas de la edad vuelven insegura a la persona y activan el sistema de apego de la figura de cuidados. Esto significa, por consiguiente, que un cónyuge, aunque haya perdido seguridad, debe ser capaz por lo menos de permanecer atento a las necesidades del otro. Es así como un niño, aunque haya sido perjudicado por las dificultades de su progenitor, debe convertirse en un padre para su propio padre o su propia madre.

- Los apegos seguros permiten que, en la díada, haya una buena diferenciación entre «yo» y «tú» y que la apertura al entorno sea suficiente.
- Pero a veces ocurre que una figura de cuidados mantiene una proximidad problemática con el anciano, en especial cuando el paciente en dificultades pide ayuda; esto es aún más frecuente si los apegos anteriores eran inseguros. En una pareja puede haber una relación fusional. Entonces los límites personales tienden a desvanecerse. El que ayuda se consagra en cuerpo y alma al que sufre hasta perder su propia salud.
- Y viceversa, el que ayuda puede responder tomando distancia. Aporta una ayuda operativa, centrada en las manifestaciones patológicas, pero sin el compromiso emocional deseable.
- Y también, a veces, la ambivalencia relacional vinculada a la historia entre ambos conduce a oscilaciones entre el demasiado cerca y el demasiado lejos.

Al fin y al cabo, un emparejamiento resiliente es una díada que debe poder ser contextualizada mediante un segundo círculo de resiliencia capaz de aportarle una seguridad suficiente.

2. *El entorno cercano en su conjunto está más o menos concernido por el sufrimiento del anciano.* Puede reaccionar aportando su apoyo o, al contrario, dejarse llevar a derivas en las que las soluciones disfuncionales encontradas para resolver ciertos problemas se vuelven a su vez problemas que encierran a las distintas partes en un registro emocional negativo y en relaciones de sufrimiento. Tanto más cuando las reorganizaciones familiares, a veces necesarias, aumentan las restricciones y conducen a situaciones más comple-

jas.[14] Rivalidades entre hermanos antiguas y más o menos escondidas hasta el momento pueden resurgir cuando se plantean necesidades de ayuda y de acompañamiento por parte del anciano necesitado. Los desafíos afectivos, materiales y financieros pueden adquirir una amplitud tal que se son retroalimentados por los apegos inseguros desarrollados en la familia, por ejemplo, cuando se trata de decidir el ingreso en una residencia o una medida de protección judicial, o cuando la muerte se acerca. Por el contrario, una familia que presta apoyo es una familia en la que es posible no quedar atrapado por el sufrimiento del anciano, es decir, conservar las capacidades empáticas suficientes para estar atento y disponible a sus necesidades, así como a las del cónyuge que sufre con él, y ello a pesar el sufrimiento personal de cada uno. Se sabe preservar los elementos constitutivos de una base familiar suficientemente segura. Esto debe ser entendido, muy especialmente, de acuerdo con una «ética relacional»[15] basada en nociones de lealtad filial, de deuda vital. De lo que se trata aquí es de la raíz ontológica de las relaciones entre padres e hijos, fundadas en las deudas y méritos constituidos en la continuidad de los vínculos. Así, en toda familia se establece una espiral de reciprocidad y de validación de uno mismo entre los padres y los hijos.[16] Los hijos, agradecidos a sus padres por los cuidados recibidos, están en disposición de «dar», cuidando a su vez y convirtiéndose en los «padres de sus padres». Evidentemente, esta situación los confronta a la inseguridad y activa su propio sistema de apego. Entonces sienten necesidad a su vez de encontrar apoyo en figuras de apego. Pueden ser hermanos o hermanas, o bien un cónyuge. Esta seguridad es difícil de obtener si, al mismo tiempo, se activan en el entorno conflictos no resueltos y contenciosos diversos. De todas formas, se

---

14. Thomas P. (2003), «Le systémique et l'Alzheimer», comunicación en el 12º Congreso de psicogeriatría, Pau, 18-19 noviembre 2003.

15. Boszormennyi-Nagi I., Spark G. (1984), *Invisible Loyalties: Reciprocity in Intergenerational Family Therapy*, Brunner Mazel.

16. Legoff J.-F. (1999), *L'Enfant, parent de ses parents. Parentification et thérapie familiale*, L'Harmattan.

puede encontrar otro tipo de apoyo en los profesionales de los cuidados, que constituyen un nuevo círculo de resiliencia.

Perspectivas terapéuticas

Los profesionales de los cuidados pueden constituir un nivel de resiliencia si contribuyen mediante sus recursos propios a apoyar las capacidades de protección, elaboración y mentalización de los que sufren. Es necesario prestar atención a una clínica relacional, es decir, una clínica capaz de mostrar la intersubjetividad entre los distintos miembros afectados por las heridas o la enfermedad, incluyendo a los mismos profesionales. No es posible pensar el cuidado y la acción terapéutica sólo para un paciente en singular. Los cuidadores de ancianos son personas que sufren en grados distintos, o cuya ayuda puede agravar los problemas del anciano. Es importante examinar los factores que pueden hacer que esta ayuda se oriente hacia la movilización de recursos y el apoyo a un proceso de resiliencia en el sistema familiar afectado por los distintos sufrimientos y daños que puede sufrir una persona mayor. De igual forma, la actividad cuidadora siempre debe entenderse en el entrecruzamiento de características propias de un cuidador particular, con un necesario trabajo en red que asocia a las distintas especialidades concernidas. Finalmente, siempre debe ser posible desarrollar tres niveles de intervenciones:

- *El primer nivel concierne a la acción directa con el paciente,* desde el punto de vista médico y psicológico.
- *El segundo nivel se refiere a la acción directa con el o los cuidadores.* Aquí se trata de desarrollar capacidades de atención y de solicitud en un entorno perturbado por los problemas del mayor.
- *El tercer nivel es el de las interacciones entre el paciente y su entorno.* El desarrollo de las interacciones tardías hace deseable que el entorno reciba ayuda y apoyo para el mantenimiento de una base de seguridad, para la regulación de las emociones y con vistas a la posibilidad de desarrollar sus capacidades de mentalización en el conjunto del sistema familiar en cuestión.

Conclusión

Cuando una persona mayor sufre, afectada por una enfermedad crónica e invalidante, todavía se pueden desarrollar recursos resilientes, es decir, capacidades para enfrentarse a la adversidad, combatir y demostrar creatividad, capacidad para seguir inscribiéndose en el mundo de sentido y significado. De todas formas, siempre se trata de una intersubjetividad que sufre. La resiliencia implica que las otras personas en la familia puedan ayudar en lo que el mayor necesite, en apoyo de sus necesidades psicológicas, su vida relacional y su vida psíquica. Esto significa que las personas de su entorno tengan la capacidad de desarrollar para el anciano y para ellas mismas recursos destinados a las complementariedades y suplencias necesarias, que sean capaces de tener iniciativas creativas y de preocuparse por inscribir las situaciones vividas en un mundo de sentido y de significaciones. Esto es más posible si las personas cercanas al anciano pueden, juntos y cada uno por separado, beneficiarse de interacciones con profesionales atentos, que se preocupan por constituir una base de seguridad para todos y ayudar a las elaboraciones psíquicas necesarias.

Las interacciones tardías

Antoine Lejeune

Cuando la incombustible Tatie Danielle, de más de 80 años, aparece en pantalla, es para expresar su comportamiento extravagante, su humor irritable, sus palabras cortantes y autoritarias. Vemos que Tatie Danielle es de otra generación. No está preparada para negociar. Pero, como todas las personas mayores, Tatie Danielle no puede aislarse de su contexto familiar, social y cultural. Los intercambios en su entorno con, por ejemplo, aspectos relacionales y emocionales, pueden verse como interacciones tardías.

En las interacciones tardías, como también en las precoces, el mundo exterior se mantiene a distancia. Es el entorno cercano el que asegura —en la mayoría de casos— la buena distancia emocional y relacional, que permite la seguridad y la calidad de los intercambios y, además, cierta forma de creatividad.

Las interacciones precoces permiten al bebé, antes de descubrir el lenguaje, desarrollarse, usando las relaciones no verbales con su entorno y principalmente con su madre. Las interacciones tardías no son una regresión hacia aspectos infantiles del desarrollo.

Al contrario, nos plantean la siguiente pregunta: en las personas mayores, ¿hay todavía alguna cosa, a pesar de todo, que pueda desarrollarse, gracias a los intercambios con su entorno?

Incluso a edad avanzada, nuestro cerebro biológico funciona y se enriquece con nueva información. Tiene necesidad del otro. Nuestros vínculos de cerebro a cerebro hacen revivir las emociones, sueños, juegos y nuestras capacidades para vivir nuevas experiencias. Mejoran nuestras defensas inmunológicas. Las neuronas espejo aseguran, hasta el final, la comprensión emocional y cognitiva de las miradas y gestos, códigos y símbolos.

El envejecimiento ya no es lo que era. Ya no es únicamente sinónimo de declive y angustia, con su séquito de duelos, enfermedades y rupturas traumáticas. Para muchos de entre nuestros contemporáneos, el envejecimiento significa, en cambio, la posibilidad de un nuevo desarrollo vital después de jubilarse. Vemos cada vez más a «jóvenes viejos», de más de 60 años, vivos y llenos de vida, «con una buena jubilación», que buscan su lugar en la sociedad y que aspiran a un buen envejecimiento.

También hay «viejos-viejos», de más de 80 años, que deben enfrentarse a reformulaciones identitarias. Deben reorganizar su vínculo con el conjunto de la familia. La sociedad ha evolucionado. Hay que tener en cuenta, hoy, a cuatro generaciones sucesivas presentes, y también a la generación «sándwich». Las interacciones tardías funcionan como un vínculo invisible, profundo, que hace resurgir lo implícito de la vida emocional y relacional, en el momento en que la muerte se presenta con más nitidez.

Las interacciones tardías se traducen en modificaciones relacionales

La vejez a menudo viene marcada, en primer lugar, por la jubilación. En este período de la vida hay que enfrentarse a un nuevo funcionamiento de la pareja, al tiempo libre y a las relaciones familiares que se transforman.

En las interacciones tardías, las relaciones interindividuales y sociales se modifican progresivamente. El envejecimiento es una fuente de inseguridad que reanima las necesidades de apego.

La persona mayor vive sobre todo con las primeras huellas de su infancia y su memoria del pasado: antes de nada, es sensible a las marcas interiorizadas. Su apego es, la mayoría de veces, un apego evitativo. Los recuerdos lejanos, las primeras relaciones afectivas, son al mismo tiempo su mundo familiar y su refugio. Los primeros recuerdos funcionan como huellas, huellas biológicas, que la guían en el presente y aportan un sentimiento de continuidad e identidad.

En estas condiciones, el anciano tiene una vida interiorizada, enfocada al pasado y con más necesidad de los demás.

La pareja de personas mayores se vuelve dependiente de su salud, de su autonomía, de sus antiguos apegos y de la memoria familiar que adquiere un lugar central, pero también de la salud de los otros miembros de la familia.

La buena distancia emocional y relacional es difícil de encontrar. Los hijos y nietos están, a menudo, lejos. Cada vez más, las rutinas, los estereotipos, las ritualizaciones provocan la irritación, la cólera y la incomprensión dentro de la pareja mayor, que además tiende a replegarse sobre sí misma. La vida familiar se desequilibra. A menudo incluso se desorganiza debido a las distancias, los divorcios, el desempleo, los nacimientos y las muertes.

Se pueden observar interacciones inesperadas o exclusivas vinculadas al funcionamiento de la pareja que se modifica. Las interacciones se sobrecargan de preocupaciones, de inquietudes, de críticas o de sobreprotección. O, por el contrario, aparecen muestras de desinterés en la familia. Es cada vez más necesario para el anciano interactuar con su entorno para mantener lo que todavía le queda de vida afectiva y seguir despierto. Sin estímulo, se desmotiva. Se retira del mundo y de la vida social.

Los antiguos conflictos, los apegos inciertos del pasado resurgen, particularmente cuando hay que plantearse el ingreso en un centro, o cuando hay que recurrir a una protección de los bienes. Entonces se recurre a profesionales: asistentes, ayudantes a domicilio y enfermeros dan a las interacciones tardías un nuevo sesgo, pero a menudo es un sesgo complejo y conflictivo.

Entonces, en estas condiciones, las personas mayores prefieren renunciar y vivir su pena en silencio y en la soledad.

En todas estas modificaciones que observamos en las personas mayores, el uso del humor y del juego, la compañía de libros, objetos y colecciones, así como el retorno de la espiritualidad son cada vez más frecuentes.

Está también el juego, sobre todo con los nietos: más adelante hablaremos de su importancia. El humor de los mayores es la prueba de una energía vital conservada. Es un terreno de juego que permite defenderse contra el sufrimiento y la memoria triste. Permite poner distancia con los desgarros traumáticos, sorprender al interlocutor, rechazando las degradaciones vinculadas a la edad. El humor aporta levedad. Protege de la cólera y la indignación. Pero el humor molesta, ya que permite cuestionar la imagen rígida del entorno cuando el viejo se acerca a la muerte.

Gracias al humor, la persona mayor todavía puede afirmar su identidad y mantener la distancia justa.

El humor permite también afirmar el placer de los instantes vividos juntos. Subraya la riqueza de las armonías implícitas.

El retorno a las creencias religiosas en el período en el que el anciano recupera las creencias de la infancia, con las huellas interiorizadas de un pasado lejano, en el nido familiar. Las personas creyentes son buenas personas y, junto a los sacerdotes, acogen a los ancianos que viven solos; y los rituales apaciguan.

El cuerpo, el rostro y la mirada son el espejo de las interacciones tardías

La mayoría de las interacciones tardías dependen de la capacidad de la persona mayor para percibir y entender las emociones y las decisiones de otros: familia, allegados, relaciones sociales.

La mirada interroga, como si se tratara de espejos en los que se cruzan reflejos de las interacciones: ¿qué visión tiene la persona mayor de sí misma? ¿Qué visión tienen los otros del anciano? ¿Qué visión tienen los cuidadores y la sociedad?

¿Se están fragmentando estos espejos? «Envejecer es descubrir que tus piezas están sueltas». Más allá del espejo, la percepción que el otro representa puede enviar una imagen disonante, con la imagen que el individuo mayor tiene de sí mismo. Esto tiene como resultado un trastorno identitario, agudo y doloroso, a veces amenazador. El espejo de la sociedad actual no es indulgente con las personas mayores. Demasiadas veces, la marginalización, la protección de los bienes y la entrada en instituciones son amenazas reales.

Cuando una persona mayor pierde su autonomía, las interacciones tardías están marcadas por límites relacionales inesperados. Hay que hacer frente a la enfermedad, pero es la intimidad del cuerpo la que se ve vulnerada. El cuerpo envejecido es un cuerpo torpe, doloroso, deformado y maloliente, exhibido en el momento del aseo y de los cuidados. La persona mayor, enferma y dependiente, percibe vivamente estas modificaciones relacionales. Verse desnudo es, a veces, una verdadera sacudida afectiva.

A estas preguntas podríamos añadir: ¿por qué las señoras mayores sienten la necesidad de maquillarse tanto? Sabemos que detrás de esto está la cuestión de una identidad vacilante. No olvidamos el «baile de cabezas» descrito por Marcel Proust. El miedo a volverse irreconocible con la edad lleva a maquillar los estragos que el tiempo ha hecho en el rostro. Cada día, el espejo muestra y confirma la vejez del cuerpo. Los ancianos se sienten amenazados de exclusión social.

La piel es un pergamino originario con sus cicatrices, manchas y pliegues, que son testigos de la historia de la persona mayor. Hay que protegerla y acariciarla.

La noción de interacciones tardías puede guiar a los profesionales en sus intervenciones terapéuticas. Deben apoyar a personas mayores que activan su sistema de apego. Los cuidados técnicos no son suficientes. También hay que atender a los hijos y a los nietos para mantener un «envoltorio afectivo», para desencadenar de nuevo impulsos de vitalidad.

La mirada y la sonrisa dicen mucho de la energía vital, la confianza y la profundidad de las interacciones tardías. Solo la mirada parece escapar al tiempo. En algunos ancianos la mirada no se ha gastado.

Las interacciones tardías funcionan como una memoria selectiva

El tiempo se congela en la memoria del sujeto de edad avanzada. Las huellas profundas de las experiencias de la infancia se conservan en la memoria implícita. Se han convertido en esquemas, «conductas de estar con los otros». La memoria del sujeto mayor es sobre todo una «memoria internalizada», cada vez más cerrada sobre sí misma. Los acontecimientos exteriores son vistos cada vez más como algo extraño.

Las interacciones tardías, en resonancia con las interacciones precoces, constituyen una memoria selectiva, que reactiva los vínculos del pasado mediante el relato. Hay la memoria viva y la memoria muerta, a causa del olvido.

Pero ¿olvida realmente el anciano?

Tiene que poner orden en su vida: así que es mejor olvidar.

La queja de una afectación de la memoria es constante en la persona mayor. Hace temer el comienzo de una enfermedad de Alzheimer. Los test de rendimiento mnésico son, a menudo, tranquilizadores: no tiene un síndrome hipocámpico, característico de un principio de esta enfermedad.

No obstante, la queja acerca de la memoria tiene a veces consecuencias importantes en la vida cotidiana. El cónyuge también se queja, según su grado de inquietud, su personalidad y su relación con la pareja. Hay muchos factores no cognitivos: estrés, depresión, pérdida de confianza en uno mismo. También hay determinantes sociales y familiares: la jubilación, los cambios en los roles familiares, el aislamiento y el repliegue sobre uno mismo, la disminución de las interacciones sociales.

Así, en la gran mayoría de casos, la queja del anciano por la pérdida de la memoria no indica un Alzheimer, pero a menudo produce una desestabilización social y afectiva. Con su memoria autobiográfica, la persona mayor hace un relato del pasado que inquieta o divierte. Este relato a veces se repite. A menudo está lleno de digresiones. Se fija selectivamente en el pasado que ya no existe. Esto impacienta o inquieta a los hijos. Sólo con los nietos el anciano recupera la emoción originaria y a veces la capacidad de maravillarse.

Las personas mayores leen el pergamino de su memoria: su palimpsesto. Las capas sucesivas de su memoria, como ocurre en un pergamino —el palimpsesto— pueden volver al presente; a veces lo hacen de golpe. Todos los recuerdos están ahí: son reviviscencias.

Podríamos esperar de las personas mayores una memoria panorámica: esta memoria permitiría volar por encima del tiempo, buscando los acontecimientos felices. Esto se opondría a la memoria muerta que fija el tiempo en un pasado doloroso.

¿Qué queda, realmente, del dominio del tiempo en la persona mayor?

La historia explicada es menos la de los hechos reales y más la de los significados y contextos emocionales que adoptan la imagen de una reminiscencia, con recuerdos indecibles.

Los distintos ingredientes de la memoria, entre la memoria viva y la muerta, son en la persona mayor dos fuerzas antagónicas en interacción: por un lado, el relato de la identidad narrativa; por el otro, el olvido, la memoria traumática y las reviviscencias que pueden irrumpir brutalmente, en cualquier momento. A menudo se advierte un equilibrio precario entre ambas fuerzas antagónicas: entre la memoria profunda, incierta y a veces amenazadora y el ejercicio del recuerdo, gracias al relato que necesita de la presencia del otro.

La hipersensibilidad relacional de la persona mayor que se aproxima a la muerte hace del relato construido en compañía un «envoltorio sensorial». Los fracasos relacionales o cognitivos del pasado aumentan la necesidad de reconfortar y de tranquilizar. El ajuste emocional permite crear una base de seguridad cuando la seguridad interna vacila.

Los talleres de reminiscencia, que funcionan como socioterapias, pueden construir interacciones tardías. Los sistemas de neuronas espejo están alterados en los ancianos, aunque tengan las funciones cognitivas alteradas. Estos sistemas siguen activando las estructuras neuronales víscero-motrices y emocionales. Cuando el tema propuesto es el de la infancia y la casa familiar, con sus canciones, fotografías y árboles genealógicos, entonces se recuperan las huellas de los ancestros y también de los primeros juguetes. También se pueden recuperar los gestos, ritmos y movimientos del mundo del trabajo, así como de los compañeros del despacho, en el período de los picos de reminiscencia

Se reconstruye una memoria colectiva.

Los vínculos afectivos se tejen alrededor de la memoria colectiva.

Las interacciones amorosas tardías no son sólo retornos del apego

En un retorno del apego, la persona mayor vuelve a la dependencia afectiva. No es un retorno a la infancia. Pero sí consiste en la aparición de relaciones afectivas asimétricas, cuando se instalan relaciones de dependencia con los cuidadores familiares y profesionales.

Aunque las neuronas espejo de la persona mayor permiten siempre la comprensión afectiva y emocional de los demás, sabemos que las interacciones amorosas tardías constituyen, a menudo, una sorpresa. El estado de enamoramiento es frecuente en los ancianos: indica vitalidad en la edad avanzada. Pero no osan comunicarlo; a menudo ni se atreven a imaginárselo, a pesar de todo lo que se dice y escribe actualmente sobre el tema.

En las interacciones tardías, de lo que se trata es de energía vital y de interacciones energéticas. La familia no ve con buenos ojos que su anciano se interese por una persona del sexo opuesto. En instituciones, se produce la invención, con el apoyo de las familias, de seres públicos asexuados y privados de su intimidad. La unión de una nueva pareja de ancianos residentes está muy mal vista: ¿es la felicidad en la edad avanzada una idea incongruente?

Sabemos, no obstante, que las interpretaciones eróticas y las ideas erotomaníacas colman a menudo el vacío afectivo en la persona mayor. El estado amoroso permite un compañerismo de confianza para luchar contra la inacción y hace funcionar, a pleno rendimiento, los recuerdos felices. Existe la posibilidad de una felicidad recuperada: la que ya nadie esperaba. La fusión erótica se parece al olvido, a la cura, a la salud y a la liberación: hace perder «la mitad de la edad real», a menudo, es la base de una nueva dinámica relacional, afectiva y cognitiva.

La experiencia de vivir la ancianidad realiza un recorrido vital a menudo original

El apego evitativo conduce al sujeto de edad muy avanzada a defender celosamente su independencia. Algunas personas mayores se encuentran bien en su soledad.

Tatie Danielle todavía está ahí. Ella hace su camino. No es «políticamente correcta». Sus aventuras amorosas sorprenden. Tatie Danielle tiene un gran corazón. Necesita a sus allegados para existir. Pero indica que son ellos los que tienen que adaptarse y no al revés. Le corresponde a ella vivir al máximo; no negociará su salida.

En Occidente, se ha convertido en algo común vivir pasados los 70 años. Pero es menos común superar los 90 años. Con la vejez, la forma de pensar el tiempo se debe a la cercanía del punto final. Ésta difiere mucho de una persona a otra. También cambia según el entorno.

Algunas personas muy mayores tienen la sensación de una dinámica de «cierre». Aún les queda algo de vida. Hacen lo posible para dar sentido a todo, con la experiencia de la discreción y de la sutileza adquirida. Pero para otros ancianos, el tiempo que pasa es un tiempo muerto. La existencia se reduce a rutinas cotidianas y a estereotipos del comportamiento. En cambio, los que están prisioneros del presente necesitan mostrarse muy activos, todo el día, para engancharse a la vida, estar «al día» y mantener los vínculos de reconocimiento con sus allegados. Estas personas se apegan al presente para mantener el contacto y para que su familia esté contenta. Para otras, el tiempo es la experiencia de cierta plenitud.

Las interacciones tardías permiten experiencias, encuentros e incluso proyectos. Las personas mayores pueden mantener entonces una forma de respirar la vida que ya no las abandonará. Con las otras personas con las que se cruzan en el hogar de ancianos o en una institución, comparten momentos de cercanía, complicidad en torno a juegos (cartas, petanca, encuentros) y música. Comparten la misma generación con los mismos gustos musicales, bailes, como si aún compartieran los mismos amores. En un entorno rico y estimulante, estas personas mayores aún pueden mostrar creatividad relacional, con un recorrido de vida a menudo original.

Los juegos con los nietos también son momentos de encuentro que favorecen sus impulsos de creatividad. Todavía están a tiempo de jugar con los nietos y contarles historias del pasado lejano, historias del universo, dioses, hombres y mitos familiares: contar historias al modo en que Jean-Pierre Vernant relata los motivos de la guerra de Troya a sus nietos; jugar con ellos, o sea, establecer una relación de confianza y la libertad de reírse entre dos generaciones alejadas. En estas ocasiones, el niño se muestra creativo; el anciano aporta experiencia y determinación; a veces es un «jugador bondadoso», pero astuto. Así se construye, en compañía, un pedazo de realidad, con objetos reales, pero también con sueños, humor, sorpresa y placer, que unen a las personas.

Aquí podríamos mostrar que el juego forma parte de las interacciones tardías que participan, al mismo tiempo, del desarrollo del niño y de los impulsos creativos de la persona mayor.

Hasta el final, el mayor necesita interacciones y relaciones afectivas. A pesar de las pérdidas sensoriales —su audición y vista ya no son lo que eran— las interacciones tardías son, para el mayor, un apuntalamiento esencial de la vida emocional y relacional. Aún le queda la verticalidad y su envoltorio corporal, que negocia con su entorno. La verticalidad es un signo fuerte que afirma su identidad: la caída de un anciano causa en todos «la angustia del hundimiento». Entonces empiezan las prohibiciones, mientras que la persona mayor, con su identidad vacilante, necesita movimiento, cuidados, ayuda y presencia. ¿Cómo hacer para mantener la imagen del cuerpo del anciano, que se fragmenta?

Las interacciones tardías no son tan sólo palabras acogedoras. La aproximación física a través del juego, el tacto, el masaje, el vestir, la coquetería, las actividades físicas o los proyectos de renovación con las generaciones más jóvenes permiten franquear las barreras del aislamiento, de la sordera, de la negación y del apego evitativo.

Gracias a las interacciones tardías, es posible un declive resiliente

Antes hemos definido el declive resiliente como el mantenimiento de las capacidades afectivas, emocionales y relacionales, a pesar de una degradación cognitiva lentamente progresiva.

Las interacciones tardías son, sobre todo, infraverbales y cargadas de afecto, elaboradas a partir de la historia del anciano enfermo, sus competencias pasadas y sus relaciones familiares. Un largo período de vida se interpone entre la enfermedad anunciada y la muerte real. Los traumas vinculados a la enfermedad son como desgarros traumáticos que encontramos en su historia, entran en resonancia con ellos.

La interacción resiliente tiene un papel determinante en el recorrido del enfermo y en el declive resiliente. La resiliencia se sitúa, decíamos antes, en el vínculo y en una dinámica intersubjetiva.

El declive resiliente sigue siendo posible en las interacciones tardías, y ello a pesar de una enfermedad tipo Alzheimer. Aparecen comportamientos nuevos que revelan recursos a veces insospechados. Pero hace falta tiempo y capacidades relacionales para que se puedan desarrollar. Si el declive cognitivo es lento o muy lento, si los trastornos psicoconductuales son mínimos, entonces es posible un ajuste emocional y se puede abrir paso una autonomía inventiva, gracias a la presencia de un tutor de resiliencia.

Las capacidades relacionales conservadas por mucho tiempo pueden conducir a una autonomía inventiva compartida. A veces, los nietos, educados por sus abuelos, se encargan de los cuidados de los abuelos enfermos. Ellos saben evitar el confinamiento, el aislamiento sensorial y relacional, la vergüenza por ser viejos, y cultivar con ellos el placer del juego y del relato. Saben organizar encuentros en los que reina la seguridad, pero también el movimiento, el humor y el placer.

Las capacidades resilientes de la persona mayor enferma aparecen en consonancia con las capacidades resilientes de las personas de su entorno. La interacción resiliente es una resiliencia de a dos, y a veces tres. El cónyuge o el pariente más próximo al enfermo cumple la función de tutor. Muchas veces, la hija mayor o, como diría Jacques Gaucher, «el hijo escogido», se convierte en tutor. El cónyuge encuentra en los cuidadores familiares o profesionales verdaderos tutores de resiliencia que le sirven, también, de apuntalamiento. Las interacciones tardías pueden funcionar en triangulación, con un comportamiento de empatía compartida. El tutor de resiliencia es pues una persona próxima que sabe aportar al anciano confianza y seguridad afectiva, con nuevas capacidades de ajuste emocional.

Las interacciones tardías permiten negociar la salida

Un día, de todas formas, el viejo joven o el viejo viejo se encuentra frente a la enfermedad y la muerte que se acerca. Es el momento de tomar decisiones. Primero, hay que mostrar creatividad relacional. La negociación hacia una salida, a veces, es delicada: no hay normas, ni recetas para morir. Cada muerte es distinta. Las interacciones tardías no pueden ser actitudes normativas.

Para los viejos jóvenes, las interacciones tardías se complican a causa de las relaciones que hay que establecer con, a veces, cuatro generaciones y con la «generación sándwich», la de los hijos compartidos entre los nietos y los padres mayores. La primera generación, la de los más viejos, corre el riesgo de quedarse a un lado.

Para los muy viejos existe un claro riesgo de maltrato. Los hijos deciden, a veces, poner a sus padres en una residencia, como si se tratara de sus propios hijos. Cuando llega la muerte, el riesgo es que decidan a sus espaldas: los «viejos-viejos» ya no son dueños de su propia muerte.

No obstante, hay disposiciones a tomar, una historia personal y familiar que explicar y que se debe insertar en el mito familiar. Aún hay tiempo para jugar y para mostrar el placer de vivir el instante presente, los últimos destellos de una memoria feliz, con sus impulsos dirigidos hacia los hijos y los nietos.

En el momento de morir, el anciano se encuentra a menudo en una situación de extrema dependencia, como el recién nacido durante sus interacciones precoces. Pero ahí acaban las comparaciones. La madre ya no está ahí. El mayor que muere no es un recién nacido: no le interesa, en absoluto, llamar a su madre.

Es el momento de las últimas voluntades. Más allá de las palabras. Las interacciones tardías, en el momento de la muerte del anciano suponen compartir un momento único: la presencia, la cercanía y el tacto.

La persona mayor moribunda sigue reclamando vida, calor, confort, con la presencia atenta de sus allegados. La comunicación se sitúa, entonces, en el rostro y en los labios, en la mirada y las manos. En el momento de morir, las interacciones tardías se convierten en momentos intensos de silencio, gestos compartidos, dignidad y complicidad.

Las interacciones tardías son también el lugar de la familia en una relación triangulada. El anciano que muere atemoriza a todo el mundo. El papel de los cuidadores es tranquilizar, evitar impulsos y sufrimientos inútiles, dar confianza a los hijos, nietos y demás allegados.

La relación triangular, anciano que muere – familia – cuidador, es un tiempo fuerte de las interacciones tardías que permite inventar, día a día, a veces media hora a media hora, soluciones nuevas, para que cada uno encuentre su lugar cerca del lecho, cerca del rostro que expresa, la boca que aún respira.

Las interacciones tardías en el momento de la muerte incluyen también todos esos intercambios telefónicos entre los allegados y los cuidadores, que organizan la presencia y permiten un trabajo de memoria y de identidad. Una vida reconstituida por el relato de cada uno es una contribución a la identidad narrativa del anciano que se apaga.

Este relato, del que cada uno participa mediante sus testimonios, puede seguir durante la ceremonia de los adioses que reúne a todas las generaciones.

Las interacciones tardías permiten la transmisión más allá de la muerte

Las interacciones tardías también tienen un papel decisivo en la transmisión. Con un apego evitativo, el recorrido vital de la persona mayor puede destruir progresivamente los vínculos y no dejarle desarrollar sus recursos internos. O al contrario, el período de duelo puede revelar la transmisión de un apego seguro. La ceremonia del adiós puede funcionar como punto de partida de una nueva vida familiar tranquila y agradecida. Alrededor del cuidador familiar, los hijos y nietos pueden expresar su sufrimiento pero también su placer de encontrarse de nuevo, para afrontar los nuevos desafíos, con vínculos más sólidos. El acontecimiento es una fecha señalada de la memoria familiar. El cuidador familiar se convierte en tutor de resiliencia.

El período de recuperación sigue al final de la vida.

La recuperación es la puesta en movimiento de fuerzas de unión y convergencia descritos por Edgar Morin. La muerte moviliza los vínculos de apego, los mensajes de encuentro y de fuerza vital. Las intervenciones tardías se caracterizan aquí por las fuerzas activas de la recuperación y del apego. La recuperación suscita la creación de un nicho familiar de apego recíproco en torno de la memoria de la persona mayor. El final de la vida muestra la construcción de una historia compartida, más allá de la muerte del anciano.

Entonces, ¿hay algo de la persona que persista en el tiempo?

¿Puede desarrollarse algo más allá de la muerte?

Detrás de las interacciones tardías se ocultan capacidades de la persona mayor que capaces de suscitar la continuación de un desarrollo familiar basado en las huellas del pasado lejano, en la transmisión, con las capacidades de apaciguamiento y de confianza que constituyen una fuerza, más allá de la muerte, para afrontar el futuro.

En el período de duelo, que sigue a la muerte real del enfermo, la presencia de la familia cercana y lejana, los amigos, la ceremonia de despedida, la solidaridad calurosa alrededor de la memoria del difunto, los relatos, las fotografías, pueden ser, más que un apoyo afectivo, una nueva base de seguridad para el futuro y para cada uno.

En suma, ¿para qué sirven las interacciones tardías?

Lo que está en juego principalmente en las interacciones precoces es el desarrollo del niño y su maduración afectiva en contacto con su madre o con el principal cuidador. Los niños y los individuos, aislados precozmente, sufren más o menos rápidamente un disfuncionamiento cognitivo y emocional.

Las interacciones tardías sirven para entrar en resonancia con la familia y con los allegados; para desarrollar los cuidados relacionales; para mantener a las personas mayores en el seno de las familias, los pueblos y los barrios; para velar por su buena salud y por el sentido de su vida. La sociedad necesita la presencia de los mayores con su capacidad para el juego y su creatividad relacional, pero también su originalidad y sus extravagancias.

Por este motivo, a pesar de todo, no abandonéis a Tatie Danielle.

Referencias bibliográficas

Boyer-Weinmann M. (2013), *Vieillir, dit-elle. Une anthropologie littéraire de l'âge*, Champ Vallon.
Cambier J. (2010), *Du temps et des hommes. Vers une neuropsychologie du temps*, Éditions de l'Infini.
Cyrulnik B. (2003), *Le Murmure des fantômes*, Odile Jacob, París.
— (2012), *Sauve-toi, la vie t'appelle*, Odile Jacob, París [trad. cast.: *Sálvate, la vida te espera*, Debate, Barcelona, 2013].
Danon-Boileau H., Dedieu-Anglade G. (2012), *Une certaine forme d'obstination. Vivre avec le très grand âge*, Odile Jacob, París.
Delage M. (2008), *La Résilience familiale*, Odile Jacob, París.
— (2013), *La Vie des émotions et l'attachement dans la famille*, Odile Jacob, París.
Lejeune A. (2004), *Vieillissement et résilience*, Solal, París.
Lejeune A., Delage M., Haddam N. (2008), *Soigner une maladie chronique: la méthode de la triangulation*, Solal, París.
Ploton L., Vignat J.-P. (1987), «Quelles peuvent être les liaisons entre les altérations organiques cérébrales, l'affectivité, et la séméiologie déficitaire?», *Psychologie médicale*, 19 (8), págs. 1243-1246.
Ploton L. (2010), *Ce que nous enseignent les malades d'Alzheimer*, Chronique Sociale, Lyon.
Proust M. (1973), *À l'ombre des jeunes filles en fleur*, Gallimard, París.

Envejecimiento, música y resiliencia

Pierre Lemarquis

> «Sócrates, el día antes de su muerte, estaba aprendiendo a tocar una pieza con la flauta. «¿De qué te servirá esto?», le dicen. «Me servirá para saber tocar esta pieza antes de morir»».
>
> Cioran, Cuadernos, 1957-1972

La música puede ser un ascua de resiliencia durante el envejecimiento normal y patológico, ya que el cerebro musical existe. Presenta una plasticidad que persiste en el anciano e incluso al principio de un Alzheimer. Aparece antes que el lenguaje y lo sobrevive. La música representa una forma de comunicación no verbal que actúa sobre las emociones y activa los recuerdos y los procesos cognitivos. Refuerza el vínculo social y la empatía, además de contribuir al mantenimiento de la conciencia de uno mismo y de los demás.[1]

El cerebro musical

El cerebro musical existe. El hecho de que haya más neuronas implicadas en su funcionamiento que para el conjunto de los otros sen-

---

1. Lemarquis P. (2009), *Sérénade pour un cerveau musicien*, Odile Jacob, París.

tidos muestra su importancia. El sistema auditivo periférico no es mera biomecánica, sino que está optimizado para transmitir las vocalizaciones propias de la especie y las señales sonoras adaptadas a la supervivencia que, inicialmente, se descodifican al nivel de los lóbulos temporales después de un filtro en el tálamo.

Hay circuitos cerebrales específicos para la música, distintos de los del lenguaje, ya que hay situaciones patológicas en las que sólo se ve afectado el lenguaje y viceversa: accidentes vasculares cerebrales, autistas músicos, etc. En la amusia sin afasia, sólo se ven afectadas las capacidades musicales. La amusia congénita afecta al 5% de la población. También se ha informado de casos, infrecuentes, de crisis epilépticas desencadenas por la música. En Montreal, Wilder Penfield obtuvo recuerdos musicales precisos al estimular el córtex de los lóbulos temporales superiores durante sus intervenciones quirúrgicas neurológicas. El IRM funcional, entre otros, permite localizar la descodificación de la melodía y de los timbres en el cerebro temporoparietal derecho, el ritmo y el reconocimiento de las diferencias de altura de la nota en la región temporal izquierda. Se aprecia igualmente que el hecho de imaginar oír una música y oírla realmente activa las mismas zonas del cerebro, al nivel del córtex auditivo anterior izquierdo, lo cual demuestra que Beethoven seguía oyendo su música a pesar de su sordera, y explica por qué Salieri podía captar el genio de Mozart con solo leer una partitura suya.

Plasticidad cerebral

El cerebro musical posee una plasticidad que persiste con la edad y puede ser una base fisiológica para mecanismos de resiliencia. Sabemos que es posible convertir el córtex occipital que recibe las informaciones visuales en córtex auditivo y viceversa. El córtex occipital de los invidentes, por ejemplo, puede ser colonizado por el córtex auditivo, cosa que supone una mejora compensatoria, a veces prodigiosa (Ray Charles), de las capacidades auditivas. Los músicos tienen un lóbulo temporal más desarrollado. El aprendizaje de un instrumento desarrolla las conexiones interhemisféricas (cuerpo calloso), la coordinación (cerebelo), la zona de la representación cerebral de la motricidad de los dedos implicados (el cuarto y el quinto dedo en el violinista). Aumenta la cantidad de sustancia blanca (mielina) al nivel de los fajos de neuronas motoras (fascia piramidal), las conexiones interhemisféricas (cuerpo calloso) y las conexiones entre las zonas de recepción (área de Wernicke) y la producción (área de Broca) del lenguaje (fascia arqueada).

Esta plasticidad persiste en el cerebro que envejece: hay neurogénesis al nivel del giro dentado del hipocampo, inhibida por el estrés, activada por un entorno estimulante. A pesar de las pérdidas neuronales relacionadas con la edad o la enfermedad, se producen fenómenos compensatorios con crecimientos dendríticos, aumento de la talla de las superficies sinápticas, formación de nuevas sinapsis mediante señales enviadas por las neuronas dañadas (*sprouting*).

Música antes de ninguna otra cosa, ¿y luego?

Muchos argumentos muestran la anterioridad de la música respecto del lenguaje en nuestros circuitos cerebrales y explican la robustez del cerebro musical que, al ser más antiguo, persiste durante más tiempo, en particular en el Alzheimer, y puede ser un canal preferente de resiliencia.

- Aniruddh Patel,[2] investigador en San Diego, piensa basándose en distintos argumentos que la aparición del lenguaje es el resultado de una selección natural, al contrario que la música: aparición espontánea del «balbuceo» de los bebés, evolución de la posición anatómica de la laringe que libera la lengua. Sólo el ser humano es capaz de un aprendizaje vocal tan sofisticado, posee de entrada aptitudes para aprender cualquier lengua, luego selecciona y refuerza las que corresponden a su lengua materna. Hay un período crítico para el aprendizaje, como para el canto de los pájaros, y el aprendizaje es rápido. El lenguaje de signos evoluciona como el lenguaje vocal. La mutación del gen FOXP2 supone un déficit de la

---

2. Patel A. D. (2008), *Music, Language and the Brain*, Oxford University Press.

palabra. En resumen, la evolución habría seleccionado la capacidad respiratoria y el control del diafragma necesarios.
- La filogénesis nos enseña que los pájaros machos, la mayoría de las veces, cantan en primavera para seducir y para marcar su territorio. El aprendizaje sólo es posible durante un período crítico y el polluelo selecciona el aprendizaje de cantos de su especie, activando su hemisferio izquierdo. Hay dialectos locales y una adaptación al entorno acústico. Las ballenas jorobadas macho cantan durante la estación de apareamiento; su canto muestra cierto arte de combinación de notas y permite al compositor distinguirse de sus congéneres, atrayendo la atención de las damas, lo cual contribuye a marcar territorio y a la clasificación jerárquica de los machos. Los cantos mixtos de los gibones emocionaron a Darwin y refuerzan los vínculos de las parejas. Pueden servir como señales de alerta específicas para cada depredador (leopardo, serpiente) y causan comportamientos de defensa adaptados en una comunidad de simios, que aseguran desde el punto de vista evolutivo la supervivencia del grupo. Podríamos encontrar el rastro de esto mismo en nuestra especie con los himnos nacionales, los cantos de los hinchas deportivos y el canto coral.
- En el ámbito de la ontogénesis, el feto percibe los sonidos como el animal marino, se trata de una sensación táctil, con un filtrado de las altas frecuencias. Reconoce la voz materna, memoriza las músicas que preferirá después de nacer, para el llanto adopta la entonación de la lengua materna (descendente en Alemania y ascendente en Francia). Escucha con mejor disposición una voz cálida, en particular maternal y, sobre todo, cantada. Como en el caso de las ballenas, la alternancia de las fases de repetición de una frase en las canciones de cuna con fases de discretas modificaciones supone la alternancia de fases de distensión y de tensión, necesaria para la evolución (diferencia) y el sentimiento de seguridad (repetición) del bebé.
- El instrumento más antiguo del mundo es una flauta neandertal tallada en un fémur de oso encontrado en una cueva en Eslovenia.[3]

---

3. Wallin N. L., Merker B., Brown S. (2001), *The Origins of Music*, MIT Press.

Produce notas que una voz humana puede cantar y tiene 43.000 años, lo cual sería anterior a la aparición del lenguaje, ya que las investigaciones sobre el origen de los idiomas mediante validación genética sitúan la aparición de la lengua originaria hace 35.000 años.
- La observación del cerebro humano proporciona argumentos suplementarios: en un deslizamiento a lo largo del córtex motor primario nos encontramos sucesivamente con los distintos medios de comunicación utilizados durante la evolución: la mano, los músculos de la cara, el aparato fonatorio, luego el área de Broca, implicada en el circuito de las neuronas espejo que puede convertir una información visual en respuesta motriz. Un paseo hacia la parte postero-superior del lóbulo temporal nos hace pasar del córtex auditivo, que descifra los sonidos, al área de Wernicke, que aparece como una adaptación regional para el reconocimiento del lenguaje.
- Por último, los genios musicales son los más precoces, surgen antes que los matemáticos y los literarios.

La música actúa durante mucho tiempo sobre las emociones para activar la memoria y la cognición, para tejer vínculos sociales y mantener la conciencia de uno mismo. Se mantiene como un ascua de la resiliencia: «La música posee un poder de resiliencia, ya que puede hacer que vuelva la emoción pasada y permite la reformulación mediante el control del canto y de los recuerdos asociados,» nos dice Boris Cyrulnik.[4]

Música y emociones

La música nace de las emociones y puede causarlas todas, desde el suicidio hasta el orgasmo. Las estructuras modales de las composiciones musicales clásicas en la India se llaman ragas y su función princi-

---

4. Cyrulnik B. (2007), «Anthropologie naturaliste de la musique: effet de résilience», en A. Lejeune, C. Maury-Rouan, *Résilience, vieillissement et maladie d'Alzheimer*, Solal, París.

pal es la de transmitir una emoción particular mediante la improvisación. En el siglo IX, Jadis Ziriad redescubrió las afinaciones de Hipócrates en las cuerdas de su laúd: la bilis blanca de los «nerviosos» corresponde a la cuerda aguda, a los sanguíneos, los flemáticos y a los melancólicos les corresponde la más grave. Una quinta cuerda de tripas de león representa el alma que ata a las otras cuatro y les da vida. En otras culturas, el trance se utiliza para intentar obtener una transacción con el espíritu que habita en el enfermo, pero cuando Rembrandt representa a David tocando el arpa para calmar a Saúl de su angustia, le da los rasgos de su vecino en Ámsterdam, el filósofo Baruch Spinoza, significando —de acuerdo con lo que pensaba este último— que el espíritu, o en todo caso las emociones, surgen del cuerpo. Desde este punto de vista, la IRM funcional nos muestra la activación de los circuitos de la recompensa y del placer de nuestro cerebro cuando escuchamos una música que nos gusta e incluso ante la mera idea de su escucha, causando así la secreción de dopamina euforizante, serotonina antidepresiva y endorfinas antálgicas que causan el gran «estremecimiento» musical. Farinelli, el *castrati*, provocaba orgasmos femeninos mediante la mera potencia de su voz y curaba a los reyes de España de la neurastenia. La tarantela curaba a las jóvenes melancólicas del sur de Italia que se creía eran víctimas de la mordedura de arañas, ya que la posición en opistótonos que a veces adoptaban las asemejaba a una tarántula. La musicoterapia «pasiva», centrada en la escucha, se vale de estas virtudes y permite la relajación reduciendo el estrés, la angustia, el insomnio y las enfermedades psicosomáticas. Puede también ser estimulante.

Música y cognición

Los efectos del envejecimiento pueden acompañarse de dificultades para el recuerdo (recuerdo libre), pero si aportamos un indicio, vuelve a surgir la respuesta adecuada (recuerdo indiciado). Hay un rastro que persiste en la memoria, incluso inconsciente, y puede actuar como un ascua de resiliencia que es posible reavivar (efecto de inicio) mediante la música. La reducción de las capacidades cognitivas puede contenerse mediante la experiencia y el enriquecimiento de la vida interior que se moviliza gracias a la emoción musical. Las adaptaciones de los circuitos neuronales, que se aprecian en las imágenes, intentan compensar la inactivación relativa de las regiones ya apagadas, por ejemplo, en la enfermedad de Alzheimer. Las demencias fronto-temporales desarrollan, a veces, capacidades artísticas tras la pérdida de función del lóbulo temporal izquierdo. La memoria procedimental, el «saber hacer», es una memoria implícita, no verbal y muy sólida. Facilita las posibilidades de volver a la práctica de un instrumento musical y puede estimularse mediante el aprendizaje de una danza que permite la mejora de la coordinación, el equilibrio y la cognición. La música de Mozart, en particular la K 448, tiene efectos estimulantes y aumentaría de forma transitoria las capacidades visuoespaciales. Imaginar que llevamos a cabo una acción como tocar el piano activa los mismos circuitos que si se hace de verdad y puede ayudar a la recuperación después de un accidente vascular cerebral o de una fractura.

Música y enfermedades vinculadas al envejecimiento

Además de los problemas cognitivos y tímicos, tanto la ansiedad como la depresión, otras patologías del envejecimiento se benefician de estos efectos de la música. Citemos el efecto antálgico sobre los dolores reumáticos crónicos mediante la estimulación de endorfinas, la recuperación significativamente superior de la memoria verbal, las capacidades de atención y el humor en los sujetos expuestos a músicas de su elección tras un accidente vascular cerebral. En la terapia melódica y de ritmo, en las IMR funcionales, todo ocurre como si los dispositivos cerebrales, casi intactos, implicados en la melodía y el ritmo sirvieran de «prótesis» para la recuperación del lenguaje mediante la reactivación de regiones del hemisferio izquierdo alrededor de las lesiones. En resumen, se constata la acción sobre la coordinación motriz y sobre la marcha de la música animada y rítmica en el párkinson, en particular el tango.

Música y cerebro social

De todas formas, nuestro cerebro es, ante todo, un cerebro social. Según la socióloga Anne-Marie Green,[5] las personas mayores buscan esencialmente en la música «una presencia» y prefieren, cuando es posible, músicos en vez de grabaciones. Muestran un gusto renovado por la música bailable, subrayando el papel social de la música. La música es antropomórfica en sus sonidos, sus tempos están calcados de la frecuencia cardíaca, las respiraciones, los suspiros, su desarrollo en el tiempo, contrariamente a las otras artes; tiene un carácter único y efímero en cada interpretación a partir de la matriz de la partitura. La comprensión de las emociones del compositor y las de los oyentes, confrontadas con las suyas, permite tejer vínculos sociales, el sentimiento de «pertenencia generacional»; permite establecer vínculos «transgeneracionales» y reanudar los intercambios bajo una forma verbal o no. Reanudar un discurso, un relato de vida inducido por una sesión de música en grupo activa la memoria episódica; aporta seguridad, permite reconstrucciones, interpretaciones dinámicas nuevas reactivando el sentimiento de identidad dentro de una comunidad.[6]

Pequeñas magdalenas y resiliencia

Sin embargo, las huellas dejadas por la música en nuestros circuitos neuronales son tan profundas que acompañan a los recuerdos emocionales. Éstos, que a veces están muy reprimidos y eluden nuestra memoria «voluntaria», surgen de pronto, como la magdalena de Proust o la sonata de Vinteuil, durante una nueva escucha que activa la memoria implícita. Proust denigraba «la memoria de la inteligencia», memoria explícita, frágil, vehiculada por el lenguaje, cuya «información sobre el pasado no conserva nada del mismo». «Todo esto en realidad estaba muerto para mí», dice, para añadir: «¿Muerto para siempre? Era posible». Pero pronto llega la magdalena salvadora que

---

5. Green A. M. (1993) *Les Personnes âgées et la musique*, EAP.
6. Lemarquis P. (2012), *Portrait du cerveau en artiste*, Odile Jacob, París.

genera miles de páginas de su *En busca del tiempo perdido*. Después de la muerte de Bergotte, su doble literario, Proust también se pregunta lo mismo cuando modifica el texto durante la noche de su propia muerte, esperando resucitar, en una forma de resiliencia extrema, a través de los ojos del lector de su obra.

La memoria implícita, la procedimental y otros tipos de memoria, son analógicas, no vehiculadas por el lenguaje, sino por la comunicación no verbal (gestos, muecas, *pathos*) que incluye la música como una de sus más bellas expresiones. Se adquiere y se transmite, entre otras formas, mediante la imitación (empatía, neuronas espejo). Es una especie de inconsciente cognitivo y emocional, invisible a la vista pero proyectado al exterior mediante el conjunto de nuestra conducta. Puede hacerse visible mediante el acto creativo, activo o pasivo (la escucha de música que nos transforma) y proporcionar el material y la energía necesaria para un proceso de resiliencia. Además de la activación de los circuitos del placer y de la recompensa, la IRM funcional muestra de forma dinámica, durante la escucha de música que nos gusta, la activación del lóbulo temporal en la zona de la percepción de los sonidos —como si nuestro cerebro aumentara el volumen— y el encendido de los circuitos de la memoria de trabajo del lóbulo frontal, necesaria para el placer de la música (el recuerdo de lo que acabamos de escuchar para anticipar lo que viene y apreciar mejor las sorpresas que el compositor nos ha preparado). Después se activan las neuronas espejo y nuestro cerebro canturrea la pieza que nos encandila, se pone a bailar aunque no haya traducción corporal; la conexión con los circuitos de la empatía (ínsula) asegura el vínculo con el cerebro emocional. La amígdala cerebral se activa durante una música disonante, intentando protegernos: protege el frágil hipocampo responsable de la memorización e implicado en los mecanismos de apego que se conectan con el circuito de la recompensa. Ofrece la posibilidad de un camino corto, rudimentario pero rápido, hasta las informaciones enviadas por los sentidos al cerebro de las emociones, que sigue funcionando cuando la vía normal hacia el córtex cerebral y el hipocampo ha quedado destruida, por ejemplo con el Alzheimer. Todo parece estar esperando la llamada de, por ejemplo, la música. El compositor Robert Schumann, aquejado de una neurosífilis que le empezó a causar ataques desde 1844, siguió componiendo obras maestras hasta octubre de 1853 aunque poco a poco había perdido el lenguaje y sólo se expresaba con «frases inconexas». «Mi memoria es incierta pero mi corazón recuerda», cantaba otro Schumann.

Creatividad y resiliencia

Algunos creadores renuevan sus impulsos y olvidan el paso del tiempo, no dudan en volver a empezar desde cero para coger fuerzas y «resucitar»; nos pueden aportar algún esclarecimiento. Cuando Bach estaba perdiendo la vista, su sentido musical ganó en agudeza y salvó abismos infinitos. Beethoven, deprimido y enfadado con su sordera cada vez más avanzada, pensaba en el suicidio: es el testamento de Heiligenstadt. Sus obras de madurez, no obstante, revelan a un artista que nunca cesó de aprender. Verdi, entre la creación de Aída en 1871 a sus 57 y Otelo a sus 73, casi no compuso, sólo su Réquiem. Pero se entregó a una actividad musical febril y completó lo que él consideraba sus lagunas musicales, defendiendo además con uñas y dientes la especificidad de la música italiana, melódica, distinta de la alemana, armónica. ¿Quedó anulado por la rivalidad con Wagner? Bajo la influencia de Arrigo Boito, que se convirtió en una especie de tutor de resiliencia y quizás de la desaparición de Wagner en 1883, se alzó de nuevo e hizo un esfuerzo del que ya no se creía capaz para hacer adaptaciones de Shakespeare, ídolo de Wagner. Otelo será, como Falstaff, una obra maestra cuya orquestación bien tejida no dejó de incluir algunas inflexiones wagnerianas. Después de una carrera internacional que concluyó a finales de los 1950, los fundadores del son cubano y del Buena Vista Social Club se convirtieron en «tabaqueros», enceradores de zapatos en la calle, y luego en octogenarios aquejados de reumatismo. La llegada del productor y músico Ry Cooder dio un vuelco a sus últimos años de vida y los volvió a llevar hasta la cima de su arte. La musicoterapeuta Pilar García mostró en su trabajo con pacientes de Alzheimer, en el hospital geriátrico, que aún eran capaces, no sólo de aprender nuevas canciones,[7]

---

7. Letortu O., Platel H. (2007), «Apprentissages et chants nouveaux chez les patients Alzheimer en unité de soins», 15º seminario, J.-L. Signoret.

como habían comprobado Odile Letortu y Hervé Platel en Caen,[8] ¡sino que podían componer nuevas canciones! Vemos, como decía Victor Hugo en «Booz endormi», que «el viejo, que vuelve a la fuente primera, / Entra a los días eternos y sale de los días cambiantes; / Y vemos la llama en los ojos de las jóvenes gentes, / Pero en el ojo del viejo vemos la luz».

---

8. Véanse en DVD los dos reportajes de Jean-Michel Kuess sobre los talleres de musicoterapia animados por Pilar García con pacientes Alzheimer: *La Mémoire retrouvée* (2005), Éditions La Cathode; *L'Hymne à la mémoire* (2013), Kapsule Vision.

Libertad, gestualidad, personas mayores

Jean-Pierre Polydor

El tiempo proporciona su parte de momentos luminosos, pero también, y es inevitable, cicatrices de las penas que se sedimentan a lo largo de los años, desgracias exteriores e interiores de la insidiosa vejez, problemas de salud y la pérdida de los seres queridos. El ideal de todo intento de vivir mucho tiempo es construir una forma de felicidad. Y la resiliencia se convierte, para el buen envejecer, en una utopía necesaria. La felicidad parece tan natural cuando la vivimos como la saciedad nos hace olvidar el hambre. Comte-Sponville[1] dice: «La felicidad no es una cosa; es un pensamiento [ ]; es una acción». Y más adelante nos recuerda que, para Aristóteles, sería praxis. Las praxias, para un neurólogo, son un conjunto constituido por un «saber hacer» gestual orientado hacia un objetivo, vestirse o saludar con la mano, por ejemplo. La resiliencia está típicamente vinculada a la mentalización de un estado traumático pero, en los ancianos, también pasa por los gestos. Aristóteles tiene razón.

Las finalidades y medios de la comunicación

Desde 1969 Paul Eckman y Wallace Friesen hablan de «comunicación no verbal mediante fugas que revelan emociones no controla-

---

1. Comte-Sponville A. (2002), «Avant-propos», *Traité du désespoir et de la béatitude*, PUF, París.

das»; Dolto escribe en 1987 que «todo es lenguaje», y Watzlawick (Palo Alto) afirma: «No podemos no comunicarnos».

De hecho, intercambiar es un acto capital que, sin ser propio de los seres humanos, está extraordinariamente más presente que en otras especies. Comunicar es de entrada una actividad egocéntrica: definirse, explicarse, presentarse y situarse. Luego, saludarse, reconocer al otro la cualidad de interlocutor y dar y recibir información. En definitiva, es colaborar y crear un vínculo social. Todo esto, para muchas personas mayores no tiene ni utilidad, ni finalidad, ni supone un placer para ellos.

Nos comunicamos mediante palabras o lenguaje verbal y mediante muchos otros medios que llamamos «comunicación no verbal».

La palabra permite el flujo abundante de información precisa, una conceptualización más exitosa, relatos sobre nuestra vida, descripciones del entorno, estrategias sociales y estrategias de búsqueda de alimento o de pareja sexual, incluso una espiritualidad expresiva y, por supuesto, discursos eruditos, la transmisión del saber. Si la riqueza de las palabras conduce a la precisión, el corpus de gestos del cuerpo completa la información transmitida y dice lo esencial en ámbitos distintos, los más importantes en la relación interpersonal cuando expresamos lo que sentimos.

Los investigadores norteamericanos se refieren a menudo a Albert Mehrabian,[2] psicólogo, famoso por haber enunciado en 1967 la «regla de las 3V», cuantificando los tres modos de comunicación relacionados con la afectividad: el 7% son verbales, el significado de las palabras; el 38% vocales, entonación, ritmo, el timbre de la voz y el nivel sonoro, lo que se puede llamar «paraverbal»; el 55% visuales, gestos y lenguaje corporal. «Si una persona no habla de sus sentimientos o de sus estados mentales, estas ecuaciones no se pueden aplicar», precisa el autor.

Otros investigadores proponen el 80% para la comunicación no verbal, con dos tercios de la expresión transmitidos por la expresión del rostro. Estos estudios tienen en cuenta no sólo las emociones sino

---

2. Mehrabian A., Ferris, S. R. (1967), «Inference of attitudes from nonverbal communication in two channels», *Journal of Consulting Psychology*, 31 (3), junio de 1967.

la totalidad de intercambios interpersonales de todo tipo. Es evidente que la naturaleza del material transmitido modifica la proporción de los tres medios principales: si discutimos de física cuántica, es poco probable que la teatralización domine la conversación. En la conversación cotidiana, la conclusión siempre es la misma: hablamos sobre todo con gestos (informativos, ilustrativos o designativos). Los italianos lo saben muy bien.

Pero la comunicación no verbal no se reduce a la expresión corporal y paraverbal. Es diversa, multimodal, se asocia a actitudes, la distancia (la proxemia), una comunicación mediante objetos y de preparativos (forma de vestir, peinarse, decorarse, maquillar), una comunicación olfativa (espontánea a través de las feromonas, o manipulada mediante el perfume) e incluso la elección del lugar y el momento del diálogo. En resumen, el aspecto corporal también aporta información: el «viejo» es identificado como tal por parte de los «otros» gracias a los signos del tiempo (arrugas, pelo blanco, carne flácida, espalda encorvada, etc.) y esto también sucede en los chimpancés, que cambian de actitud cuando ven algunos pelos blancos en un congénere, incluso cuando se trata de un engaño, con un poco de pintura. Pero de todo esto hablaremos en otra historia

Cuando conversamos gesticulamos en grados distintos, sin pensarlo, en todas las culturas y en todas las épocas, lo cual es un indicio del papel central de la expresión corporal en los procesos de comunicación. En el envejecimiento normal, esta comunicación no verbal persiste. Incluso con enfermedades como el Alzheimer, resiste hasta los estadios más avanzados, como un núcleo duro de la capacidad de entender todavía algo del mundo. Boris Cyrulnik lo describe así: «la palabra se apaga, pero aún entienden».[3] El gesto es lo más anclado en lo más profundo de nosotros.

Los gestos intencionales y los involuntarios que dan información involuntariamente son portadores de sentido. El interaccionismo simbólico de la escuela de Chicago propone que el emisor y el receptor comparten un diccionario de códigos gestuales. El emisor lleva a cabo

---

3. Banda publicitaria del libro Polydor J.-P. (2009), *Alzheimer, mode d'emploi*, L'Esprit du temps, Bègles.

una representación de lo que percibe el receptor, formatea gestos conscientes y algunos menos conscientes para hacer comprensible el mensaje para el interlocutor. El receptor, mediante un proceso de interpretación, da un sentido a cada gesto. Cuando estamos «en fase», como se dice, hay conexión: nos entendemos.

Pero no todo es tan simple, las palabras y los gestos no están aislados en dos compartimentos estancos. Según Scherer, «el estudio de la conversación exige la toma en consideración, al mismo tiempo, de las relaciones estructurales entre los signos verbales y no verbales usados en la comunicación y también su significado funcional para la transmisión de la información».[4]

A veces la dictadura de la visión interfiere, el mismo discurso científico dado por un brillante profesor con aspecto de profesor o por una joven brillante bien vestida y peinada, con gesto, actitud y posturas estudiadas, no será recibido con la misma eficacia en un público de machos clásicos y de mujeres irónicas. La imagen del orador, no obstante, nos aporta complementos informativos importantes como, por ejemplo, su grado de certeza, credibilidad, sinceridad. El talento de los buenos comunicadores consiste en hacer que nos creamos mensajes, a veces mentiras, gracias a la seducción de gestos muy afirmativos. Gregory Bateson, un pilar del movimiento de Palo Alto,[5] propone el concepto de la *«double bind»*. Podemos transmitir, mediante palabras y gestos, dos mensajes que se refuerzan o que se contradicen. El discurso del cuerpo tiene un papel importante. El poder de los gestos puede incluso aplastar el significado de las palabras. Si asentimos para decir que sí, hablando con alegría, con convicción (paraverbal) y si tenemos ascendente sobre el sujeto (el doctor sobre el paciente), podemos decirle al interlocutor que la casa se está quemando, pero que vamos a saltar del tercer piso: se mantendrá el mensaje positivo y se aceptará la idea loca de esta evasión imposible.

---

4. Scherer Klaus R. (1984), «Les fonctions des signes non verbaux dans la conversation» en J. Cosnier et A. Brossard (eds.), *La Communication non verbale*, Delachaux et Niestlé, págs. 71-100.

5. Marmion J.-F. (2008), « L'école de Palo Alto. On ne peut pas ne pas communiquer ! », *Sciences humaines*, serie n° 7, septiembre-octubre.

El metacontexto es la posición de cada uno. Actúa cambiando el sentido de la relación. La posición social, como hemos visto en el ejemplo anterior, es importante: algunos ancianos acostumbrados a mandar mantendrán sus costumbres en contextos en los que no tienen ninguna autoridad, en casa y especialmente en la residencia, de ahí los conflictos. El mismo mensaje emitido por el padre hacia el hijo o viceversa no tendrá el mismo significado. La dependencia vinculada a la edad invierte las relaciones hijo-padre e introduce una complejidad suplementaria, a veces una contradicción entre los gestos y las palabras.

Por supuesto, el mismo gesto no tiene el mismo sentido según las circunstancias en las que se expresa, el contexto, la naturaleza del interlocutor, su repetición y ritmo. También él está rodeado de otros gestos que lo enmarcan, los encadenamientos de estos elementos del lenguaje son portadores de sentido, es imposible aislarse del contexto.

El imperio de los sentidos

Aparte de la categoría de las praxis, muchos otros gestos son portadores de informaciones que cualquier persona que los observa sabe descodificar con un margen de error aceptable. Algunos traducen emociones y cualquiera puede ver si alguien tiene miedo de un perro, incluido el perro. Otros definen la posición de alguien en el grupo y se distingue bien quién la orden y quién la recibe, el subalterno. Algunos gestos subrayan, refuerzan o contradicen lo que explican las palabras. Otros *te cuentan* la persona: autoritaria, amanerada, británica o mediterránea, de la tribu de los rebeldes o de los pijobohemios Cada gesto, consciente o no, está marcado por un código.

La clasificación de los gestos no resulta fácil; la más utilizada es la de Paul Eckman y Wallas Friesen, que distinguen cinco categorías:

1. «Los gestos emblemáticos», intencionales, reemplazan una o más palabras, o una frase entera, y son comprensibles sólo por parte de miembros de un grupo al que pertenece la persona que los hace.
2. «Los gestos ilustradores» directamente vinculados al discurso, a veces para subrayar, marcar una acción o designar un objeto presente, pero siempre centrados en lo que se dice.

3. «Las expresiones afectivas», sobre todo la mímica, expresan emociones, algunas universales, otras más connotadas por la cultura.
4. «Los gestos reguladores», a menudo involuntarios, poco conscientes, rigen el desarrollo del intercambio, no son portadores de mensaje, pero son necesarios para mantener el diálogo.
5. «Los gestos adaptadores» tienen como finalidad satisfacer una necesidad, coordinar acciones corporales (maquillarse, lavarse, etc.) o regular la relación con el mundo (ataque/defensa, afecto).

El abuelo aún se mueve

Los gestos de la vida en sociedad evolucionan durante la vida. El bebé imita a sus padres. Los adolescentes a sus amigos, el adulto intenta adaptarse al entorno en el que se desenvuelve. La gestualidad se modifica al envejecer y puede participar en la construcción de una nueva forma de felicidad resiliente. Los dones de imitación son menos frecuentes en los octogenarios que en los niños de ocho años, pero esto no significa que los «simios viejos no puedan aprender a hacer muecas», aunque ésta no será su forma de comunicación preferida.

Derouesné, a propósito de las demencias vinculadas a la edad, constató en 2005 «la pobreza de la literatura médica sobre la comunicación en general y la comunicación no verbal en particular».[6] ¡Es un desafío querer especular sobre una gestualidad específica de las personas mayores teniendo en cuenta que la variedad individual es tan grande!

He aquí las líneas maestras de esta investigación. En primer lugar, la mayor parte de significantes simbólicos de los ancianos tienen sus raíces en el terreno de un pasado que sólo los más allegados conocen de forma precisa, y algunos de estos códigos hacen referencia a una serie de convenciones hoy obsoletas, como la forma de sentarse en la mesa. Luego la variabilidad individual es grande, cada uno puede reaccionar a signos particulares, que se remiten a valores o a episodios de la vida personal, capaces de emocionar, de humillar o afectar de for-

---

6. Derouesné C. (2005), «Communication non verbale et démences», en *Groupe de recherche sur l'Alzheimer, Communication et démence*, Solal, París, pág. 105.

ma permanente. Como es imposible psicoanalizar a todas las personas mayores, las faltas de comunicación son inevitables, ya que los códigos de nuestros gestos a menudo forman parte de lo no dicho. Además, debemos tener en cuenta que cada uno tiene sus hándicaps sensoriales y enfermedades diferentes, no todas mentales, pero que interfieren con los movimientos de los cuerpos y con los que se perciben en el otro. Finalmente, el entorno se diluye y la actitud negativa aumenta.

La disminución de los acontecimientos, de la novedad y de las oportunidades de nuevos encuentros en la vida de los ancianos reduce insidiosamente el número y la riqueza de los relatos, los intercambios estimulantes. Debido a la esquematización de los gestos informativos, de los gestos que acompañan y subrayan la palabra, los estereotipos acaban por invadir la comunicación. El verbo se coagula y los gestos se borran. El viejo desvaría.

Se instala la motivación cero. Los intercambios interpersonales se desdibujan con el deslizamiento hacia la ancianidad. Separadas de sus obligaciones laborales, de los desafíos de la vida social, algunas personas mayores pueden preguntarse de qué sirve hablar. Las personas que quedan son los supervivientes de su generación; el cónyuge, los amigos, ya están todos muertos, como mucho están muy enfermos, tienen poca movilidad o resultan deprimentes por la inexorable letanía de sus problemas de salud. El aburrimiento se apodera de los ancianos, están condenados a la melancolía. Conservan una relación con sus antiguas figuras de apego, el cónyuge, si todavía está, los hijos y nietos, un cuidador profesional o un amigo, un animal de compañía. La sociedad ha hecho estallar el esquema clásico de una célula familiar geográficamente próxima y afectivamente cohesionada.

Ya sean depresivos, apáticos o vividores, más allá de las palabras son los gestos los que muestran los estados mentales de los ancianos.

Aquí hablaremos poco de gestos realizados en el marco de un ritual, religioso, familiar, corporativo o de otro tipo. Compartir los rituales en el seno de una comunidad crea un agradable sentimiento de pertenencia. Además de los que siempre han vivido alguna espiritualidad, a menudo vemos a semejantes nuestros, cuya vida adulta ha estado ocupada en la búsqueda de las preocupaciones materialistas y hedonistas, volverse hacia la religión de su infancia en la vejez, hacia sus antepasados, y repetir gestos que funcionan como una letanía mágica que les tranquiliza cuando se enfrentan con esta verdad metafísica: somos mortales. Algunos ancianos se encierran en su vida mental, buscando un refugio que se convierte en prisión y el ritual aplasta la creatividad de la relación. En otros, estas prácticas, si favorecen los intercambios en una comunidad, con momentos para compartir, mantienen su mente despierta.

Los gestos voluntarios subrayan lo que se quiere mostrar de uno mismo, pero las expresiones corporales dejan también entrever información esencial sobre lo que somos de verdad. Como el célebre «retorno de lo reprimido» freudiano, podemos ver de qué modo surgen, como en un palimpsesto, gestos reprimidos que recuerdan una juventud que aún se mueve en el fondo de las personas mayores. A veces, podemos ver a una distinguida vieja metomentodo hacer un gesto vulgar en un momento de distracción. También podemos adivinar una filigrana de gestos subliminales que contradicen el discurso limitado por las convenciones sociales. Es todo muy sutil.

A todos nos gusta hablar de nosotros mismos. A un anciano también. En ellos el ego responde como un eco. La identidad que reivindicamos es en primer lugar la historia que explicamos a otros. Lo llamaremos identidad narrativa. Es fundamental en los mayores. Ellos existen para transmitirnos la epopeya de su vida, fragmentos escogidos, una realidad reinventada. Cuando formamos frases nunca estamos solos. Es un diálogo interlocutivo, según la expresión de Boris Cyrulnik, que toma en consideración a quién va dirigido el discurso. Louis Ploton habla de «sincronización afectiva». Los ancianos tienen menos flexibilidad mental para adaptar su relato, ya que al haberlo explicado muchas veces ha quedado fijado en los circuitos neuronales, al igual que un camino en la sabana, recorrido sin cesar, se vuelve cada vez más fácil de recorrer y borra las alternativas. Las plantas de los márgenes se vuelven espinosas y ya no resulta lógico desviarse. La repetición esculpe el cerebro. La rigidez reemplaza la plasticidad cerebral.

La eficacia de las interacciones sociales se basa en la calidad de las emisiones de información y también en nuestra habilidad para entender al otro: es lo que llamamos empatía. Ésta es una cualidad que se modifica con el envejecimiento, pero nunca se apaga del todo, salvo en los casos de apatía y en las demencias frontales. La empatía, según la neuropsicología, está basada en los gestos.

La mecánica de la comunicación mediante gestos

Del griego antiguo εμ «en el interior» y πάθος, «lo que se siente», la empatía es la representación de lo que siente el otro, sentimientos y emociones, sin sentirlo uno mismo. Clásicamente se separa la empatía de la simpatía, que incluye las sensaciones del otro, pero con una componente afectiva con el que es objeto de tales sensaciones. La empatía es un saber neutro, sin vínculo con la persona (desapego). La frontera entre estas dos nociones no es tan clara como parecería por sus definiciones.

El concepto de empatía ha suscitado varias interpretaciones según el ámbito de investigación.

La psicología nos dice que es la capacidad de repliegue sobre el propio discurso para entender el discurso del otro. Para Ogay,[7] la empatía se vive en la inmediatez. En las ciencias humanas, la empatía es un esfuerzo colectivo y racional de comprensión de los sentimientos del otro que excluye toda implicación afectiva personal (simpatía, antipatía) y todo juicio moral. En filosofía, es un valor moral que participa del contrato social de Rousseau: entender al otro está «bien».

La neurología aporta desde hace poco cierta luz sobre los mecanismos orgánicos de la empatía. Muestra que los ámbitos del pensamiento y de la gestualidad son comunes. La historia empieza en los años 1990. Una «máquina fantástica» permite observar en directo qué zona del cerebro se «enciende» mientras hacemos una actividad, como mover una mano, escuchar música, tener un pensamiento indecente, por ejemplo. Es la cámara de positones o PET-scan.

Giacomo Rizzolatti[8] es un neuropsicólogo de Parma. Detectó una actividad curiosa en el cerebro de un simio con la cámara de positones: en su grabación, el simio mueve la mano y la boca, come. Ahora bien, no se estaba moviendo en la realidad. Entonces el *Professore* tuvo una intuición genial: se dio la vuelta porque el simio estaba observan-

---

7. Ogay S. (1996), *Alzheimer. Communiquer grâce à la musicothérapie*, L'Harmattan.

8. Rizzolatti G., Fadiga L. (1998), «Grasping objects and grasping action meanings: The dual role of monkey rostroventral premotor cortex (area F5)», *Novartis Foud. Symp.*, 218, págs. 81-95.

do algo que había detrás de él. ¡Uno de sus asistentes estaba comiéndose un *gelatto*! Entonces Rizzolatti vio en la zona F5 del cerebro del córtex premotor ventral del simio (la zona del cerebro que general el movimiento), que las neuronas de la motricidad se activaban cuando el animal observaba la acción de otro como si lo estuviera haciendo él mismo, aunque sin hacerlo, dejando una breve impresión en el cerebro.

En resumen, los gestos vistos se dirigen al lóbulo occipital (que recibe las imágenes), luego se copian en la zona motriz del cerebro para activar los mismos grupos de neuronas que el que hace el gesto, como si esta zona del cerebro del observador fuera un espejo del otro. Rizzolatti calificó estas neuronas como «neuronas espejo». Luego se demostró su existencia en las personas, lo cual abrió la puerta a importantes cambios en nuestra forma de pensar la comunicación y la comprensión de muchas enfermedades neurológicas y psiquiátricas.

Estos grupos de neuronas producen por tanto una representación interna de la acción vista. Puesto que conocemos las intenciones de nuestras propias acciones, los investigadores han propuesto la hipótesis de que las neuronas espejo podrían ser una especie de maquinaria para entender el significado de los gestos percibidos en el otro. Es la definición de la empatía. Si consideramos que el análisis es inmediato, no hay lugar para la interpretación intelectual del gesto. El tiempo de respuesta registrado en el PET-scan es demasiado corto. Es un modo reactivo como el del reflejo rotuliano, salvo que aquí estamos en el campo de la psicología. Es una psicología refleja.

Muchos experimentos apoyan la hipótesis de que la empatía está vinculada a las neuronas espejo. Cheng Ya-Wei (Taipei), mediante encefalografía magnética,[9] ha demostrado que los sujetos que ven una agresión tienen una reacción de empatía y «encienden la zona de Broca». Los que observan la acción emocionalmente neutra de pelar legumbres, no encienden esta zona.[10] Al inhibir mediante estimulación

---

9. Técnica que registra pequeñas variaciones magnéticas emitidas por el cerebro.

10. Organization for Human Brain Mapping : http://www.humanbrain-mapping.org y hospital de la ciudad de Taipei : http://www.tpech.gov.tw/English/eIndex.aspx.

magnética[11] la zona de Broca, el sujeto que ve una escena violenta, Hugo Theoret (Montreal) demuestra que la desaparición de la actividad de las neuronas espejo va acompañada también de la suspensión de la empatía.

De hecho, se han podido definir tres funciones principales de estas neuronas.

- *La primera función está relacionada con el aprendizaje motriz.* Los mayores aprenden a hacer bricolaje, a pintar, a hacer teatro, jardinería o golf. Y, como los más jóvenes, aprenden menos de obras eruditas que de una transmisión persona a persona, maestro-aprendiz, en contacto con otro que les muestra los gestos adecuados, corrige y guía. Cada acto percibido se compara inmediatamente de los gestos conocidos, como en una biblioteca. Si no se ha hecho un inventario del mismo, las neuronas espejo llamadas motoras se activan para fabricar una copia. La inmediatez de esta apropiación es necesaria porque el gesto es preciso y efímero. Se refuerza y se grava visionando su repetición al poner en práctica el saber que se acaba de adquirir: se aprende con la práctica para aprender para más tarde. La suerte de los mayores es que tienen una biblioteca de gestos mayor que la de los jóvenes y a veces pueden aprender más rápidamente. En cambio, cuando el gesto no está en su repertorio, es otra cosa. Los circuitos neuronales están más fijados que en los jóvenes.

  Los mayores tienen más necesidad de volver a ver y rehacer los esquemas motores que no les son familiares para poder apropiárselos. Les cuesta integrar las formas de uso de electrodomésticos recientes o un nuevo mando de la televisión, ya que todo esto se explica en formas de uso escritas sin la ayuda del ejemplo visionado. A veces, los dibujitos que ilustran las instrucciones de uso podrían ser obra de personas malvadas, ya que son inteligibles y están llenos de errores. El fabricante que incluya un DVD mostrando cómo se usa el aparato se hará con todo el mercado de las

---

11. La estimulación magnética transcraneal emplea campos magnéticos inducidos por dos bobinas capaces de inhibir la zona del cerebro subyacente.

personas mayores. Sobre todo, ningún sujeto de más de 50 años es competente para manipular el mando de control de los videojuegos de sus nietos, ya que éstos son pedagogos nefastos que no saben enseñar lo que a ellos les parece evidente. Alguno podría decir que las neuronas espejo no funcionan en la dirección nieto-abuelo. La fractura de la comunicación entre las generaciones también se debe a que no se han compartido los gestos de juego. Es muy difícil competir con un niño de 7 años al Mario Kart (videojuego de Nintendo). Se puede recuperar la autoestima mostrándole cómo se juega al Diábolo, conjunto de gestos coordinados más difíciles que los que hacen falta para apretar los botones del mando.

- *La identificación de la intención del acto es la segunda función de las neuronas espejo.* Los gestos, incluso los menos conscientes, los que no se expresan por efecto de la voluntad de comunicación, tienen un sentido y se percibe su finalidad. Esto nos permite adivinar en directo lo que quiere hacer la persona que observamos cuando el gesto apenas ha empezado. Para los mayores, esto es esencial debido a su sentimiento de fragilidad. No obstante, entender a qué apunta el interlocutor es algo más complejo, ya que los códigos en el mundo occidental cambian muy rápidamente según las generaciones y la sociedad es multicultural, por lo que ciertos gestos se malinterpretan. Levantar el puño puede ser visto como algo amenazador mientras que para algunos adolescentes es amistoso.
- *La comprensión de la componente emocional asociada el gesto es la tercera gran función de las neuronas espejo.* Permite un ajuste al otro. Se añade a la previsión de las intenciones.

En primer lugar, se trata de un concepto seleccionado por la evolución, ya que permite anticiparse a una amenaza. El tiempo de reacción a un movimiento agresivo es de algunos milisegundos, tres veces menos que para entender un gesto bienintencionado. El tiempo de respuesta demuestra que no hay análisis cognitivo, un grupo de neuronas espejo lo detecta enseguida, está en juego la seguridad del individuo. Es algo que casi nunca se altera con la edad, hasta tal punto que la identificación de alguien que ha sido agresivo por parte de una persona con Alzheimer persiste incluso en estadios avanzados de la enfermedad. Los gestos (vistos) y las componentes vocales (equivalente de lo paraverbal) de tranquilidad y alerta han sido estudiados por los etólogos, que sitúan al hombre entre los animales en general y los grandes simios en particular.

Luego se produce un ajuste del estado afectivo del interlocutor. Típicamente se tienen en cuenta siete emociones fundamentales:[12] aburrimiento, miedo, cólera, angustia, asco, sorpresa y alegría. Su expresión se acompaña de manifestaciones neurovegetativas incontrolables (la rojez o la palidez del rostro, la frecuencia del pulso, la sudoración, la dilatación de las pupilas, un temblor). Estas expresiones corporales y mímicas son universales, de una cultura a otra y en todas las edades. Un anciano sabe de forma natural distinguir estas señales. El control de la expresión de las emociones es algo muy cultural, más cerrado en las clases sociales elevadas, en los ingleses y japoneses que en las poblaciones mediterráneas. Incluso de forma más discreta, cada emoción se manifiesta mediante un código gestual universal específico. A medida que avanza la edad, los viejos controlan menos la expresión de sus emociones, por eso a veces les vemos llorar amargamente, como en un espasmo, por nada. Es una parte de lo que los neurólogos llaman un síndrome pseudofrontal, una forma de desconexión entre el lóbulo frontal, nuestro gran controlador de la conducta, y el resto del cerebro. Pero es una desconexión muy parcial, porque los ancianos, salvo algunas excepciones, no están libres de todo el sistema de las buenas maneras.

Finalmente, y esto no es lo menos sorprendente, la etología nos enseña que se intercambian códigos entre dos especies. Cuanto más cercanía hay respecto de un animal mejor lo entendemos, aunque podamos tener dificultades para entender los gestos afectuosos de los gorilas. Claude Beata[13] nos dice que estamos en conexión con los animales domésticos, que entienden nuestros sentimientos, saben lo que esperamos, hecho que valida científicamente el afecto de los mayores por las mascotas. No obstante, a primera vista tenemos poco en común con gato, aunque sea de raza o con un *cocker*, por coqueto que

---

12. Los investigadores en psicología han identificado muchos más, pero estas ideas todavía no son objeto de consenso; nos referimos pues a la noción antigua.
13. Béata C. (2013), *Au risque d'aimer*, Odile Jacob, París.

sea. ¿Significa esto que la selección de las especies hace que perros y gatos compartan nuestra representación del mundo? ¿Colaboramos de forma natural? ¿O es que mediante la epigenética,[14] la antigua cohabitación con estos compañeros afectuosos quedó inscrita en los genes de nuestro cerebro en forma de complicidad neuronal? Es altamente probable que esto ocurra gracias a las neuronas espejo. A través de ellas intercambiamos con otras especies. Desde su descubrimiento sabemos que el simio enciende sus neuronas espejo al ver a un humano comer.

Finalmente, la empatía empieza a dibujarse de forma más clara.

Al imprimir, sin expresarla, una copia de los actos motores vistos (representación mental), los encarnamos (los hacemos carne), nos los apropiamos y su significado se desvela.

Para que la empatía se manifieste la imagen de un gesto de comunicación debe encontrar un rastro en el cerebro del que lo recibe. Debe haber un diccionario común del emisor y del receptor para que la señal recibida tenga sentido. Incluso algo desconocido, un acto de *hacer*, como cepillar o jugar a voley, se identifica y copia para dar forma a un aprendizaje mediante el ejemplo.

La profusión de señales corporales no es tan compleja si nos referimos a los fundamentales, a la expresión universal de la emociones y al hecho de que conocemos un gran número de códigos empleados dentro de una misma sociedad. La diferencia de cultura será una barrera.

La comprensión de los símbolos gestuales que implican empatía en el sentido neurológico es repentina y no da lugar a reflexión, a los mecanismos de la cognición. Es reduccionista por necesidad y lo que se percibe es como un retrato de una cara en algunos trazos de lápiz, hecho por un artista, que reconocemos rápidamente. La otra forma de empatía, más clásica, está ligada a una reflexión más lenta y se manifiesta mediante gestos intencionales más convencionales, más pensados.

---

14. La influencia del medio puede modificar la expresión de nuestros genes, descubrimiento reciente (1942) que amplía la concepción darwiniana de la evolución de las especies.

Los últimos trabajos muestran las relaciones entre las distintas zonas de neuronas espejo, que atribuyen a cada una funciones distintas, como en lo que se refiere a la mímica, uno de los fundamentos de la comunicación. El número y la complejidad de las expresiones faciales, las más diferenciadas de las señales visuales, crecen con el grado de evolución de las especies según Darwin. ¿Uno pequeño intermedio televisivo? «El rostro tiene 43 músculos que pueden componer 10.000 expresiones faciales», dicen en la serie *Lie to me*. Este documental de televisión se inspira directamente en los trabajos del Dr. Eckman hasta tal punto que su experto en mímica lleva el nombre de Dr. Lightman. ¿Una precisión científica que desarrolla la cita precedente? El surco temporal superior, zona esencial de las neuronas espejo, se activa específicamente para la percepción de movimientos de los ojos y de la boca, identifica lo que significa la expresión facial, la expresión de las emociones/intenciones del otro, participa también en gran medida en la empatía.

En definitiva, para no imitar físicamente ese gesto que se apodera de nosotros, hay que inhibir las funciones motrices, y esto pasa por nuestro gran inhibidor: el lóbulo frontal. La empatía es por tanto un proceso automático, pero que implica control, con algunas excepciones como el contagio del bostezo o el llanto en grupo y algunos sonidos asociados a los gestos como aplaudir o reír carcajadas. Las obstrucciones de microarterias en el cerebro de ciertas personas mayores crean lagunas, pequeños agujeros que desconectan el lóbulo frontal y entonces pueden reír y llorar de repente por nada, pero de forma breve.

La comunicación de los ancianos es una carrera de obstáculos

Las barreras de la comunicación con las personas mayores se van dibujando. Tienen una atención selectiva, no lo perciben todo, se equivocan con las interpretaciones, tampoco son los campeones de la expresión. En fin, son como todos nosotros, pero peores. Además, tienen enfermedades que todo lo perturban. Esto es lo que nos espera. Así que tenemos que prepararnos para este deporte: la carrera de obstáculos de la comunicación.

No prestan atención

Con la edad, se hace muy difícil mantener la atención centrada por mucho tiempo en una sola cosa. Se tiende a la distracción. La información sucesiva emborrona los mensajes, la tercera borra la primera. Los mayores son extremadamente sensibles a las interferencias. Además de los factores exteriores, tienen rupturas de la atención espontáneas o relacionadas con una preocupación, un pensamiento parasitario. Las crisis de distracción implican la ruptura con el primer eslabón de la cadena. Las neuronas espejo se apagan brevemente y se pierde el hilo, el sentido se pierde.

Perciben mal

Ninguno de nosotros percibe la información emitida en su totalidad, pero en los mayores estas pérdidas, relacionadas con los aparatos sensoriales, son más importantes e implican más errores de interpretación. La visión, primer canal de acceso al sistema de neuronas espejo, falla a menudo. La baja capacidad auditiva ya no permite compensar, entender todas las palabras (algunas de las cuales cambian de sentido en las siguientes generaciones), ya que es en las frecuencias llamadas de «la conversación» donde hay más pérdidas. Pero el oído aún es capaz de percibir tonalidades, el ritmo y el nivel de decibelios, lo paraverbal se analiza de la misma forma que un gesto por parte de las neuronas espejo.

Estos sentidos debilitados le aportan menos precisión al cerebro y a veces, si gritamos manifestando irritación para que nos oigan o nos agitamos para llamar la atención, proporcionan el sentido contrario. Aquí volvemos a encontrarnos con Gregory Bateson y su *«double bind»* del gesto que subraya o contradice la palabra según la interpretación del receptor. Limpiarle las gafas o conectarle el audífono puede ser un buen preámbulo para la conversación, pero es complicado si la persona no es de la familia.

No interpretan bien

La dificultad que tienen para entender los códigos simbólicos, palabras o gestos, ya que no disponen de las claves (connotadas por cada generación o tribu), transmite ambigüedad o desconcierto, de ahí el miedo a que reaccionen con miedo o agresividad.

La estabilidad y la homogeneidad de los códigos de conversación son esenciales en toda sociedad para que permanezca cohesionada y se asegure un corpus de símbolos que se puedan compartir. La fractura generacional proviene en parte de esta reivindicación por parte de los jóvenes de tener una identidad distinta a la de sus mayores. Se adhieren a códigos verbales y gestuales que les identifican como «jóvenes», incluso de una «tribu» (los intelectuales, los góticos, los pijobohemios, etc.). Privilegian el contraste en lugar del acercamiento. Los mayores no disponen de las claves para descifrar esta profusión de códigos «tribales» particulares.

No emiten bien

Dejando de lado los casos extraordinarios de personas mayores con una gestualidad extravagante (el entorno precisa que siempre han sido así), lo específico de los ancianos es la reducción del número de gestos que acompañan a la palabra. Entonces su interlocutor tiene dificultades para adaptar su discurso, que parece no obtener respuesta.

Podemos identificar el corpus de códigos verbales («sorprendido», «atrevido», etc.) o gestuales (guiño del ojo, gestos imitados de actores desaparecidos) muy connotados como «viejos». Por supuesto, las comunidades de códigos pueden complicarse, se puede ser viejo y al mismo tiempo golfista o punk. No se es viejo de la misma forma en el barrio VII de París o en la Belle de Mai (barrio de Marsella), en la Croisette o en Mane (pueblo de la Haute-Garonne), en Saint-Tropez o en Tampon (La Réunion), en el golf de Saint-Cloud o en un club de petanca de Lauris (Vaucluse). Al igual que la memoria conserva sobre todo los hechos destacados, los códigos relevantes pueden prevalecer sobre los códigos generacionales. El anciano punk tendrá más códigos comunes con el joven punk que con el golfista de Neuilly. La identificación de estos códigos se ha beneficiado de las aportaciones de la etnología acerca de los símbolos de significantes propios de cada grupo humano, de cada cultura. Y los códigos gestuales de los mayores no les resultan familiares a los jóvenes y a veces actúan como elemento disuasorio.

Tienen enfermedades...

Ciertas enfermedades crean interferencias para la comunicación. Tomemos cuatro ejemplos entre los más frecuentes a estas edades.

La enfermedad de Alzheimer es evolutiva. Al principio, afecta a una pequeña zona del cerebro responsable de la memorización, el hipocampo. Éste se sitúa en lo más profundo del lóbulo temporal (bajo la sien), bastante lejos de la zona que permite conectar la visión al sistema de neuronas espejo y muy lejos de su zona principal, el área de Broca (lóbulo frontal). Hasta el momento en que se instalan algunos trastornos del lenguaje verbal (también gestionado en el área de Broca), la conservación de la capacidad de empatía en los enfermos les permite responder a mensajes.[15] El objetivo es que tengan la sensación de que siguen estando en nuestro universo y de que son maestros de su destino, esto les calma. Estos métodos de comunicación no verbal no son infalibles, pero son una alternativa a los tratamientos médicos de los trastornos del comportamiento que, con los déficits de memoria y de «funciones intelectuales», son otro pilar de la enfermedad de Alzheimer. El acceso al registro de las emociones positivas a través de las neuronas espejo para favorecer la ataraxia (ausencia de conflicto) es una forma nueva en su concepto, pero que las familias practican sin base neurológica, de forma pragmática, desde hace mucho tiempo. Hasta el estado agónico, los enfermos son capaces de sentir lo que les rodea, una manifestación de angustia (legítima) de su entorno causa reacciones. Y en este estado terminal, sólo el repliegue, la crispación, los gritos y la agitación expresan el malestar. Actuando en la dirección contraria, hay que moverse lentamente, acariciarlos, hablarles con sua-

---

15. Polydor J.-P. (2009), *op. cit.*

vidad (no importan las palabras, que ya no pueden entender), la música de las frases (una vez más, lo paraverbal) les tranquiliza un poco. La enfermedad de Parkinson paraliza al enfermo, reduciendo el número de gestos y sobre todo aboliendo sus expresiones faciales. El Parkinson es una enfermedad de las neuronas de la zona profunda del cerebro, podemos esperar que el sistema de neuronas espejo permanezca intacto durante mucho tiempo. Debido a que los enfermos casi no se expresan, sus allegados dudan de que sientan algo. Sin embargo, un marcador indirecto nos muestra que siguen siendo empáticos. El estrés aumenta la tensión muscular en cualquier persona. Para alguien con Parkinson, la rigidez es un signo de enfermedad, aumenta con la emoción y causa bloqueos motores o una abundancia de movimientos anormales (disquinesias). Cuántas veces el neurólogo oye al cuidador decir: «Con el doctor te esfuerzas. Nunca caminas así en casa». O bien «es que no se esfuerza». Camina mejor porque la imagen tutora tranquilizadora del doctor lo relaja, entonces destensa los músculos y puede caminar. Es lo que se llama el milagro de la bata blanca. Podemos decir que la contaminación afectiva afecta tanto al enfermo que no le deja pensar en la inexpresividad de su rostro. Un grupo de investigación muy serio, el de Pierre Lemarquis,[16] «Tango y neurología», demostró que el enfermo baila mejor de lo que camina y esto es debido probablemente a las neuronas espejo.

Las enfermedades reumáticas también limitan la gestualidad e introducen la componente del dolor. Los ancianos que las padecen reducen sus intercambios gestuales. Como con la enfermedad de Parkinson, el cuidador ya no sabe calibrar su discurso verbal y gestual, ya que el enfermo no devuelve señales que validen o no lo que se le expresa. Lo mismo ocurre con todos los dolores agudos o crónicos, físicos y psicológicos, en los que el mundo mental del enfermo está invadido por el sufrimiento. Autocentrado en su suplicio, ya no presta atención a las señales que le llegan desde su entorno. Ya no importa nada más allá del dolor.

Se ve bien, mediante estos ejemplos «negativos», hasta qué punto el gesto es esencial en la comunicación con los ancianos.

---

16. Lemarquis P. (2009), *Sérénade pour un cerveau musicien*, Odile Jacob, París.

El método infalible para comunicarnos mediante signos con nuestros mayores

¡No existe, por supuesto! Nuestros mayores son, en primer lugar, nosotros pero con mayor edad, personas que tienen derecho a ser tratados como personas, no como «cosas» a las que se aplica un método inequívoco. Todo el mundo merece una atención específica. Los puntos comunes que hemos subrayado son sólo puntos de referencia, faros en este gran océano de mil rutas posibles.

El material de la comunicación está pues esencialmente vinculado al pasado. Un indicio permite la evocación que convoca el recuerdo «como el primer día» en sus componentes explícitos (el relato) e implícitos (elementos no verbales). La memoria puede sacar a la superficie recuerdos reprimidos mediante las palabras, pero también la comunicación no verbal: un olor (la magdalena de Proust) o un acto motor pueden tener sentido si sabemos que son capaces de desencadenar una reacción, ya sea el gesto informativo, ilustrativo o designativo (Boris Cyrulnik). Un paciente calabrés, con un principio de Alzheimer, a quien se saluda con la mano, inmediatamente recuerda los «buenos viejos tiempos» (para él) y se pasa una hora hablando de Benito. Otro, antiguo compañero de Trotski, reacciona con el puño en alto, no calla cuando se pone a hablar de las fechorías del camarada Stalin. Preferimos la magdalena de Proust.

La sensibilidad de las personas mayores a la actitud de sus allegados permite dirigirles mensajes ajustados o estimulantes. La convergencia de distintos tipos de mensajes emitidos, para que sea creíble debe ser superior a sus divergencias. Es capital dar prioridad a la actitud positiva y convencida, pero sobre todo a la franqueza, ya que la confianza (seguridad) es, para un anciano, condición necesaria para cualquier aceptación del intercambio. En *Diogenes Project*, Paul Ekman, ya citado en este texto, demostró que las «microexpresiones» del rostro (pero también los gestos corporales) son analizados para descubrir mentiras. Estas capacidades de detección no se pierden con la edad. Los mayores son receptivos a nuestra angustia, que leen en nuestros gestos (y en la comunicación paraverbal), entonces nuestras palabras pueden transmitir verdades falsas, «verdades arregladas», como dice Bécassine.

La naturaleza del vínculo con el interlocutor es importante, las mismas palabras o gestos no tienen el mismo impacto según quién los diga. El sentimiento de seguridad, tan importante en los mayores, pasa por la alianza «terapéutica» con el que o los que se convertirán en tutores de resiliencia. Esto se asemeja al sentimiento de pertenencia religiosa, familiar o filosófica, que asegura la libertad de comunicación.

El sentido que un mayor dará depende de lo que él mismo es. Los mismos gestos pueden ser vistos como agradables, como manifestaciones de afecto y de solidaridad o como una intrusión, una ofensa, según las personas, su cultura, su personalidad. Aquí habría que hablar del tacto, la haptonomía, que responde más que ninguna otra cosa a esta problemática. Para un japonés, ser tocado resulta chocante, mientras que un mediterráneo es alguien muy táctil.

Podemos comunicar mediante todos estos códigos verbales pero sobre todo gestuales que las personas mayores pueden descifrar sin pensar demasiado, a través de esa magnífica fotocopiadora que es el sistema de las neuronas espejo. No sabemos si nuestras neuronas espejo envejecen, si producen menos sinapsis con sus vecinas, si dialogan menos. Globalmente, sabemos que las neuronas hacen cien veces más ramificaciones dendríticas, contactos con sus congéneres, si las personas mayores llevan una vida estimulante.

Comunicar con centenarios es posible y a menudo incluso refrescante. La selección natural hace su trabajo, los optimistas (¿podemos llamarlos resilientes?) son mayoritarios. Esto nos hace pensar que la empatía no se apaga jamás o que es un factor del envejecimiento de calidad. Algunas condiciones específicas son necesarias para comunicar bien. Todo pasa por una curiosa mezcla de sinceridad y el uso de códigos que les son más familiares que a nosotros, ya que podemos tener un acceso, sin duda parcial, pero un acceso de todas formas, a su diccionario de símbolos significativos, mientras que la reciprocidad es casi imposible.

El «encuentro con la 3ª edad» (y la siguiente) es de alguna manera un juego de actores en el que aceptamos encarnar un personaje usando el registro de gestos que tienen sentido para él,[17] pero sin renunciar al

---

17. Goffman E. (1973), *La Mise en scène de la vie quotidienne*, 1973.

principio de sinceridad. Esta ambivalencia no es insuperable. La organización de la comunicación en este sistema es lo que llamamos el «teatro de la relación».[18] Giacomo Rizzolatti[19] cita a Peter Brook, quien dijo en una entrevista que con el descubrimiento de las neuronas espejo, la neurociencia empezaba a entender lo que el teatro sabía desde siempre. Para el célebre dramaturgo y director británico, el trabajo del actor no tendría sentido alguno si, más allá de toda barrera lingüística o cultural, no se pudieran compartir los sonidos y movimientos de su propio cuerpo con los espectadores, al hacer participar a un acontecimiento que deben contribuir a crear ellos mismos. Esta participación inmediata, sobre la que el teatro ha fundado su realidad y su legitimidad, encontraría así una base biológica en las neuronas espejo, capaces de activarse tanto durante una acción como durante la observación de esta misma acción por parte de otros individuos.

Seguimos siendo conscientes de los límites y limitaciones, el empobrecimiento de los códigos y el cambio de sentido, pero también de un ajuste emocional desregulado, sobre todo en quienes sufren una enfermedad. En resumen, más que cualquiera, el anciano es sensible a la contextualización de la comunicación: el buen momento y el buen entorno.

¿Qué pinta la resiliencia en todo esto?

Este automatismo, relacionado con las neuronas espejo, muestra que está en nuestra naturaleza ser empáticos, y en nuestra naturaleza también está que a veces no lo seamos, como demuestran las atrocidades de las que nuestra especie es capaz. La predeterminación genética existe, pero los humanos, como decía Diderot, tienen la facultad de perjudicarse o de mejorar. Bloquear tus neuronas de la empatía no es tan difícil: el dolor lo hace, la cólera también, así como todas las formas de oposición, de críticas. No obstante, nuestra mente que razona nos ofrece también la promesa de una representación nueva de la vida: la resiliencia.

---

18. Polydor J.-P. (2009), *op. cit.*

19. Rizzolatti G., Sinigaglia C. (2008), *Les Neurones miroirs*, Odile Jacob, París.

Para que haya resiliencia hace falta un trauma fundador. Puede tratarse de los asaltos de la vejez, las enfermedades propias y las de los allegados, conflictos afectivos, duelos, las mismas causas que para todos, pero somos menos valientes para afrontarlo todo. Para algunos, la idea de envejecer en sí misma es un trauma. Podemos burlarnos de ello como los conductores de bus africanos que pintan sobre sus motores «no me importa la muerte». Podemos convertirlo en un drama, rechazar los estigmas corporales del envejecimiento en un universo social dominado por la dictadura de la apariencia, en la que París y la Côte d'Azur son los ejemplos más chocantes, puesto que nos permiten admirar a mujeres mayores con ropa para jóvenes y *liftings* de calidad también fuera de una pista de tenis. La toxina botulínica también tiene la ventaja de paralizar toda expresión facial, lo que permite apreciar la riqueza de la conversación, convertida en la única fuente de información que recibimos de estas personas.

De acuerdo con un sondeo hecho con 5.500 personas entre 55 y 79 años,[20] el 64% de los de 70-74 años y el 52% de los de 75 a 79 años se sienten jóvenes. Para ellos, los tres pilares del envejecimiento feliz son: la buena salud, la vida activa y las relaciones con los jóvenes. Los dos primeros dependen del azar y de las decisiones individuales, pero sobre el tercer punto podemos actuar para que la calidad de los intercambios favorezca este ideal, el buen envejecer.

El ideal de la juventud eterna es una búsqueda de la que las viejas leyendas nos hablan sin cesar. La epopeya de Gilgamesh, la primera novela de la humanidad, muy anterior a la Biblia, está atravesada por este tema. Envejecer bien es el desafío de hoy en día. En la historia de la humanidad se trata de algo inaudito: una gran parte de la población, la de los países industrializados, pasa de los 80 años, el doble de la esperanza de vida de sus abuelos, y el joven Boris Cyrulnik ya lo decía hace más de veinticinco años.[21] Esto supone un gran desafío: cómo imaginar una nueva forma de envejecer en armonía. El pensamiento industrial en Occidente (en Asia y en África es diferente) ha

---

20. Allard M., Thibert-Daguet A. (1998), *Longévité, mode d'emploi*, Le Cherche Midi, págs. 76-77.

21. Cyrulnik B. (2010), *Sous le signe du lien*, Hachette Littératures, París.

sometido todo a normas y signos exteriores de juventud. Pero esta noción de «vejez» está cambiando. A medida que avanzamos en la edad, nos vemos más jóvenes. A los 18 años nos parecía que los cuarentones eran unos decrépitos, mientras que, cuando superamos los cincuenta nos parecen jóvenes. En los años 1960 se era viejo a los 60; en los 1980 a los 80; luego, con el paso del año 2000, nos dimos cuenta de la disparidad. Algunos se retiran de la vida social a los 60, otros hacen vela y caminatas hasta los 91 años.

La melancolía, el hastío por ser demasiado viejo y ya no vivir lo suficiente, por haber agotado los placeres del camino y perdido los deseos del mañana, por sufrir en el cuerpo los estragos el tiempo, por ver cómo los amigos van muriendo, también los allegados, todo esto marca a nuestros mayores. No siempre se ven recompensados con un gusto por la cultura y el deporte, la alegría de los debates políticos, la inteligencia extraordinaria de la televisión, la lectura de este capítulo, los placeres de la conversación con un cónyuge y el afecto de los descendientes.

El trauma es una pena doble, la toma de consciencia de la impermanencia de la propia integridad física y el rechazo en el gueto, por parte de los demás, de la palabra «viejo». Ellos se ven jóvenes; el viejo era el otro y un día alguien te habla de jubilación, que rima con rendición.

Pero si hay trauma, hay una posibilidad de resiliencia. Hay que reformular una nueva representación, más en armonía con lo real aunque se deba afrontar la verdad: no nos dirigimos hacia un mañana. La antigua versión de nuestra vida ha llegado a su final. El discurso resiliente nos permite construir una versión atenuada, una coherencia distinta de la misma realidad: envejecer, pero bien.

Para ello, hay que tener una buena planta, un sujeto apto y un buen terreno, el entorno.

La buena planta, una persona apta

Hemos podido describir las actitudes mentales que predisponen para la resiliencia, pero ésta, en la franja de edad de la que hablamos, procede de fuentes distintas. La mentalización es cansada, ya que la imaginación disminuye. El pensamiento es menos fluido, las ideas se hacen rígidas. El anciano consigue una mentalización conectando su memoria antigua mediante la evocación de recuerdos, es la reminiscencia. Algunos gestos son indicios de una aptitud para la resiliencia en los mayores, por ejemplo la riqueza de las expresiones faciales espontáneas durante los intercambios verbales. En una conversación centrada en la vida, la persona desvela un conjunto de gestos significantes, sobre todo mímicos. Así, el hecho de que no abrir los ojos como platos muestra la ausencia de miedo, no se amplía el campo visual, no se teme nada. La sonrisa, la movilidad del rostro, la mirada atenta, la conservación del panel de gestos que acompañan el discurso también son signos de apertura mental, de felicidad, que traducen la persistencia del interés por los demás y la capacidad para la resiliencia. De hecho, no hay una especificidad gestual de los mayores resilientes, pero la persistencia de estos signos de seguridad, a pesar de los impactos de la pérdida de la salud física, es en sí misma una especificidad.

El buen terreno, el entorno

Para Michel Delage y Antoine Lejeune,[22] las interacciones tardías, los contactos con otros, son las palancas indispensables para la resiliencia y pasan por la conservación de las capacidades de mentalización verbal y también de las disposiciones para acoger los estados mentales del entorno, la empatía. Esta evocación oral en sociedad se convierte entonces en una narración creativa, puesto que se toma en consideración su destinatario, se evita el desvarío. La verbalización se modifica según la reacción del interlocutor y éste se expresa con gesto y con palabras, lo cual puede influir en la resiliencia confirmándola o desanimándola debido a la aprobación o desaprobación de ciertos elementos del relato. Las personas del entorno pueden enriquecerlo (es el reino de lo verbal), aportando argumentos que confirman el discurso. La resiliencia se convierte en una historización por co-construcción con el otro.

---

22. *Résilience et vieillissement*, «Les hérétiques», Lourmarin.

Sin una comunicación-comunión de calidad, que tome en cuenta los esfuerzos de la persona mayor para construir su nueva coherencia, no se podrá ser un tutor de resiliencia, un tutor con el que la buena planta de la felicidad podrá crecer hacia la luz. Transmitir mensajes nos impone modificar un poco nuestra forma de movernos; si queremos ayudar, tenemos que hablar la lengua del otro. La expresión de las emociones, común en nuestra especie, permite a la persona mayor comprobar en directo la pertinencia de su discurso de resiliencia. Los gestos compartidos por el grupo restringido son un factor tranquilizador si esto refuerza su sentimiento de pertenencia. Es esencial tener el conocimiento de estos códigos tan personales.

Otros vectores de la comunicación gestual participan para favorecer la resiliencia. En Cannes, la asociación *Alzheimer Trait d'union*[23] ofrece a todos iniciaciones al Tai-chi, al aire libre, en un jardín terapéutico abierto al público. Los enfermos de Alzheimer y sus cuidadores tratan con mayores sanos y adultos jóvenes. Durante las sesiones se instauran intercambios informales. El gesto encuentra aquí una triple justificación: en el mantenimiento de la salud física, la tranquilidad emocional y el restablecimiento del vínculo social, factor de resiliencia para los cuidadores mayores.

Los ancianos tienen poca gestualidad específica cuando se comunican con sus animales de compañía, pero tienden a implicarse demasiado afectivamente en la relación. Esta carga emocional provoca actitudes que pueden parecer extrañas. Así, las mujeres mayores tienen unos gestos que se parecen a los que se tienen con los bebés, se sacuden las manos y la cabeza, usan gestos de ánimo, secuencias sonoras distintas cuando juegan con su perrito. Éste les devuelve un mensaje de afecto. Las figuras de apego, los animales de compañía, mediante este intercambio que se manifiesta en los gestos, participa enormemente de la resiliencia de los mayores.

Un aspecto poco estudiado es el intercambio interactivo entre personas mayores. Y no obstante, las residencias que los acogen son un gran campo de observación. El médico y el personal paramédico ob-

---

23. Dirección: *Alzheimer Trait d'union*, 10, chemin dei Oulivié, 06400 Cannes, web: atdu.e-monsite.com

servan la variedad de estilos relacionales y es difícil captar el gran número de particularidades. Predominan los gestos que provienen de un mundo convencional; sobresalen los que traducen emociones vivas, pero el intercambio informativo animado por la curiosidad hacia el otro parece apagarse. En casa, los encuentros con los vecinos, los encuentros fortuitos en el mercado, las asambleas de vecinos o las reuniones familiares son más ricas en términos de intercambios verbales y gestuales. Pero esto es un prejuicio, porque las residencias acogen a personas con grandes problemas, menos aptas para vivir solas. Una comunicación que se reduce es la antesala del internamiento. En resumen, los gestos de seducción no faltan en los contactos entre mayores, incluso con las personas más jóvenes, y las ganas de seducir son un buen indicio de una resiliencia exitosa.

El gesto que habla es un buen debate además de antiguo y seguirá abierto mucho tiempo.

Las preguntas relacionadas con la expresión corporal en tanto que lenguaje no son nuevas. En 1656 Cyrano de Bergerac publicó la primera novela de ciencia ficción en francés, con las máquinas voladoras y los «libros que se leen con las orejas», sin tener que pasar por el largo aprendizaje de la lectura (los audiolibros): *El Otro mundo. Los estados e imperios de la Luna i del Sol*. El autor se encuentra con los habitantes de la Luna, cuyas clases superiores se expresan mediante música, mientras que las populares tienen un «lenguaje gestual, más vulgar». En 1676, un pensador libertino y monje exclaustrado, Gabriel Foigny, hace hablar a los australianos «mediante la voz, los gestos y la escritura» (*Viaje en tierra austral*) con una predilección por los gestos. En *Relación del mundo de Mercurio* (Bethune), en 1750, los seres casi perfectos se comunican mediante una lengua extraída de la naturaleza y en armonía con ella: los gestos. En esta época se inventó el lenguaje de signos para los sordomudos. La lengua transgeneracional también pasa por los gestos.

Las palabras han impregnado tanto nuestro pensamiento científico sobre la comunicación, que la revancha de la expresión corporal ya no sorprende. ¿No es una nueva burla de los dioses haber permitido a un italiano mostrar, con las palabras que publicó, que los gestos son el primer vector de nuestros intercambios?

117

Referencias bibliográficas

Béata C. (2013), *Au risque d'aimer*, Odile Jacob, París.
Collectivo, *La Résilience, une nouvelle méthode de soins*, Solal, París.
Cyrulnik B. (2010), «Résilience», *Encyclopédie médico-chirurgicale*, Elsevier Masson, «Savoirs infirmiers».
Cyrulnik B., Jorland G. (eds.) (2012), *Résilience, connaissances de base*, Odile Jacob, París.
Delamarre C., Armaingaud D. (2011), *Alzheimer et communication non verbale*, Dunod, París.
Lemarquis P. (2011), *Sérénade pour un cerveau musicien*, Odile Jacob, París.
Pager R., Jeandel C. (2010), *Maladie d'Alzheimer. Comment communiquer avec le malade?*, Éditions Frison-Roche.
Grisé J. (2010), *Communiquer avec une personne âgée atteinte de la maladie d'Alzheimer à un stade avancé*, Chronique Sociale-Presses de l'Université Laval (Québec).
Ploton L. (2010), *Ce que nous enseignent les maladies d'Alzheimer*, Chronique Sociale.
Polydor J.-P. (2011), *Alzheimer, mode d'emploi*, L'esprit du temps, Bègles.
Rizzolatti G., Sinigaglia C. (2008), *Les Neurones miroirs*, Odile Jacob, París.
St Clair R., Giles H. (1980), *The Social and Psychological Contexts of Language*, Lawrence Erlbaum Associates.
Serban I. (2011), *Traité de résilience assistée*, PUF, París.

Los olvidos imposibles o el deseo de olvidar

Pascale Gérardin

> «Separada de su piel muerta, la serpiente no ha cambiado. Yo tampoco, en apariencia. Salvo que Cómo deshacerse de algo enterrado en lo más profundo: la memoria y la piel de la memoria. No me he deshecho de ella. La piel de la memoria se endurece, no deja pasar nada de lo que retiene, y escapa a mi control. Ya no la siento más».
>
> Charlotte Delbo, *La Mémoire et les jours*

Memoria y olvido son indisociables y se revelan recíprocamente, como dos caras del mismo proceso. «La memoria es primero una selección de lo que hay que olvidar, sólo luego una retención de lo que se intenta rescatar de las garras del olvido que la funda», resume Pascal Quignard en un bonito cuento en torno a un nombre perdido, *El nombre en la punta de la lengua*. Las búsquedas activas de recuerdos, a veces sin éxito, a veces únicamente para constatar que se sabe lo que se sabe, son formas de inicio sobre la pérdida de memoria en pacientes que van a consultas especializadas.

Nuestra intención aquí es considerar el olvido, no en oposición al proceso positivo de la memoria, sino como su reverso necesario y vital en lo que respecta algunos cuadros clínicos observados en la praxis médica. Y a veces, precisamente, cuando los recuerdos son dolorosos e intrusivos, interrogan esta dualidad, como lo demuestran situaciones que mencionaremos como hilo conductor de las reflexiones que proponemos. Además, esta dualidad se abordará desde el punto de vista de la edad avanzada y del envejecimiento como un tiempo de resiliencia posible para algunas personas, con preguntas a veces redundantes en torno a configuraciones individuales muy distintas del envejecimiento.

¿Queja de memoria o queja de olvido?

El olvido posee esta paradoja de contener en sí mismo todos los ingredientes de lo que serán sus fallos y fracasos. El olvido, como el de la vida cotidiana, presupone en efecto su reverso, un recuerdo, una percepción, una información de la que sabemos que es esquiva la mayor parte del tiempo. Mientras que el déficit, entendido en aprendizajes y restituciones en situación experimental o en acontecimientos de la vida cotidiana puede atribuirse a un problema de tratamiento de la información, a una incapacidad de formar un recuerdo o a un déficit de recuperación de la información duradera. Por lo que respecta a los modelos teóricos de los distintos sistemas de memoria descritos por Daniel L. Schacter y Endel Tulving desde 1972, el fracaso de la activación o del acceso a un conocimiento conduce a explicitar el trastorno según los neuropsicólogos.

Más allá de los referentes experimentales, teóricos y explicativos de los déficits de memoria que no se tendrán en cuenta aquí, la cuestión del olvido es central, no sólo en la comprensión de la memoria humana, sino también en la singularidad de cada historia de vida. «Si nos acordáramos de todo, la mayor parte del tiempo estaríamos tan enfermos como si no recordáramos nada», decía en su día W. James. El olvido es pues el reverso de la memoria, y no puede reducirse a disfunciones o a anomalías. Y retomando las palabras de Jean Maisondieu en su prefacio de *Memoria, recuerdos, olvidos de Freud* (pág. 12): «El olvido, no olvida gran cosa», resumiendo: «En principio está al servicio de la memoria, para que ésta no se vea sepultada por recuerdos inútiles, pero a veces hay que acordarse de los buenos recuerdos en lugar de borrarlos completamente, cuando ella hace ver que olvida algo que recuerda y que su usuario se niega a tener presente».

Los recuerdos fácilmente accesibles y disponibles, evocados, restituidos, pueden ser considerados como una selección de fragmentos escogidos y compuestos de archivos íntimos y personales, que se muestran en el corazón mismo del relato que puede hacerse de ellos. Algunos acontecimientos pueden ser compartidos y transmitidos, otros no, con una dinámica siempre activa que se hace evidente en cada entrevista realizada antes de una evaluación cognitiva.

Es todo «el tesoro de los saberes olvidados», retomando los términos de Jacqueline de Romilly y el título de una de sus obras, lo que permite a cualquiera extraer algo de esa selección para contribuir a construir y afirmar el sentimiento de existencia. En el caso en que una persona se queje de falta de memoria o de otra cosa, el objetivo de la entrevista, además de la anamnesis, es precisar qué puede suponer una ruptura y un sufrimiento en la persona en cuestión. Esto es determinante.

Durante una puesta en conexión pasado-presente, revelada por la expresión espontánea de la persona, esto es lo esencial de una historia de vida, una selección, los fragmentos escogidos, comunicados y transmitidos con preguntas surgidas de estas entrevistas y encuentros. Los fragmentos de biografía hechos mediante los relatos que de ella se hacen pueden servir de base para la expresión de una queja, con la idea de que estos olvidos o estos llenos excesivos de memoria a veces hacen sufrir, con una temporalidad que no siempre se respeta. Entre los olvidos ordinarios, señalados por Paul Ricoeur, y los olvidos de acontecimientos traumáticos reactivados años después, que perturban tanto los modos de vida cotidiana que se convierten en objeto de queja, estamos frente a la memoria viva que hace que remite a cada uno a sí mismo y a los fundamentos de una dinámica significativa y del todo personal.

¿Cómo se hace para olvidar, señora?

¿Cómo vivir con recuerdos dolorosos que invaden el presente años después del episodio determinante, hasta el punto de hacer olvidar la esencia misma de lo que constituyen las actividades cotidianas? ¿Cómo vivir experiencias traumáticas que se convierten en recuerdos episódicos presentes y continuar viviendo a pesar de todo? Evidentemente, estas preguntas, entre otras, no son nuevas, pero son las que impregnan los relatos de algunos pacientes que vienen a la consulta por problemas de memoria.

La señora S., que pronto tendrá 76 años, va al CMRR por problemas cognitivos y olvidos de la vida cotidiana que tienen consecuencias cada vez más molestas según su médico de cabecera, cosa que motiva la visita. La entrevista con la paciente para precisar su queja muestra rápidamente una historia de vida reciente marcada por acontecimientos traumáticos y los duelos sucesivos por la desaparición de seres queridos. Con mucha emoción recuerda la muerte terrible de su cónyuge, tras un accidente de carretera, hace unos diez años, mientras él iba de compras, y la muerte de dos de sus tres hijos después de largas enfermedades genéticas. Ha perdido a su segundo hijo hace unos tres años, después de haberlo cuidado varios años. La expresión, casi logorreica, en tono monocorde, está totalmente animada por el recuerdo de estas separaciones dolorosas con una invasión de toda la esfera cognitiva. La señora S. cuenta su estilo de vida condicionada y ritualizada por dos visitas cotidianas al cementerio que se encuentra a dos kilómetros de su residencia. Así, todos los días, dos veces al día y en todas las estaciones del año, acude a ese lugar para visitar a los suyos. Añade que no puede no ir y por ese motivo no quiere ir a ver a su hija, que vive en la región de Tours. Su discurso, rico en detalles, también está marcado por cuestionamientos repetitivos y múltiples, impregnados de sentimientos de gran culpabilidad por haberle propuesto a su marido ir de compras sin ella, por haber transmitido a sus hijos una enfermedad fatal o por no haberse dedicado lo suficiente a ellos. Los motivos de estos sentimientos parecen girar en torno a la cuestión del sentido. Aunque la señora S. subraya olvidos frecuentes de citas, papeles que olvida enviar, incluso se expresa dos veces en estos términos: «De todas formas, me olvido de todo, ya no tengo memoria», no se queja de su memoria de forma específica. Más bien se centra en una paradoja de la que no parece darse cuenta y que se expresa mediante una interrogación redundante: «¿Cómo se hace para olvidar, señora? Me gustaría mucho olvidarlo todo, es demasiado triste, no lo consigo». Su petición es insistente.

Esta búsqueda del olvido, que podría ser tranquilizadora y, de alguna forma, liberadora para ir hacia una nueva dinámica de vida, nos permite considerar la imposibilidad del olvido voluntario aunque, al mismo tiempo, parece evidente que el olvido que busca sólo es parcial. Sería el que incluye verosímilmente toda la parte traumática y dolorosa de los acontecimientos, además de los recuerdos tristes. He ahí toda la ambivalencia de un olvido que quiere ser sano, preservando lo que recuerda la carga episódica del acontecimiento o del objeto, en este caso los seres queridos. Así, ir dos veces al día al cementerio como una obligación irrenunciable es, quizás, la muestra de un vínculo que debe ser mantenido cueste lo que cueste «para no perder». Sobre todo no perder para, seguramente, no perderse, en un olvido que aniquilaría todo lo que la funda y participa de su sentimiento de identidad. El carácter voluntario y la determinación de estas actividades repetitivas —y sin duda necesarias— condiciona la integridad de su propia coherencia interna, todo ello acompañado al mismo tiempo de un deseo de desaparición de los recuerdos insoportables. Es todo y su contrario, como en los procesos mnésicos y sus condiciones de funcionamiento. Codificar, conservar, salvaguardar, repetir y olvidar a veces con el resultado de acordarse en momentos variables que, de todas formas, no se pueden elegir.

También se trata verosímilmente, para la señora S., en este ritual repetitivo cotidiano, de enmascarar o llenar el vacío de la ausencia de sus allegados. Y qué puede ser mejor que una larga caminata y encuentros obligados con las lápidas del cementerio, como rituales necesarios y activos para afirmar y recordar la presencia a pesar de la desaparición. ¿Supervivencia o forma de resiliencia que transgrede la dureza de los acontecimientos vividos? Caminar, sobre todo moverse para no quedarse en un estado pasivo e inmóvil, irse de casa con estas imágenes del pasado, no son sólo formas de resistencia sino que parece que van más allá. Como formas de defensa que operan en una economía física dañada y fragilizada, permiten razonablemente evitar cierto desmoronamiento del pensamiento. La implicación resuelta del cuerpo en una actividad reiterada dos veces al día subraya el intento de control de un pensamiento que se arriesga a quedar engulllido o a perderse en los meandros de reminiscencias dañinas. La primacía del cuerpo señala un intento de reapropiación de lo que le queda, a pesar de todo, a la señora S.

Conviene, no sólo seguir viviendo con la pena y reanudar el camino en una edad avanzada, sino también desarrollar un nuevo modo de vida que permita reificar la ausencia-presencia. La actividad tiene el valor de un refugio y también de contención eficaz. Por tanto, el deseo de olvido y las peticiones en la consulta para la memoria en este sentido señalan una resiliencia de baja intensidad, pero tenue y probablemente incierta. Día tras día, como sus visitas, el proceso debe dirigirse hacia una dinámica en la que el nuevo punto de equilibrio entre recuerdos dolorosos y nuevas memorizaciones se estabilice. El desafío consiste en tender hacia cierto equilibrio en pos de una re-implicación vital y no dudar de una energía que sin duda está presente, en vista de los kilómetros recorridos.

Por otra parte, la complejidad de la memoria humana, con su especificidad todavía enigmática, se sitúa, sin duda, en este juego de fijación de nuevas informaciones mediante recuerdos voluntarios pero también involuntarios. Recuerdos sepultados que resurgen años después del acontecimiento traumático, como si todo intento de represión en el sentido freudiano fuera inútil. Todos esos años haciendo «como si», mientras que la presencia del trauma sigue estando muy activa. Y quizás sea el envejecer o el intento de una elaboración de lo que puede constituir la esencia misma de una vida lo que favorece este «retorno de lo reprimido». Entonces se hace eminentemente urgente, años después, como lo acreditan algunos relatos, decir, transmitir bajo el disfraz de una queja cognitiva lo que concierne al acontecimiento central. La precisión y la nitidez de las imágenes mentales siempre son chocantes. (Re)construcción o veracidad de recuerdos, poco nos importa; lo que importa son los efectos y afectos que de ello resultan, con un acompañamiento de sufrimiento, indiscutiblemente molesto para el estilo de vida presente.

Exaltaciones de la memoria

Cuando ya está cerca de cumplir 80 años, el señor M. viene a la consulta. Directivo de una empresa de obra pública que ha conservado en parte a pesar de su edad, cediendo a uno de sus sobrinos el resto, viene a la consulta por recomendación de su médico de cabecera, a consecuencia de dificultades cada vez más importantes en la administración de sus bienes y también en la gestión doméstica de papeles corrientes. Sus quejas son múltiples y pide pruebas médicas que expliciten sus problemas, mostrándose extremadamente a la defensiva y desconfiado respecto a lo que se le pueda proponer. Su forma de expresarse es rápida, a veces difícilmente comprensible.

Todo se mezcla y todo se confunde: el sentimiento de incapacidad, incluso impotencia, de ya no poder enfrentarse a las cosas, sentimiento de inutilidad, de finitud, trastornos del sueño, imágenes y recuerdos que lo atormentan sin cesar y lo agotan, miedo del Alzheimer como tuvo uno de sus padres, dificultades para prestar atención Y al final de la entrevista, cuando se le pregunta por su nivel de escolarización y su profesión, cuenta el recuerdo que lo sacude de una forma tan intensa. Joven recluta, participó en la guerra de Argelia con el recuerdo de un día preciso que narra, el recuerdo del regreso con otro recluta a su campamento en las regiones montañosas llevando víveres, la imagen de los cuatro compañeros asesinados en condiciones horribles. En su expresión, el recuerdo es muy vivo y rico, adornado de sensaciones y percepciones, particularmente olfativas, como el calor sofocante o el olor de los cuerpos que contrastaba con silencio del lugar en aquel momento.

Con una sensibilidad emocional importante, acaba describiendo la presencia y sobre todo la intensidad del recuerdo que invade su vida cotidiana desde hace algunos meses, mientras que, dice, ha vivido tantos años como si nunca hubiera pasado nada. Subraya que volvió a casa después de la guerra, volvió a encontrarse con su prometida, tuvieron tres hijos, luego una empresa próspera. «Una vida como si no hubiera pasado nada y he aquí que todo vuelve con más fuerza, vuelve a bocanadas, olores e incluso nauseas, pienso en ello todo el rato». También se pregunta, después de tantos años, por el hecho de haber sobrevivido y haber podido vivir de forma tan adaptada sin dificultades o síntomas particulares, según dice.

Todos los signos de una afección depresiva están claramente presentes en una modalidad que podría calificarse de síndrome postraumático con reviviscencias del acontecimiento traumático y carácter diferido de la expresión traumática (Crocq, 2011). Lo que aquí nos importa es reflexionar sobre la incidencia de la activación y/o reactivación de este recuerdo espantoso bajo la apariencia de síntomas cognitivos y en esta dialéctica memoria/olvido. También se da el intento de dejar de lado el acontecimiento o el olvido parcial o temporal, la reactivación del recuerdo en forma de «exaltaciones de la memoria o hipermnesias» descritas por Théodule Ribot. Sin insistir en la dimensión psicológica, en particular la rapidez de la circulación cerebral que explicaría, según él, la excitación general de la memoria en 1894, ni en la hipermnesia, que sería el resultado de condiciones negativas, la idea de las huellas mnésicas que perduran se plantea así: «¿Hay que llegar a la conclusión, ante estas reviviscencias, que nada, absolutamente nada, se pierde en la memoria? ¿Que hasta la impresión más fugaz siempre puede reavivarse en un momento dado?».

Como en la situación de la señora S., la sobreabundancia de afectos tristes debidos a la reviviscencia revela un olvido que no puede ser voluntario y, por consiguiente, es imposible. Ambas situaciones, en este punto que comparten —la expresión rica, muy detallada, huellas de imágenes mentales vivaces o recuerdos hiperapuntalados— coinciden con las condiciones de lo que podría calificar como hipermnesia. Hiperpresencia de rastros mnésicos, afectos dolorosos, en detrimento de los actos de la vida cotidiana que se convierten, de esta forma, en algo sin interés o anodino y que pueden ser, en consecuencia, olvidados, son objeto de muchas consultas sobre la memoria. El poder patógeno de este tipo de recuerdos puede dejar las capacidades cognitivas fuera de combate y sin funcionalidad. Todo ocurre como si el exceso de recuerdos no pudiera contenerse, con una pérdida de control defensiva, como si el cuerpo vivo superara al cuerpo vivido, lo dejara atrás.

Estas reminiscencias, estas evocaciones, también hay que situarlas en un proceso de elaboración del final de la vida o en un relato de vida con un deber de memoria y un sentimiento de urgencia asociado, que incumbe a esta edad, con una especificidad muy esencial, que es el envejecimiento. En este poder de actualización, a esta edad, se vuelve urgente decir, repetir, para, sobre todo, no perder y así poder garantizar el hilo conductor del sentimiento de existencia antes de que sea demasiado tarde. El sentimiento de urgencia, que hay que distinguir de la situación de urgencia, está relacionado con lo íntimo y con aquello que nos constituye. Parece estar sostenido por afectos y emociones movilizados como ecos de una historia de vida, que poco a poco van acompañándose de los miedos, incluso las angustias, a veces difícilmente nombrables, que revelan lo que obsesiona a cada cual. Se trata de toda una subjetividad revelada mediante una ruptura brutal, ante un real que conduce a la irrupción de un grupo de recuerdos violentos por su efecto sobre la persona.

El envejecimiento tiene la especificidad de definirse en otra dialéctica permanencia/cambio. ¿Cómo envejecer, integrar las modificaciones que incumben a la edad, salvaguardando el sentimiento de sí y la propia identidad? Fue Claude Balier quien, en los años 1970, precisó una lectura narcisista del envejecimiento: «La especificidad del envejecimiento, proceso espacio-temporal individual, se sitúa respecto al avance implacable del tiempo hacia una finitud. Es a la muerte, entonces, necesariamente, a lo que debemos remitirnos para encontrar una línea de articulación con las distintas dimensiones del envejecimiento [ ] Sea como fuere, el hombre siente la necesidad de defenderse activamente contra el sentimiento de avanzar implacablemente hacia la muerte y la nada. Frente a esta angustia, el narcisismo se eleva como una muralla». Desde este punto de vista, el envejecimiento puede ser considerado, sin duda, un trauma. Entre los estigmas de los cambios fisiológicos que no cesan, en silencio a nuestras espaldas y los conflictos intrapsíquicos entre la aprehensión de la finitud, la conciencia de la proximidad de la muerte y la vivencia del abandono, de la temporalidad de la vida que se hace más evidente y el sentimiento de eternidad que nos anima, hay tales elementos de fragilidad, que pueden crear fácilmente una situación traumática si se añaden con otras condiciones de ruptura. No obstante, el envejecimiento, aunque puede ser traumático para algunos, ¿no podría ser para otros un tiempo de resiliencia?

¿El envejecimiento como un tiempo de resiliencia?

La señora R., de 87 años, consulta en el CMRR por primera vez acompañada de su única hija, que teme que haya un proceso de alteración cognitiva y un «principio de demencia», según sus propias palabras. En efecto, desde hace algunos meses, la anciana hace compras excesivas, también se ha gastado alrededor de 1.500 euros en botellas de champán, del bueno. Su hija está inquieta y quiere que se la examine. Según ésta última, estas conductas no son propias de su madre, a quien ella describe diciendo que «ha tenido una vida no muy divertida» (sic). Ha perdido a dos maridos: uno de 30 años, brutalmente, por malformación cardíaca. Se despertó un día y lo encontró muerto en la cama de la noche anterior; el otro hace apenas dos años, después de muchos años de cuidados por una enfermedad de Parkinson.

La señora R. es admitida entonces para una evaluación cognitiva que no revelará ninguna disfunción cognitiva o de memoria. La entrevista muestra a una persona más bien viva y de expresión fácil y rica, sin carácter defensivo. Su vestimenta es muy colorida y su presentación atenta y sonriente parece de entrada la opuesta de la de la hija, mucho más ansiosa, triste y cerrada. La paciente conoce los motivos de la visita y rápidamente racionaliza su compra diciendo que le gusta mucho el buen champán, que cuesta más de 40 euros la botella —subraya mencionando una marca célebre—. Incluso se justifica: «Es un gusto que me doy, señora, cuando invito a mis amigos; de esta forma tengo botellas por si acaso». Y añade: «He tenido tantas penas en mi vida, todo está ahí, presente, esto no me las quita». Al final de la visita dice que está empezando a aprovechar la vida que le queda, después del relato conciso de una serie de acontecimientos dolorosos y traumáticos que empezaron desde su infancia. Abandonada al nacer, internada en diversos centros de acogida religiosos más o menos benévolos, la muerte de sus dos cónyuges, una hija que crió ella sola de forma muy modesta, la enfermedad larga, difícil y angustiosa de su segundo marido acompañada de trastornos de la conducta severos, cuenta su historia con gran tristeza y con lágrimas en los ojos. Luego reconoce sentirse al fin «libre desde hace algunos años» y poder aprovechar así plenamente «lo que le queda de vida».

Esta historia de vida ejemplar revela indudablemente un impulso vital y una resiliencia posible durante la vejez. Bien es cierto que la señora R. no tiene ninguna enfermedad, sus capacidades vitales son indudables. Esto nos lleva a preguntarnos por la gran variabilidad interindividual observada en las personas. ¿Cuáles son los factores de resiliencia a esta edad? Pero también, ¿cómo hacen ciertas personas para seguir elaborando sin dejarse invadir por la pena de sus recuerdos dolorosos pasados? Los factores son sin duda múltiples e inherentes a cada historia; tiene mucho que ver con el apoyo que proporcionan los encuentros, con la ausencia de una patología invalidante, el apaciguamiento de una vida al fin y al cabo bien resuelta, sin demasiados motivos para el sentimiento de culpa o los arrepentimientos, una proyección hacia un futuro y una temporalidad reducida Reminiscencias y olvidos parecen organizarse y cohabitar sin demasiados problemas y en armonía. Cuando se trazan nuevos caminos de vida, la hipótesis del envejecimiento como tiempo de resiliencia posible puede argumentarse con facilidad; no obstante, aunque se trate de un tiempo privilegiado, pueda darse que no sea el momento o el buen momento.

El tiempo de resiliencia no es necesariamente el momento de la resiliencia. Por un lado, la mediatización de los recuerdos a través de los relatos, una palabra compartida, un lenguaje corporal o artístico pueden quedar entorpecidos en los sujetos de edad avanzada por la ausencia de motivación, potencialidades, incluso de un estímulo externo. Por una parte, el momento de la resiliencia actualizado por la reviviscencia de un acontecimiento pasado, de una imagen, de una visita, de un contacto que reactiva la búsqueda de una comprensión el pasado, no siempre es directamente accesible a la memoria. El momento no siempre colma la fractura, sino que a veces la constata, de ahí las quejas mnésicas frecuentes sobre la memoria de las personas y sus intentos de mantenerse firmes a pesar de todo, resilientes a pesar de todo, al construir un puente entre recuerdos y olvidos.

La falta de resiliencia supuesta en algunos no invalida sin embargo estas posibilidades de tender un puente por encima de los traumas: «¿Cómo se hace para olvidar, señora?» En otros términos, ¿cómo continuar viviendo con este caudal de recuerdos y (volver a) ajustar en buena armonía el recuerdo y el olvido? En la perspectiva de una puesta en orden, plantearse interrogantes a uno mismo es su sutil premisa. En *Conciencia, memoria e identidad*, Eustache articula tres conceptos respecto a la filosofía y la neuropsicología. Muestra cómo, por ejemplo, los escritos de Nietzsche que tratan acerca de la memoria defienden una memoria vuelta hacia el futuro, ávida de información nueva y que, de esta forma, es una memoria fundamentalmente olvidadiza. Es en esta dinámica de la memoria como evolucionaría el sentimiento de identidad. El deseo de olvido y el imposible olvido subrayan una misma especificidad de la memoria humana y refuerzan, de esta forma, todos los desconocimientos y enigmas que aún debemos dilucidar.

En conclusión

Recuerdos, reminiscencias, olvidos, intentos de olvidar, repeticiones como las idas y venidas de un mismo juego son disposiciones que muestran una memoria bien viva y singular. La historia de vida a través de lo que se conserva y lo que se olvida es un reflejo de cada uno y de lo que quiere ser. En la economía psíquica, el olvido pues es un proceso normal, más bien elegante, ya que tiene como objetivo proteger y poner distancia respecto a ciertos acontecimientos, afectos, sentimientos, que tienen un carácter triste o que son desagradables por lo que respecta a una autoestima que asegura cierta permanencia.

Sin embargo, por fuerza hay que constatar fracasos en altercados que cada cual tiene con estas dos componentes de una misma función. El olvido selectivo y tranquilizador no siempre lo es, o lo es durante un tiempo, que puede tomar años de una vida adulta, como hemos visto. El deseo de olvidar no es más que una ilusión, muestra una subjetividad que se escapa o para la cual el acceso a la conciencia resulta complicado. El control es lo que es ilusorio. El olvido no puede ser voluntario o a la carta y la memoria no es nunca olvidadiza del todo porque ella misma tiende a mostrar sus propios residuos.

Así, estos llenos excesivos de memoria invasivos pueden ser muy dolorosos y convertirse en verdaderas trabas para vivir.

Sin embargo, si se examinan con cuidado, son la marca y el testimonio de lo que constituye lo esencial de la persona. Demuestran cierta elaboración posible, que se transmite y expresa durante una visita al médico bajo la máscara de una queja. Lo que queda por hacer entonces es permitir que pueda tener un acompañamiento. A la memoria le gusta el orden, oímos a menudo. Organizar, estructurar, conservar, olvidar lo que sobra para dar sentido, reactivar ciertos acontecimientos para significarlos. Esto es el trabajo de elaboración o de enlace de toda una vida. En este sentido, no conviene tanto responder a las demandas como poder escucharlas y significar así su valor en un relato de una elaboración altamente existencial.

Todos los sujetos durante las entrevistas y mediante sus evocaciones intentan llevar a cabo y recomponer un relato en primera persona. Testimonian así sobre lo vivido mediante una transcripción al presente de lo que es su historia. El tiempo de la resiliencia que sería el envejecimiento podría ser definido, entonces, como un paso al costado o un desengancharse de la memoria de la vida cotidiana. El momento del retorno de antiguos recuerdos, dolorosos o no, prefigura este tiempo en el que se mezclarán olvidos, como «agujeros» y recuerdos del pasado. Los recuerdos que resurgen, unos tras otros, a menudo sin darse cuenta sus protagonistas y por sorpresa, restablecen líneas de la continuidad mnésica mucho más allá de las discontinuidades de los trastornos y las quejas expresadas por parte de las personas. El relato así reconstruido se convierte en testigo de una subjetividad viva y de una elaboración siempre posible para a un sentimiento de identidad salvaguardado y preservado.

Pero no todas las personas son resilientes, y los factores determinantes, que aún hay que precisar, son sin duda múltiples. A medida que la edad avanza, cuando olvidos y recuerdos se mezclan, se vuelve tenue la frontera entre aquellos para quienes una resiliencia es posible, aunque siempre verosímilmente frágil a pesar del trauma, y quienes sólo pueden ser resilientes tardíamente.

Referencias bibliográficas

Balier C. (1976), «Éléments pour une théorie narcissique du vieillissement», *Cahiers de la Fondation nationale de gérontologie*, n° 4, págs. 127-153.
Chidiac N., Crocq L. (2011), «Le psychotrauma (3). Névrose traumatique et état de stress post-traumatique», *Annales médico-psychologiques*, 169, págs. 327-331.
Delbo C. (1995), *La Mémoire et les jours*, Berg International, pág. 11.
Eustache M.-L. (2013)., *Conscience, mémoire et identité*, Dunod, París.
Freud S. (2010), *Mémoire, souvenirs, oubli*, prefacio de J. Maisondieu, Petite Bibliothèque Payot, pág. 12.

Quignard P. (1993), *Le Nom sur le bout de la langue*, POL, pág. 66.
Ricœur P. (2000, réed.), *La Mémoire, l'histoire, l'oubli*, Seuil, París [trad. cast.: *La memoria, la historia, el olvido*, Trotta, Madrid, 2003].
Ribot T. (1894), *Les Maladies de la mémoire*, Félix Alcan, págs. 139-154.
Romilly (de) J. (1998), *Le Trésor des savoirs oubliés*, De Fallois, París.

Enfermedad de idealidad y de resiliencia: posibles destinos

Mireille Trouilloud

En el corazón de la clínica del envejecer, frente al carácter absurdo y violento del hecho de vivir, trastornos del ideal y de la resiliencia son interrogados. César testimonia de ello.

Este hombre muy mayor, soltero, sin hijos, ha perdido recientemente a su hermano. César ha dejado la casa familiar y su pueblo, donde nació, donde vivió con sus padres y donde estaba su entorno social. Acaba de mudarse a un EHPAD —residencia para personas mayores dependientes— después de una hospitalización. Su cuerpo sólido, imponente, deformado, no puede más. Con lentitud, se tambalea y flaquea a cada movimiento. A César le cuesta vivir. Nada ni nadie lo distraen de la melancolía. Nada ni nadie consigue hacerle salir de la habitación, de su cama, salvo las comidas, en las que se alimenta como un autómata. En algunas palabras entrecortadas por sollozos apenas retenidos, César explica su preocupación esencial:[1] «No me dijeron nada, no tuve tiempo de prepararme... si me hubieran dicho que debía mudarme... no, pensé que me hacía mayor... si supiera todo lo que he hecho en la parroquia, me llamaban "César-cristiano"... aún estoy fuerte, podía quedarme en mi casa... vaya, me sentía fuerte... sabía, no he querido saberlo... reproché a mis padres el nombre que me pusieron, me hubiera gustado algo más clásico,

---

1. Transcrito respetando la cadena asociativa del discurso.

como el mi hermano... César es el nombre del hermano de mi madre, muerto en la guerra, un mes antes del armisticio, es terrible, haber sobrevivido a la guerra, morir... no me lo creo, no es posible... la vida es una porquería».

La realidad de la vejez limitadora y castradora, anunciadora de la muerte, ha irrumpido en la vida —real y psíquica— de César cuando ha debido dejar su casa. Ahí está el trauma, que lo hunde en el sufrimiento físico, activando los traumas anteriores, en particular el trauma transgeneracional del lado materno. Para retener la irrupción de las tensiones asociadas al trauma, la circulación libidinal necesaria para mantener la implicación con el mundo se coagula, bloqueando la elaboración de los cambios, hundiendo la vida en sus repliegues. Este trauma del ser viejo-mortal, en César no puede encontrar un modo interno de eludirlo mediante los ideales, pues también ellos han sido arrasados a causa de los tormentos de la vejez, ideales colectivos, narcisistas y fundamentales: ser un hombre virtuoso reconocido por los demás; ser un hombre fuerte, invencible, digno héroe familiar, encargado de ocuparse, sin duda, del trauma materno y del de la abuela; ser un hombre libre, inmortal, fiel a las exigencias del linaje materno.

¿Es César resiliente? Hasta entonces quizás lo era. Pero el «César desencantado», en peligro de muerte, se retira del mundo, no se implica en ninguna relación, no consigue implicarse en un proceso de resiliencia. El hundimiento de su ideal, al privarle de la creencia en un yo todopoderoso y en un futuro feliz y fiel a sus objetivos, que había perseguido por mucho tiempo para obtener y dar satisfacción, deja vía libre a la desesperación. Cesar está como paralizado en un «¿qué sentido tiene?» trágico que es un obstáculo para la resiliencia. El proceso de resiliencia, potencialmente salvador, deberá trazar un camino por la vía del ideal a reconstruir-crear con César. Pero ¿cómo hacerlo?

La vejez, un real que impresiona

La vejez, significada al sujeto por las realidades internas y externas, fácilmente puede hacer vacilar las bases narcisistas que permiten «perseverar en el ser de uno».[2] La evolución temporal confronta a cada persona con preguntas relacionadas con lo que ha sido, es y será. La pregunta por la finitud se impone y las limitaciones aportadas por el avance de la edad adquieren el aspecto de amenazas de muerte.

A nivel corporal, indefectiblemente, la presencia de la muerte se hace sentir, trabajando poco a poco, con pequeñas pinceladas, en el corazón mismo de la vida. El cuerpo, en una quiebra progresiva, objeto que se va tornando algo incierto, no controlable, convierte a la persona en vulnerable, mostrando la impotencia fundamental de la condición humana. Las insuficiencias del sujeto envejecido también conciernen a los anclajes sociales, dejando al sujeto privado de relaciones objetalizantes y de realizaciones que alimenten la «alianza narcisista íntima».[3] El sujeto pierde poco a poco su anclaje, su campo de batalla, su campo de honor. De esta forma, la autodepreciación y la duda de uno mismo se instalan en la intimidad psíquica.

La vejez también es una realidad que afecta al objeto relacional, a aquel que sostiene el sentimiento de pertenencia a la comunidad humana, el deseo de implicarse. Cuando puede ser discreta o gloriosa, la vejez seduce o fascina. En caso contrario, inspira aburrimiento y tristeza; provoca la burla y la vergüenza; impresiona y da miedo. Por todas estas razones, el otro se zafa del deseo del sujeto anciano, quien entonces puede dejarse de lado a sí mismo, volverse contra sí mismo, refugiarse en sí mismo.

La vejez causa estragos, trayendo con ella verdaderos estados de sufrimiento psíquico, constituyendo ella misma, a veces, un trauma.[4] Estos estragos pueden producirse de golpe o ser fruto de cambios pro-

---

2. Danon-Boileau H. (2000), *De la vieillesse à la mort, point de vue d'un usager*, Calmann-Lévy, París.

3. Guilaumin J. (1982), «Le temps et l'âge : réflexions psychanalytiques sur le vieillir», en J. Guillaumin, H. Reboul (eds.), *Le Temps et la vie*, Chronique sociale.

4. Guillaumin J. (1982), «Le temps et l'âge : réflexions psychanalytiques sur le vieillir», en Guillaumin J., Reboul H. (eds.) (1982), *op. cit.*

gresivos e insidiosos. La realidad es traumática cuando el sujeto se da cuenta de la pérdida irremediable, y es como si recibiera un golpe de garrote: ya sea debido a la fuerza de los acontecimientos exteriores; ya sea debido a falta de trabajo en torno al hecho de envejecer;[5] o debido a un ideal activo que lo reafirma en una posición infantil no resuelta[6] impedida por lo real.

Esto es lo que le sucede a César, que se encuentra sumergido, desorganizado, desconcertado por el trance de la pérdida de su independencia, de la casa familiar, de su ideal heroico. Su aparato defensivo y su economía narcisista, al servicio del mantenimiento del equilibrio identitario y de los vínculos de implicación con uno mismo y con los otros, no consiguen —o no consiguen en parte— atajar la invasión de tensiones internas generadas por el trauma, o simplemente liberadas por la desligazón pulsional. Sólo le queda retirarse para que todo se calme; buscar apoyo en los objetos internos y los ideales, pero estos últimos traicionan a los primeros o ya no le sirven para el futuro; finalmente abandonar la vida porque ya no cree en ella.

Cuando la vejez constituye un trauma, se acompaña de una enfermedad del ideal, generada por el trauma o revelada por el mismo, debido a los fallos de una idealidad, como parece ser el caso de César, que ha mantenido huellas activas de posiciones narcisistas infantiles y adolescentes, sostenidas por la idealización, dejando creer en una posible satisfacción absoluta, en la existencia de un objeto perfecto que se puede ser y/o encontrar, una realidad intemporal de sí mismo.

---

5. Bianchi H. (1987), *Le Moi et le Temps. Psychanalyse du temps et du vieillissement*, Dunod, París.

6. Kristeva J. (2013), «L'adolescence, un syndrome d'idéalité», *Perspectives théoriques, réflexions*, http://spp-asso.net/wp/.

Del trauma a la enfermedad de idealidad

La idealidad es aquí considerada en referencia a los trabajos de J. Chasseguet-Smirgel,[7] y más recientemente de G. Bonnet,[8] quien recuerda que, entre las personas en una situación de dificultad, «muchas están enfermas de sus ideales. Algunas son portadoras de exigencias cuya clave han perdido y que se imponen a sí mismas como imperativos inapelables».

La idealidad está constituida por el yo ideal, el ideal del yo y del superyó, establecidos a partir del encuentro, lleno de promesas, con los primeros objetos de amor, su idealización y las proyecciones de sus deseos y exigencias. Rápidamente, este encuentro lleva a la experiencia de la falta, de la frustración, de la imperfección de los otros, luego de uno mismo. El ideal se enraíza en esta desilusión fundamental y arroja al sujeto a la búsqueda de algo mejor, de lo mejor, de lo excepcional, prometido, perdido, que debe ser encontrado de nuevo. Yo ideal, ideal del yo, superyó, siguiendo la historia pulsional y objetal del sujeto, apoyo de vías internas o externas de satisfacción y de contención de las pulsiones, están íntimamente ligados a lo largo de la vida para crear un campo narcisista dinámico, que empuja a implicarse en el mundo y en el propio devenir, proponiendo una zona de ilusión hacia la cual se debe tender, manteniendo una cier-

---

7. El yo ideal y el ideal del yo son pensados en un *continuum* de desarrollo, que ofrece a lo largo de toda la vida una vía corta (yo ideal) o larga (ideal del yo) para la obtención de la satisfacción pulsional, objetal, pero sobre todo narcisista. La idealidad de J. Chasseguet-Smirgel es naturalmente madurativa y, por tanto, evolutiva. Veáse Chasseguet-Smirgel J. (1973), *La Maladie d'idéalité. Essai psychanalytique sur l'idéal du moi*, L'Harmattan, 2ª Edición, 2000.

8. Bonnet se interesa por los ideales fundamentales, objetos sexuales parciales, nacidos de idealizaciones primarias inconscientes, que constituyen los fundamentos de la idealidad de todo sujeto. Distingue cuatro orientaciones dentro de esta idealidad: una orientación económica, con ideales parciales (limpieza, puntualidad, orden...); una orientación narcisista, figurada por ideales valorizantes; una orientación colectiva, que moviliza ideales que aseguran la unidad y la supervivencia del grupo; una orientación universal, gracias a los ideales fundamentales (belleza, verdad, fidelidad, ternura, respecto de la vida). Vease Bonnet G. (2010), *Les Idéaux fondamentaux. Des fondations inéluctables mais explosives*, PUF, París.

ta idea del yo, aportando razones para dedicarse a uno mismo y al otro...

La idealidad es una formación en movimiento, no sólo al hilo la temporalidad y los azares de la vida que portan nuevos posibles, nuevos límites, la integración del principio de realidad, sino también en respuesta a las exigencias pulsionales a las que el aparato psíquico debe responder. Así, la idealidad del sujeto senescente soporta muchas reformulaciones, asegurando una transformación y un ajuste a los ideales a medida que se desarrolla la confrontación con la imposible realización del deseo, flexibilizando las exigencias, recentrando progresivamente la lucha por la vida en torno a la conservación de sí mismo, la aceptación de la imperfección y la búsqueda de los pequeños placeres de la vida sin apartarse del mundo.

Finalmente, también, la idealidad puede enfermar, en cualquier momento, cada vez que la creencia en la existencia real del objeto ideal, que se debe perseguir o hay que ser, se instala y perdura en el tiempo de la madurez. La enfermedad de la idealidad revela siempre una insuficiencia de la intrincación pulsión-ideal,[9] que empuja a gozar de la fantasía del objeto absoluto, que es preciso ser o encontrar, demostrando a menudo las angustias de la idealización masiva. La enfermedad de la idealidad se describe, con mayor frecuencia, en la pasión amorosa,[10] como resultado de un desbordamiento del narcisismo del yo sobre el objeto, y en la perversión y la perversidad narcisista, como resultado de la creencia frustrada en el objeto absoluto, espejo narcisista que refleja entonces la imperfección innegable del propio sujeto.[11] Pero también la vemos en el corazón de la anorexia,

---

9. Kristeva J. (2013), *op. cit.*

10. La intrincación pulsión-idealidad, que anuda el narcisismo con sus ideales, se desborda hacia el objeto del deseo que se encuentra englobado en el narcisismo del sujeto; el narcisismo idealizado, bajo el aspecto de la creencia en el encuentro posible del objeto perfecto, afecta al objeto de amor.

11. El sujeto se siente amenazado de perder su integridad narcisista; el objeto del deseo es entonces víctima de la idealización, secundaria, al defenderse el sujeto del encuentro con el mal objeto, la idealización que le permite, por un lado, preservarlo como buen objeto relanzando su búsqueda, y por otra parte vengarse del mal obje-

solución delirante[12] que encierra al sujeto en una relación interna con el objeto materno idealizado, cuando «la sombra del objeto ideal-idealizado recae sobre el yo del sujeto».[13] La enfermedad de la idealidad también se desarrolla cuando el narcisismo del sujeto sufre durante el desarrollo[14] y la intrincación pulsión-ideal no puede establecerse. También se observa cuando la separación entre las realidades del sujeto y los ideales a alcanzar es tal que el yo se ve sometido a una tensión insoportable, generando depresión, incapacidad de fijar el deseo, sentimiento permanente de incompetencia. Finalmente, la idealidad puede hundirse con ocasión de un trauma, dejando al sujeto desprovisto de los resortes íntimos que le empujan a vivir, provocando la desintrincación pulsión-idealidad, del tal modo que la desorganización mortífera y el narcisismo sirven de base a soluciones melancólicas, delirantes, sadomasoquistas o suicidas.

A lo largo de vejez, cada vez que la psique se enfrenta al impacto real de la muerte, el ideal se moviliza para preservar la perseverancia por la vida. Entonces vuelve conflictiva y en ese momento se observan diversos movimientos:

- La idealidad intenta contener las excitaciones internas consecutivas al trauma de la vejez, desviándolas hacia los ideales narcisistas consoladores,[15] buscando secundariamente seguridad en ellos.

---

to, ahora despreciado y objeto de persecución, narcisista y cruel. Así, el sujeto puede gozar del objeto bueno y del malo.

12. El sujeto cree que puede seguir su vida sin responder a sus necesidades primarias, cosa que puede resultar fatal.

13. Kristeva J. (2013), *op. cit.*

14. Es lo que se puede observar en la clínica del hándicap, al haber recibido el sujeto esencialmente, de su entorno cercano social, proyecciones negativas de sí mismo y de su imposible evolución; o ha sido elevado a la categoría de los objetos extraordinarios, que hay que colmar y proteger, con lo que queda coagulado en un estado de pseudoperfección.

15. Si el ideal del yo sufre en exceso, el yo ideal acude a su rescate. Mediante esta regresión tópica se movilizarán los ideales consoladores infantiles que aportan satisfacción narcisista inmediata. El movimiento es económico, pero los campos de investimiento se reducirán a la mayor proximidad y en función de su utilidad y de los beneficios inmediatos. El recurso al yo ideal tiene como consecuencia arriesgada el bloqueo

Esto normalmente no tiene mucho éxito, su deflación o desaparición constituyen el núcleo traumático.
- El ideal busca en las realizaciones pasadas una razón para continuar existiendo, intentando activar e investir de nuevo las huellas de las satisfacciones sentidas antaño, investimiento que puede contener la excitación interna y secundariamente reforzar el narcisismo. Pero la nostalgia puede ser convocada en este movimiento que, si acaba siendo más doloroso que tranquilizador, sostendrá la movilización de las fuerzas mortíferas.
- La idealidad intenta contener el retorno de la pulsión desprovista de objeto de satisfacción debido a la detención de la persecución de los ideales, haciendo un llamamiento, como mucho, a los ideales fundamentales, que no dependen del estado concreto del sujeto. Estos últimos pueden cumplir su función si están lo suficientemente alejados de la coraza narcisista, lo cual no ocurre en el caso de César. En conclusión, el ideal puede reducirse de forma más regresiva a ideales parciales, que favorecen las formaciones reactivas, limitando al sujeto a investimientos seguros pero empobrecedores.

La movilización de la idealidad, cuando la vejez traumatiza, siempre es insuficiente para regular el sufrimiento psíquico. Hay el riesgo de que una descompensación provoque el hundimiento de todos los ideales y la desaparición del campo narcisista y colectivo que sostiene la inscripción en la vida, separando al sujeto de sus ideales fundamentales, último recurso que puede dar sentido a la vida cuando ya no se espera nada.[16] Esto es lo que hace sufrir a César, que queda

---

del funcionamiento psíquico en el ahora y el aquí, favoreciendo el retorno, en particular, de los investimientos parciales del cuerpo; y producir el sobreinvestimiento nostálgico y un pasado idealizado. El superyó, que ha perdido su referencia al grupo y sus apoyos en el ideal del yo, tiene dificultades para sostener las directivas de organización que contienen los movimientos pulsionales y movilizan al yo en dirección a los ideales del sujeto. Entonces puede ser cruel, reprobador y despreciativo para el propio sujeto.

16. Un viejo paciente, que se describía como un «viejo fuera de juego», me contaba cómo había llegado hasta ahí con una metáfora futbolística, que permitía pensar la

fuera de juego. Ya no puede creer en la posibilidad de ser fiel a los votos hechos a su linaje materno: seguir vivo para honrar al héroe muerto en combate, reparar la injusticia y contrarrestar la desilusión materna que afecta el sentido de la vida.[17]

La vejez traumática es una enfermedad de la idealidad a veces incurable. El sujeto perdido para sí mismo, si no acaba con su vida se agita en gesticulaciones inútiles, permanece inmóvil, se esfuerza en olvidar, en evitar el abismo, intenta retrasar el momento de la caída definitiva. Ante cada herida ideal sentida como una pequeña muerte, es urgente implicarse con el sujeto herido en una relación benevolente y sensible, sin duda, pero sobre todo movilizadora del proceso de resiliencia.

La resiliencia frente al desafío de la enfermedad del ideal

Aislando la violencia de lo vivido y de los traumas, la escisión favorece el primer tiempo de la resiliencia, el del regreso adaptativo a la realidad, de la relajación de las tensiones psíquicas y del dolor moral. Estos movimientos se llevan a cabo apoyándose en una relación afectiva o afectivada, que «potenciará los mecanismos de protección»[18] y de movilización del sujeto. Esta relación, o el mero hecho de haber tenido su experiencia positiva, será preciosa para el sujeto, en un tiempo distanciado del acontecimiento traumático, cuando el regreso de lo escindido o de la compulsión de repetición presentan a la conciencia no sólo los elementos brutos constitutivos del acontecimiento,

---

pérdida progresiva de los ideales, colectivos, narcisistas, parciales y fundamentales: «Primero había dejado de oír a los espectadores y de dar pases, luego me olvidé de ir detrás del balón y más tarde perdí las reglas del juego». En el momento de nuestro encuentro, le parecía haber perdido el «terreno de juego» y ya no sabía si se encontraba o no sobre en el campo.

17. Fidelidad, honor, justicia, forman parte de la categoría de los ideales fundamentales.

18. Anaut M. (2012), «Résilience affective», en Cyrulnik B., Jorland G. (eds.), *Résilience, connaissances de base*, Odile Jacob, París.

sino también el sufrimiento psíquico resultante. A distancia del acontecimiento, una vez atenuada la violencia de la fractura psíquica, el segundo tiempo del proceso de la resiliencia puede empezar, el de la mentalización psíquica del trauma y el relanzamiento de los procesos de identificación que refuerzan el narcisismo. Entonces el proceso de resiliencia puede convertirse en proceso psicoterapéutico.[19]

El trauma de la vejez, en la medida en que el acontecimiento traumático no puede ser circunscrito en un espacio/tiempo, desde el interior, por la vía de la escisión, es complejo e incierto. Por este motivo favorece el desarrollo de una enfermedad de la idealización y a veces obstaculiza la dinámica resiliente, a veces en parte, sobre todo en el inicio del segundo tiempo del proceso o en su totalidad. Hay algunas razones para ello, a veces, desgraciadamente, combinadas: el núcleo traumático sigue activo y es activado por la realidad interna y externa del sujeto; la idealización defensiva moviliza la creencia de ser un sujeto excepcional en lucha contra objetos malos, lo cual conduce a soluciones delirantes o sadomasoquistas; las amputaciones sufridas por parte del ideal desubjetivan y provocan la retirada hacia la melancolía o hacia una renuncia absoluta y decidida;[20] los objetos relacionales, tutores potenciales de resiliencia o preexistentes pueden faltar o ser incompetentes.[21]

Para rodear el obstáculo, el tutor potencial de resiliencia debe tener en cuenta los sufrimientos del ideal, evitar sus propias maniobras destructivas, encontrar las llaves del acceso al sujeto en su malvivir. Primero es esencial detectar el conjunto de síntomas que muestran la existencia de una enfermedad de idealidad, con el fin de que la relación resiliente propuesta funcione. Los síntomas más notables son la

---

19. Éste apunta a la elaboración de los núcleos conflictivos íntimos y los núcleos traumáticos, la suavización de los mecanismos de defensa, el tratamiento de la angustia a partir del análisis de los movimientos transferenciales y las manifestaciones del inconsciente.

20. Lo cual está en el origen de ciertos suicidios de personas mayores, que permiten superar la pérdida de la creencia en un yo ideal omnipotente, con el triunfo de la solución final, perfecta, sin fallos.

21. Demasiado estimulantes, demasiado operatorios, demasiado centrados en la naturaleza del trauma.

vergüenza de ser viejo, la crispación identitaria sobre lo que uno ha sido, posición dominante o su contrario,[22] la emergencia de cuestiones existenciales deprimentes,[23] la proyección de la idea negativa de sí mismo,[24] la descalificación o idealización del objeto relacional, el olvido que anuncia la evolución hacia la demencia.

Así, es importante para el sujeto anciano que padece por su ideal que su sufrimiento no se confunda con la enfermedad depresiva, como pasa a menudo.[25] Por supuesto, la enfermedad de idealidad de la vejez, postraumática, puede fácilmente conducir a la depresión, como lo demuestra el caso de César. Pero aunque la enfermedad del ideal puede adquirir el color y la forma de la depresión, esta depresión es particular, en la medida en que lo que está en su base no es la pérdida de objeto asociada a un fuerte sentimiento de culpabilidad y el miedo al desamor resultante; ni la angustia de la separación y del abandono que genera una incapacidad de estar solo; ni la «mera fatiga de ser yo» experimentada durante la experiencia repetida de la insatisfacción, generada por la imposibilidad de tender de forma insuficiente hacia los objetivos pulsionales fijados. La dinámica depresiva de la enfermedad de idealidad resulta de la caída, el hundimiento, de lo que sostiene al ser uno mismo y lo que da una razón para creer en una posible existencia en devenir. La pérdida causante de depresión es una pérdida de la creencia en la posibilidad de proseguir una vida apoyada en los ideales fundamentales, y sobre todo pérdida de la creencia de ser un sujeto excepcional, inmortal, fiel a las transmisio-

---

22. Pedido incesante de ayuda, aferramiento; borramiento activo, sumisión.

23. Una mujer repite sin cesar, tras una mala caída: «Pero ahora, ¿qué será de mí? ¿Me voy a morir? No es posible, quiero ser como antes, no soy incapaz... entonces... ya no soy nada...».

24. Mensaje dirigido por una de mis pacientes que era incapaz de verse y que atentaba contra su vida, disimuladamente, pero de forma lo suficientemente perceptible como para exasperar a los demás: «Usted es como yo, usted no se parece a nada, me es insoportable verla... ¿Por qué una joven se interesa por los viejos? No puede hacer nada más, es una inútil. Sin embargo no es demasiado fea, en fin, podría ser peor. Pero yo a su edad era alguien, era espléndida desde todos los puntos de vista».

25. Esto puede explicar en particular el fracaso de los tratamientos antidepresivos, químicos u otros.

nes narcisistas familiares. Aquí no hay culpabilidad, sino vergüenza por no ser, finalmente, nada más que esto; aquí las palabras intercambiadas y las experiencias narcisistas vividas con los objetos de amor del primer tiempo de la vida siguen activas y son determinantes. Pero la enfermedad de idealidad de la que hablamos a veces toma prestadas otras vías de expresión distintas de la depresión. Es el caso de Raymond, refractario al proceso de resiliencia o al menos a su éxito.

Raymond,[26] el fracaso de la resiliencia

Raymond, de 84 años, no quiere compartir el ascensor con su nuevo vecino, porque lo ve como alguien indigno de vivir en su inmueble. Raymond se siente humillado por la presencia de este hombre que parece cuestionar lo que él quiere ser, un «hombre de bien», algo que ya no puede defender debido a «las debilidades de la edad», dice. Raymond, afectado en su ideal fundador, anteriormente perturbado por la muerte de una de sus nietas ante sus ojos, toma una vía delirante para tratar el trauma, camino peligroso, que hace que sea visto como un viejo demente; solución autocalmante que mantiene a distancia todo objeto resiliente capaz de ayudarlo a salir de su sufrimiento.

Raymond, derivado por su médico, quien me pide que objetive trastornos cognitivos, quiere acabar con su vida, pero no tiene derecho a hacerlo, es creyente. Entonces, Raymond se enfada, ya no soporta a su vecino, causa de su desgracia porque no es educado, porque toma el ascensor con él, porque le da miedo, porque es un maleante... Raymond dice que los demás creen que está perdiendo la razón, pero

---

26. Y también: Agnès y su solución masoquista, que sólo puede enfrentarse al trauma invistiendo cada vez más una realidad de mujer enferma, pero no de mujer vieja, buscando ser diagnosticada como enferma de Alzheimer y, al no conseguirlo, castigando su cuerpo hasta una caída fatal; Georges, que en cuanto no pudo seguir sintiéndose como un hombre sexuado, tiró la toalla, dejando de alimentarse, dando una única explicación: «Un hombre que ya no puede honrar a una mujer es menos que un perro».

él no lo cree. Solamente está enfadado y sólo quiere ser respetado, pero nadie le ayuda, ni la policía, ni el fiscal. Raymond quiere que le protejan y pide que su vecino sea encarcelado o expulsado de la residencia. No quiere delincuentes en su casa, donde ha vivido feliz y sin problemas. No quiere, a los 84 años, ser «un delincuente entre delincuentes».

¿Delincuente? Raymond asocia: «Todos en mi casa son campesinos, menos yo. A mí me pusieron en un internado, me han puesto en una residencia, yo tenía capacidad para estudiar y le dijeron a mi padre que tenía que estudiar. Cuando estaba por irme al internado, mi padre les dijo a todos: "Éste será un delincuente"... Tenía miedo de mí, mi padre... hum... por mí, y pensaba que me encontraría con gente mala y que no tendría suerte...pero lo conseguí». Raymond prosigue su discurso hablando de dos de sus hermanos, muertos de un modo vergonzoso, porque se suicidaron: uno ahogado; el otro colgado. Su madre también se suicidó, pero de eso mejor no hablar. Otros dos hermanos perdieron la cabeza... Raymond es el único dentro de la norma, una norma que parece haber sido alcanzada apoyándose en las proyecciones paternas y en el ideal de ser alguien de bien, un buen creyente, protegido de la muerte, la cual ha pasado en la familia por un acto deshonroso en la familia... Salvo la muerte de su nieta, muerte que crea una brecha en su ideal, dotado de varios niveles, por tanto. Raymond no querrá seguir con las entrevistas, ya ha hablado bastante. Me pedía ayuda para mandar a su vecino a la cárcel...

Dos años después Raymond volvió, inesperadamente...

Por entonces su cólera ya era estridente, los vecinos, a quienes él llamaba «los Laurents», se habían convertido en «los Leviers».[27] Raymond quiere matar al cabeza de familia. Cree que yo voy a ayudarle. Tiene derecho a matarle, ya que es en defensa propia, porque este

---

27. Se puede entender como «palanca [*levier*] de la crisis» o como «*le vier*», «pene» en argot. Raymond asocia a este respecto: «Por la noche pienso en él, en esa "palanca"... para no pensar, sueño que juego a las bolas, tiro y tiro, tiro muy bien y...». Entonces se levanta, alza los brazos y dice: «No sé por qué sueño eso, nunca he jugado a bolas» —potencia fálica y sexualidad reunidas en esta sutileza del lenguaje—. [N. del T.: el juego de las bolas es el que se llama también «petanca». Pero aquí, las «bolas» tienen una resonancia sexual inequívoca].

hombre no vale nada. Quiere que le dé una pistola. El sexo ha entrado en esta danza narcisista mediante un intento de vínculo pulsional que también fracasará. Raymond el delirante, sospechoso de ser un demente de tanto contar su historia y sus sufrimientos ideales, fundacionales, trastornados por este «Levier», que crea una pantalla sobre otro dolor esencial, el de ser mortal-impotente, realidad cruelmente experimentada debido a la muerte por ahogo de su nieta. Raymond se empeña también en dejar a su padre como mentiroso, siendo un hombre respetable, ni delincuente ni ladrón. Gracias a la proyección del odio sobre su vecino, a la idealización del ser perfecto que él quiere ser y que cree haber conseguido ser, Raymond intenta tratar lo que fractura su ideal, tanto desde el interior como desde el exterior,[28] aquello que, de la desintrincación pulsión-idealidad, no encuentra una vía de salida y de regulación.

Raymond, aunque pudo venir a exponer su desgracia, lo que causa el trauma, contra el telón de fondo de una relación y considerando su integridad y su legítimo sufrimiento ideal, no pudo iniciar un proceso de resiliencia, que le habría llevado a abandonar la posición defensiva primaria.[29] De todas formas hubo la confianza suficiente como para que aceptara ir a ver a un psiquiatra y me permitiera entrevistarme con su mujer y su hija, en su presencia, para que juntos pudiéramos hacernos una idea, aunque fuese mínima, de su indignación, de modo que ésta no se redujera a una patología neurológica, algo que hubiera dejado a Raymond sin dignidad, todavía más desarmado.

Destinos posibles de la resiliencia

Con el fin de evitar que la resiliencia «no se mueva de sitio» tropezando con la enfermedad de idealidad postraumatica, es indispen-

---

28. Tanto el retorno de lo reprimido como el retorno de lo escindido de los traumas previos, así como los suicidios familiares.

29. Idealización de sí mismo que compensa todavía hoy las predicciones negativas del padre para con él; proyección del malo sobre el vecino; matarlo es una posible protección contra su propia muerte.

sable considerar las posiciones de base que deben servir para su proceso. Se trata, de entrada, de considerar, sinceramente, que el anciano, «estropeado» y descalificado por los acontecimientos traumáticos, creyéndose fuera de juego y pudiendo hacérselo creer a los demás, es un *alter ego*, por entero, con el fin de que, fundamentalmente, se ponga a prueba en la relación y en las transmisiones psíquicas inconscientes[30] el narcisismo de las pequeñas diferencias. Esto es un preludio esencial para el establecimiento del proceso de resiliencia, restableciendo la evidencia de la dimensiones humana y proyectual del sujeto, siguiendo el surco de las de un mismo-otro que no duda de él.

Luego deben tomarse cuatro vías de trabajo que favorecen el desarrollo del la relación resiliente. La primera es la del dominio, por parte del antiguo sujeto, por el objeto con el que se ha encontrado. El aparato de dominio, ojo-mano-boca, debe movilizarse concretamente para «recuperar/llevar» a este sujeto para el juego relacional salvador. La mirada de atrapar la mirada, la mano debe tocar y aprender, la boca debe hablar todo lo necesario. La segunda vía es la de la confirmación narcisista, explícitamente dirigida. Lo importante es que el sujeto sepa que hay otro que sabe quién es él, que se lo signifique y le proporcione elementos de realidad. El tercer trabajo del proceso es el del aporte de «alimentos afectivos»[31] a partir de una intimidad compartida hecha de intercambios culturales[32] y personales[33] con el fin de que el sujeto se sienta en sintonía con otro y afirme su singularidad; a partir del relato de lo que se ha realizado, de lo que se ha perseguido, de lo que ha significado ser uno mismo, dinamizando la idealidad no de porvenires sino de lo ya realizado. Finalmente, será el mo-

---

30. Pensamientos implícitos trasmitidos y compartidos, movimiento transferocontratransferencial, movimientos identificatorios.

31. Cyrulnik B. (1993), *Les Nourritures affectives*, Odile Jacob, París [trad. cast.: *Los alimentos afectivos*, Nueva Visión, 1995].

32. Acerca del modo de consumir los dientes de león o la poesía de Prévert.

33. Suficientemente neutros por parte del tutor de resiliencia, pero lo bastante personales como para poder compartir la intimidad a partir de la cual se produce la diferenciación al servicio de la aprehensión de la singularidad.

mento, cuando ello sea posible, de tratar la caída de la idealidad. Para esto último, dos direcciones de trabajo. Una sostiene la búsqueda de ideales y la revitalización de los ideales fundamentales, distanciándolos de la historia singular para potenciar su universalidad, poco sensible a las dificultades desubjetivantes de la vejez. La otra favorece el trabajo de renuncia y su ganancia narcisística[34] y el despliegue de la sublimación.[35]

Como siempre, el compromiso, la perseverancia, la fiabilidad del tutor o del grupo de tutores de resiliencia serán indispensables, pero por desgracia no siempre suficientes para que el sujeto desvitalizado se deje llevar a la relación resiliente. Esto último dependerá sin duda de las experiencias previas, pero también de la vía tomada por la psique para contener los efectos del trauma. Finalmente, se aprecia que es determinante que el proceso de resiliencia se movilice con/mediante un grupo de tutores de resiliencia, conteniendo en una psique grupal el drama íntimo del sujeto, reconociendo la legitimidad de su sufrimiento traumático, sosteniendo la búsqueda de sentido ante el carácter aparentemente absurdo de la realidad, sosteniendo las representaciones del ideal que se debe perseguir. ¿Un grupo tutor de resiliencia que produce un «efecto-madre grupal»?

César-resiliente

César, en la cama, vuelto hacia la pared, ofreciendo su parte posterior, busca mi mirada, fija en ella su mirada, mientras mi cuerpo se apoya en el suyo. Su mano encuentra mi mano y la aprieta, confirmando el compromiso en una relación para atreverse a la vida y sus magras promesas. Sólo tiene fuerzas para decirme que una Sixtina había nacido en su familia. Lleva el nombre de su madre, quizás en homenaje a ella. César, creyendo que una vida puede salvar otra me-

---

34. Danon-Boileau H. (2000), *op. cit.*

35. Permiten la derivación y contener las excitaciones destructivas fuera de la psique; aportan la satisfacción narcisista capaz de sostener Eros en la reintrincación pulsional.

diante la transmisión de una identidad, como ha sido su caso, se conmueve, el ideal asoma la nariz. En el momento de retirarme, le pido permiso a César para darle un beso.[36] César se da la vuelta, recibe mi ternura, alza la cabeza para darme a su vez un beso. Dos besos para comprometerse y para desear. Suavemente, la resiliencia se ha puesto a trabajar.

---

36. Deseando confirmarle el compromiso íntimo y demostrarle que no somos extraños el uno al otro.

Motivación, resiliencia y envejecimiento

Cyril Hazif-Thomas y Philippe Thomas

La motivación remite a la captación del placer, en particular el placer de vivir, el deseo de construir y de inscribirse en la propia trayectoria existencial. La motivación prosigue toda la vida, participando en la imagen cognitiva de la persona, en la imagen de sí intuitiva, como parte integrante de du *biomnesis*, memoria afectiva y emocional de su vida, construida sobre aspiraciones, elecciones y deseos. Sin embargo en el anciano topa con la impermanencia de los puntos de referencia vitales y su precarización creciente con los años y, por otra parte, con la conciencia de un riesgo de muerte cercana, que a veces debilita la anticipación.

La motivación reside en un esfuerzo por franquear le línea de los miedos ligados a la fragilidad de la existencia. La desmotivación, por tanto, no es consecuencia de la edad, sino que tiene su fuente en la psicología de las personas y en las interacciones con el entorno humano. La participación en lo cotidiano, el don de sí mismo en relación a las personas amadas, el compromiso y la perseverancia en la acción —la conación— son elementos fundamentales del buen envejecer. La desmotivación difiere de un trastorno del humor propiamente dicho, amortiguando al menos por un tiempo el dolor moral. Constituye, sin embargo, una ruptura del impulso vital, una ruptura de la dinámica de vida, adquirida y aprendida a través de la confrontación amarga de la persona mayor, por un lado, con una autonomía que se pierde, papeles cada vez menos asumidos y aceptados por el entorno social y familiar y, por otra parte, un derrotismo aprendido, secundario a acontecimientos traumáticos que ponen radicalmente en cuestión el sentido de la vida.

Motivación y resiliencia

La motivación remite al sentido y al gusto por el movimiento de la vida, su impulso vital. Es una de las manifestaciones de la dignidad de toda trayectoria humana, tan cierto es que la persona no es un ordenador que se someta pasivamente a las órdenes que se le dan, aunque sea considerada —de acuerdo con la reciente ley del 5 de julio del 2011, que reforma en particular el marco de los cuidados involuntarios— como una «persona que es objeto de cuidados psiquiátricos».

Reanudación, anticipación e impulso vital

La vida es una escuela de experiencia, al menos mientras ésta es elaborable y aceptada. La persona humana se construye progresivamente mediante la resolución de conflictos internos, en particular entre creencias y actos, de acuerdo con Festinger. Aunque la fuerza motivacional no se embota «automáticamente» con la edad, la amplitud de sus campos de acción se reduce generalmente y los apetitos que la dirigen evolucionan de acuerdo con los períodos de la vida. Las motivaciones de los jóvenes no son las de los mayores. Aferrarse desesperadamente a las motivaciones que la edad ya no asegura que un día u otro se alcanzará un punto de ruptura motivacional. En función de si la persona es fluida, adaptativa o, por el contrario, tiende al desánimo, es refractaria y rígida, las salidas de crisis tanto internas como externas, inevitables, que modelan la historia de vida no se gestionarán de la misma forma. ¡Basta con pensar en el destino de Bartleby, el célebre copista del relato de Melville, descrito en su pasión por el inmovilismo! Su célebre refrán, *«I would prefer not to»*, es decir, literalmente, «Preferiría no (hacerlo)», impone de entrada a la conación un límite propio, expresión del poder de cada persona humana de encarnar su gesto de ser, imprimiéndole una marca única en su género, singularidad reflejo de una «orientación personal» semejante a ninguna otra. Si Deleuze hace de él un «original, figura de la resistencia pasiva», es también porque la actividad principal de escriba, la copia, no es sino la misma que deshabita la fuerza creativa de la repetición, tan cara a Kierkegaard, ésa que da a la vida interior, alimentada del pasado, una resonancia emocional que permite evadirse del «cortar y copiar» repetitivo de la existencia monótona. Reanudar para dar un salto hacia delante, fundarse de nuevo, o sometimiento a las grises repeticiones que acechan a cada uno en su aprehensión del mundo. Sin reanudación, ¿cómo eludir, en efecto, la trampa del *misoneismo*, esa fobia a la novedad?

Esta forma de cada uno de considerar desde su interior el entorno estructura una visión que encierra en un mundo limitado y restringido o, por el contrario, refuerza las estrategias personales sobre la vida y abre a un sol interior las ganas de vivir. Y a menudo es a este nivel donde se produce la intrusión de las «presiones traumáticas»; de modo que el «¡debes decírmelo todo!» de la autoridad parental o el «debe dejar usted que lo controlemos todo» de la autoridad institucional son una violación de una interioridad psíquica, de un espacio íntimo que en la persona mayor puede hacer resonar sus fragilidades del pasado. Esto se puede vivir de un modo que produce terror y desencadena una profunda desmotivación que quiebra el resorte de la resiliencia. Entonces, a veces, cuando la desmotivación surge colma la expectativa de los cuidadores de «poseer» a un perfecto hospitalizado: «El que se presenta completamente domesticado, dócil a la voluntad de los enfermeros y el médico; el que se deja vestir sin reaccionar, que se deja lavar, alimentar, que se ofrece para lo que devuelvan al orden como si pone en orden su habitación cada mañana, el enfermo que no complica las cosas con sus reacciones personales, que se conforma sin protestar siquiera, pasivamente, ante el poder de la autoridad que lo protege». La experiencia muestra que se puede permanecer, tras el declive del «posicionamiento adulto», en una desmotivación crónica, sentirse envejecer inexorablemente, regresar de la demanda a la necesidad y ya no alimentar nada motivador, hasta tal punto el deslizamiento hacia el «cuerpo replegado» vuelve ilusoria la voluntad de proseguir el camino propio de acuerdo con un sentido existencial dado.

La reanudación productora de imágenes

Presente del futuro, futuro del presente, en estas dos direcciones se desarrolla la motivación, pero con la condición de que la fuerza motivacional pueda también adosarse a la biomnesia: «La vida sólo se comprende mediante un retorno hacia el pasado, pero únicamente es posible vivirla hacia delante» (Kierkegaard). El pasado no es un obstáculo. Fuerte de la memoria del futuro, es un punto de apoyo paradójico para insuflar a las experiencias vividas el sentido del recuerdo fecundo, que cristalizará en su memorización hablada, inscrita en la historia compartida de las experiencias, ya sea que provengan de deseos satisfechos o de fracasos, que permite edificar el presente con vistas a un proyecto. Pero a falta de autonomía suficiente aprendida y practicada por la persona a lo largo de su recorrido vital, autonomía física o psíquica, la reanudación productora de imágenes, que se imagina el futuro inspirándose en el pasado y sigue los períodos de la vida sentidos e imaginados como siempre portadores de sentido para la vida en curso, se convierte en repetición estéril y esterilizante para la memoria de vida, lo cual provoca la instauración de una verdadera bioamnesia.

¿Qué queda, en efecto, de lo vivificante de la biomnesia, cuando esta posibilidad de reanudación resulta ser cada día más insignificante? ¿Qué puede jugarse que sea nuevo, cuando la fobia de implicación se conjuga con la evanescencia de los puntos de referencia internos para vivir algo distinto que una reanudación insuficientemente intensa como para que pueda desarrollarse? ¿Qué nueva vía se puede trazar cuando cualquier noticia que se abra a un futuro le parece cada vez más imposible al sujeto desmotivado, de ahí que se resigne a creer que ya no le queda más que el encierro del repliegue o el confort limitado de la repetición de una existencia para siempre igual a sí misma? Hay en el fondo del tesoro de los significantes personales de cada uno lugar para el porvenir de la memoria de vida, así como para lo impensado, lo no visto, lo no percibido en la aprehensión del mundo de cada cual. Cada ser «tiene» una mancha ciega que, cuando le sorprende en esfuerzo de vivir, trabajar, amar, justifica hablar de «ceguera psíquica», tan del gusto de Alzheimer, pero que no carece de vínculo con la desmotivación.

Los propios terapeutas pueden verse enfrentados al fracaso de este proceso de reanudación [imageante], desmotivados como pueden estarlo sin saberlo frente a un paciente que los remite a su impotencia o su insuficiencia. Así, Maisondieu, por su parte, se refirió a esta ceguera, tanto en su aspecto provocador de rechazo como antiproductivo, hablando de esta imposibilidad de reanudación que produce sus efectos sin que el usuario lo perciba y es igualmente perjudicial cuando afecta al terapeuta, que por otra parte es el primero al que le pilla por sorpresa cuando aborda al enfermo de Alzheimer. La califica de agnosia visual psicógena, que consiste en «matar imaginariamente» al enfermo, excluyéndolo del marco planteado antes de empezar a grabar, durante una sesión de terapia familiar, filmada como se debe hacer: «¡No es un problema técnico! ¡Es un problema psíquico y me preocupa eminentemente! Mediante una verdadera alucinación negativa mediatizada por el vídeo, he matado en imágenes a esta mujer que no me ha hecho nada y en torno a quien ha organizado este encuentro familiar».

Lo que está en juego en un encuentro o en un «no encuentro» es, sin embargo, decisivo. La amargura de una bioamnesia incapacitante y la irritación de no ocupar el propio espacio de vida presente desembocan poco a poco en una renuncia a apropiarse la densidad del real presente, hecho de *kairós*, en encuentro con la vida y con los demás. La vida, ciertamente, está envenenada por las nociones de bien y de mal, de faltas y méritos, pecados y redenciones, pero también está determinada por el impulso de la anticipación. Ésta, como lo indicó Sutter, no siempre corresponde en los mayores a una anticipación positiva, sino que puede profundizar el valor motivacional, fuente de un impulso renovado.

En contra de la opinión común, el enfermo Alzheimer muy bien puede encontrarse en esta situación de resiliencia, cuando se siente seguro emocionalmente, por ejemplo en un encuentro con sus nietos o un momento de cuidados dados con calidez, mediados por la musicoterapia y su cortejo de reminiscencias motivadoras. En el relato que hace de su experiencia de la enfermedad de su padre, Christian Bobin lo expresa de un modo muy oportuno y preciso: «Las personas que tienen pocos días o las que son muy viejas viven en un mundo distinto del nuestro: vinculándose a nosotros nos hacen un regalo inestimable».

Deleuze dice que «en efecto, el afecto-sentimiento es el *conatus* mismo en tanto que determinado a hacer esto o aquello mediante una idea de afecto determinada». Y la enferma de Alzheimer puede, en algunos instantes, dejar resonar su tesoro de ser y revivir la resurrección de sus vínculos que siguen uniéndola todavía a quienes le son queridos: las personas más cercanas. No somos cercanos sólo por proximidad, lo somos también gracias a nuestros vínculos de ser que respiran a través de los «afectos-sentimientos» que nos vinculan a ellos, nos animan todavía con su fuerza productora de imágenes.

Conatus e impulso vital

Cuando la vida pasada está frecuentemente sobreinvestida, el presente queda abandonado, con los riesgos que representa el rechazo del cambio necesario y la imposibilidad de adaptarse, el duelo por la aventura y el rechazo a arriesgarse en los segmentos de la vida hasta ahora dejados de lado, el desinterés de los nuevos aprendizajes, la indiferencia al fracaso... hasta que la desmotivación queda constituida como matriz de la impotencia aprendida. La reconciliación con uno mismo, ineludible cuando la edad hace vanas las escapatorias, pasa por la integración y la aceptación de la biomnesia, que se han vuelto imposibles por el olvido y la denegación. Coloso con pies de arcilla, cuando estos últimos tratamientos defensivos ya no producen efecto, cuando son cuestionados por una sociedad que hace tabla rasa del pasado, que ya no da ningún lugar a los ancianos y sólo se entusiasma por la innovación, la vejez se vuelve cada vez más desencantada, especialmente cuando las relaciones con las personas cercanas ya no son más que contactos formales amenazados por la sacudida narcisista y su sombra desmotivadora.

Nostalgia, reproches, rechazo del presente, negación de la anticipación, dejan pronto la motivación en barbecho. Como la planta que ya no puede seguir creciendo, la motivación, inmovilizada o no puesta en movimiento, acaba muriendo. La alegría sólo espera a despertar cuando, por ejemplo, una causa exterior estimula nuestra capacidad de conocer y de esforzarnos para que este conocimiento dure, favoreciendo de este modo nuestro *conatus*. El presente puede ser habitado de nuevo, un presente con aroma de eternidad, porque invita a un retorno a uno mismo capaz de reconciliar ideal y real vivido para descubrir en él el sentido personal de la vida, un presente que ya no es relativizado y devaluado por las ideas negras que habita en el pasado, u obliterado por la idea de la muerte que se perfila.

La motivación está en el sentido del movimiento y modula la personalidad a lo largo de la vida. Así, hay personalidades fluidas, personas que a lo largo de su vida han aprendido a adaptarse, que se enfrentan a las limitaciones y a las pérdidas del envejecimiento, mientras que otros son rígidos, exigentes con ellos mismos y a menudo con los demás, que a veces resisten más allá de lo habitual, enfrentándose eficazmente a la adversidad, pero que a menudo se rompen brutalmente cuando ocurre una ruptura del equilibrio existencial. El junco y el roble... Estas personas resistentes, valientes, a menudo consideradas como guerreras por sus familias, son a veces consideradas difíciles por quienes se encargan de ellos cuando la enfermedad o la dependencia les dan alcance. Las estrategias aprendidas a lo largo de su vida, en la que a menudo han superado pruebas más difíciles que la media, habían dado hasta entonces buenos resultados, de modo que parecían mejor equipados que otros para resistir. Pero cuando la limitación es tal que ya no pueden seguir dominando su limitación en el plano cognitivo, se hunden, en vez de arriar las velas y capear el temporal, como lo haría una persona más flexible. Por el contrario, un buen envejecimiento es capaz de tolerar una relativa pérdida de control cognitivo para ajustar mejor el rumbo y favorecer las adaptaciones afectivas capaces, a veces, a partir de rescoldos de resiliencia, volver a tener una visión global de la situación, que finalmente no es tan ajena a los valores de la persona.

Incluso en el marco del envejecimiento patológico, este rescoldo de resiliencia puede estar en el corazón de un proyecto de solicitación psicocognitiva a través de una pasarela sensorial: «se puede soplar sobre ese rescoldo de resiliencia que constituye la memoria musical. Es fácil constatar que una persona mayor, aislada por su pérdida de comunicación verbal, vuelve a vibrar, sonreír y bailar cuando se le vuelve a poner el tango de sus veinte años»; estudios en curso llevados a cabo por el Doctor Arroyo-Anlo, de la Universidad de Salamanca, parecen demostrar, en efecto, una estabilización posible de la enfermedad mediante musicoterapia cuando los medios musicales son convergentes con la historia de vida de la persona, en contraste con fuentes que no hacen resonar la biomnesia.

Resiliencia o desmotivación, ¿reanudación de desarrollo o ruptura de la anticipación?

La fatiga y *a fortiori* el agotamiento, los dolores crónicos, las limitaciones funcionales que, a falta de arreglos en el entorno confinan a la persona a sus hándicaps, constituyen circunstancias frustrantes o, al menos, invitaciones repetitivas a la renuncia. El deseo de luchar, de pasar a otra cosa, de superar o superarse, la cólera o la irritación que produce sentirse dejado de lado acaban, por el desgaste ante la inutilidad de la lucha, abriendo paso a la renuncia amarga y a la resignación (sobre)aprendida. La ruptura y la renuncia pueden resultar brutales, en particular cuando un acontecimiento provoca la reminiscencia de acontecimientos traumáticos o si la personalidad está estructurada en torno a un estrés postraumático.

Mientras la persona conserva campos de interés que le aportan placer y satisfacción y encuentra en sus interacciones sociales materia para cultivarlos, sigue teniendo una vida motivada y un impulso deseante. Esto depende de hasta qué punto es amplio el abanico de actividades en las que se ha empeñado a lo largo del recorrido de su vida y de su imagen cognitiva. La edad se acompaña de una multitud de pequeños hándicaps cuya acumulación es capaz de reducir el perímetro de los intereses y erosionan el bienestar o simplemente hacen menos atractivas, incluso desagradable, las tareas que hasta entonces se llevaban a cabo con placer. La retirada se instaura poco a poco, de forma más o menos consciente, desalentando el sueño de la persona de «vivir la posibilidad infinita de su destino» (Malraux). Entonces la motivación corre el riesgo de embotarse y el deseo decae, dejando que se filtre la amargura, el rencor y la frustración, luego la voluntad de no intervenir en nada. Un mecanismo de desgaste progresivo, repetitivo, conduce a una invitación permanente al retiro con un tono pesimista. Esto se puede instalar de forma brutal cuando la pérdida funcional es importante o cuando lo que cristalizaba una apuesta narcisista importante queda ahora fuera del alcance o se vuelve imposible. Una fractura tras una caída, por ejemplo, ya no permite la práctica de un deporte o lleva a abandonar la conducción. El abanico tiende a cerrarse rápidamente, anulando a veces incluso las posibilidades ulteriores de una reeducación y, por motivada que estuviera antes la persona, la motivación desaparece en la arena del desierto. «La vida ya no tiene sentido para mí», oímos decir.

Matizando ampliamente el rechazo de la idea de determinismo fatalista, el proceso de resiliencia favorece la «apertura a una benevolencia natural hacia los demás y para con uno mismo». Inversamente, «la soledad de la personas ancianas remite a la pérdida de sentido que conduce también a la desmotivación, cuando la vida está demasiado desajustada con respecto a nuestro ser auténtico y nuestros "modos de acción esenciales"».

La vida dura mientras la persona está motivada y conserva el «gusto de vivir» (Zarifian). La motivación es creativa cuando una reanudación productora de imágenes le permite a la persona que tiende a una finalidad tener una imagen de sí misma todavía deseante, llena de una emoción que anima su proyecto de vida singular. La persona que envejece percibe, sin duda, las limitaciones inexorables del tiempo, pero capta todavía la realidad en su corporeidad, no para sentirse encerrada en ella ni para negarla, sino para sublimarla: sigue encarnando la gesta de ser. Cuando, por el contrario, la fuente de motivación de apaga o la persona se golpea con lo real del cuerpo, al mostrarse éste en su crudeza repelente, en vez de reanudación hay regresión y las personas frágiles se retiran de la vida: la resiliencia se convierte entonces en «resignación», es decir el aprendizaje de la tristeza, sin poder compartirla ni elaborarla, una tristeza sin fin ni palabra; de ahí una vivencia marcada por el desánimo, que el poeta supo resumir en su estilo inimitable:

«Así aprendí, triste, la resignación
Ninguna cosa es allí donde falta la palabra».

Esta actitud no es, en efecto, tan sólo una resignación, que implica un trabajo de pérdida, ni una resistencia, que supone un arrebato combativo, sino que es una operación activa por su propio impulso, que da vuelta a la resiliencia como los dedos de un guante. Inversamente, un último combate pude simbolizar esta imagen y permitir una última emoción. Hemos visto a personas agonizantes morir tras el retorno de un hijo hasta entonces ausente. Y, en el mismo orden de ideas, hay más muertes en las comunidades chinas transatlánticas después de su año nuevo. La espera de un acontecimiento importante retrasa el momento de la muerte. Ésta se produce cuando, para la persona, todo está hecho.

La desaparición de todo lo que produce sentido, el duelo brutal por una persona amada, conduce al anciano a renunciar a vivir, dejarse «deslizar». La idea de la muerte, el miedo y la ignorancia que la acompañan, el camino del duelo de sí, son modulables en parte en función de la motivación para vivir. Queda abierta la pregunta cuando lo que daba sentido hasta entonces desaparece brutalmente. Una de nuestras pacientes en EHPAD se burlaba cruelmente de los residentes ancianos disminuidos, en silla de ruedas, hasta el día en que una fractura de cadera la dejó a ella también inmóvil. Los psicotropos y la psicoterapia no pudieron poner freno a su propio deslizamiento y murió tras gritar día y noche su desesperación.

El caso clínico de la señora L.

Proponemos compartir la experiencia de un vuelco en una situación desesperada que muestra de qué mundo una óptica resiliente permite desprenderse de una visión demasiado marcada por la desesperación.

No hay relación humana posible sin considerar una ruptura y las potencialidades de las que a menudo está cargada, es decir, un cambio de perspectiva. Estamos condenados por nuestra mortalidad a enfrentarnos con nuestra soledad. En la entrada del servicio de psiquiatría de la tercera edad, cierta noche de diciembre de 2008, recibimos a una paciente muy curiosa, enviada por un colega psiquiatra por «patología neurológica indeterminada (¿duda sobre una posible leucodistrofia?) que recuerda mucho a una demencia fronto-temporal (DFT) en alguien con antecedentes de bipolaridad.

Las dificultades de los abordajes especializados

En la residencia donde vive han consignado perturbaciones constituidas por crisis de angustia y agitación, no controlables, que evolucionan desde hace cuatro meses a pesar de un reciente aumento de ansiolíticos. Por otra parte, podemos preguntarnos si la angustia por ruptura de equilibrio no afecta tanto a los cuidadores que trabajan en esa estructura nueva, flamante, orgullo de los colegas geriatras del sector, necesitados de una pausa, como a nuestro colega experimentado, poco habitual a sentirse desbordado de tan entrenado que está en el control del los trastornos de conducta, de loa enfermos, los colegas, los equipos de cuidados... El lugar de lo inesperado... La señora L. parece víctima de una inestabilidad psíquica mayor y hay en ella signos de confusión mental, pero sin el onirismo que comúnmente caracteriza a aquella afección de la que Henri Ey decía que es la más orgánica de las enfermedades mentales, la más psíquica de las afecciones orgánicas. Su autonomía es mínima, no puede asearse, confunde lo limpio y lo sucio, grita cualquier cosa y parece confundida tanto en lo que dice como en su captación del mundo. En suma, «vive muy peligrosamente (se pone los pantalones en la cabeza, no come) y presenta una ansiedad mayor, así como una probable depresión»; de hecho, dice algo que suena como una advertencia: «Estoy completamente deformada».

La señora L. es una mujer todavía joven, tiene 65 años. Va vestida de un modo bizarro, con varias capas de vestidos, sin contar sus jerséis añadidos, abrigos... y su comportamiento es bastante extraño. Va arriba y abajo, repite el nombre de pila de su marido e indica, como en una letanía poco salvadora, «camisa de noche». En el correo de la derivación se mencionan igualmente los efectos secundarios inesperados de los distintos tratamientos ensayados, perseveraciones incoercibles, la rigidez de sus conductas y sus juicios...

El diálogo tranquilizador, la acogida cálida y la disponibilidad por parte de todos no tienen ningún efecto, de modo que al final será necesaria una contención suave de una media hora para limitar los desperfectos que este ingreso estrepitoso corre peligro de provocar para todos y todas, pues la escena ruidosa parece encarnar el final de cualquier apaciguamiento. Más tarde sabremos que en un centro hospitalario especializado próximo hay antecedentes de uso de una cámara de aislamiento, tentativas que no se saldaron por fuerza con buenos resultados, ni recuerdos tranquilizadores. El ingreso en aquel mismo hospital había sido motivado por fugas, no del domicilio, sino de la clínica privada donde había sido ingresada por trastornos mnésicos mayores y trastornos del comportamiento ya percibidos como incontrolables... Aquellos trastornos habían llevado finalmente a la señora L. a ser hospitalizada a petición de un tercero ante su rechazo reiterado de cuidados, con agresividad y una incertidumbre diagnóstica entre «síndrome de conversión y trastornos cognitivos de origen orgánico». Tras una estancia de seis meses en el hospital especializado, la enferma se había beneficiado de un apartamento compartido, a la espera de una residencia, decisión que había sido tomada sin que la paciente hubiera podido participar en la construcción de su futuro. Su llegada fue más precoz de lo que se había previsto, al quedar libre una plaza en Cantou. El cambio de papel de la pareja, la inversión evidente de los lugares de poder entre el marido y la paciente fue en este caso brutal. A consecuencia de ello, el marido de la señora L se vio obligado a vivir durante meses con una sorda culpabilidad, sin que en ningún momento se elaborara la angustia de ruptura ligada al equilibrio afectivo de la pareja.

La contención física suave fue repetida al día siguiente, en momentos breves. La tentación de prolongarla quedó regulada al día siguiente por nuestra parte, para explicitar a todos que la conducta que se debía mantener no era tanto destinada a que nos dejara tranquilos, sino la de seguir la línea de una libertad a reconquistar poco a poco, día a día, con un esfuerzo hoy por el bien de mañana, también para el vínculo, mucho más simbólico y menos imaginario. Y esta forma de proceder sería evidentemente evaluada, lo cual ulteriormente permitiría verificar que esto tranquilizaba a la enferma.

De cualquier modo, la paciente se muestra inicialmente muy poco disponible para el contacto físico, como perdida en una «mismidad» intocable, en busca de una ipseidad imposible inalcanzable, como si el camino que la lleva de ella a ella misma se hubiera borrado o vuelto impracticable, al haberse perdido las huellas para un retorno a sí misma, entre las cuales se encontraba su marido, cuya desaparición ella ya no soportaba, físicamente hablando, como el único punto de referencia todavía tangible en un mundo en fuga. Así, la señora L. fue traída por un viento de pánico, pero un viento de pánico de cariz psicótico en un contexto descrito por un colega de la residencia como propio de una enfermedad neurodegenerativa investigada desde hace años, documenta por muchas consultas sobre la memoria, cuyo resultado había sido un proyecto de donación de su cerebro. Un neurólogo privado había hablado de demencia con componente cerebrovascular, más que de una demencia ligada a un déficit de encimas conectivas del glicógeno, noción que había surgido en un Centro de memoria de consulta e investigación, planteamientos que aspiraban a ser irrefutables por la imagen cerebral convincente de leucopatía masiva. Más exactamente, de acuerdo con los colegas neurólogos, se trata de la evolución de un deterioro cognitivo lento que sugiere la presencia de amilopectinosa posterior a la eliminación de un síndrome CADASIL. La idea que existe es que no se puede ignorar una demencia como cuadro de entrada en este marco neurometabólico, bajo una forma aislada y de forma excepcional. Además de esta ocurrencia inquietante, episodios de deambulación, de rechazo de la medicación, conductas impúdicas durante las entrevistas, actitudes repetidas de oposición en las interacciones con los cuidadores, perturban singularmente el vínculo afectivo, sustituido más bien una acción física, con intentos desesperados de agarrar a los enfermeros.

Encierro imaginario y alteración de la reanudación productora de imágenes

Esta paciente, en suma, estaba atrapada en una trampa, la de un discurso científico sin falla, pero no había renunciado a debatirse en un recorrido institucional que, al haber sido múltiple, había adquirido matices laberínticos, sin que nadie quisiera ahora asumir la angustia de desorientación social, hasta tal punto que el ingreso en una estructura como Cantou se había vuelto una necesidad casi obligada, ofreciendo de esta mujer, joven todavía, sumergido en una generación de mayor edad que la suya, la demostración de una imagen de objeto roto, que había perdido por otra parte el uso de la palabra claramente dispuesta, de tal manera que un colega psiquiatra llegó a hablar a este respecto de afasia motriz, con una presentación que, en suma, disponía de muchos «acentos frontales» que podían poner a su cuenta.

¿De qué engranaje científico-institucional no conseguía ya extraerse esta paciente, tras tantas dependencias añadidas? ¿Qué podía ella inscribir aun en la superficie de su cuerpo, en su pizarra personal, ella que ya no era más que objeto de comentarios expertos en el bloc de notas médico de un amplio aerópago de sabios de bata blanca? ¿Cómo «romper» esta cadena de argumentos tan sólidos que la tenía atrapada a su pesar, a puerta cerrada, en el marco bien delimitado geográfica y psicológicamente por la instalación ordenada de cordones sanitarios tan poderosos?

La partida de su marido sonaba sin duda a una angustia de ruptura, de ruptura de la mitad de sí misma, pero el diálogo estaba tan roto, con el «Yo» tan quebrado, que hacía que algunas frases las pronunciara con el sello de la tercera persona «Ella se pondrá camisa de noche». Aparte de estas letanías, la enferma parecía no captar nada. ¿De qué noche, de qué preocupación, su angustia no alcanzaba a romper la miserable desnudez, la espantosa crudeza? Esta última fue formulada ingenuamente por una ayudante médico-psicológica, hablando de «monstruo», algo que se puede reformular recordando lo que esto significa para los niños pequeños, que también tienen trato con monstruos buenos (además de malos), amigos/enemigos de mayores y pequeños...

Los inicios de la hospitalización estarán marcados por una fascinación por este objeto de la ciencia, como lo indica el grosor de su dossier, los informes de hospitalización o de consultan relatan en parte su tenor y su importancia, ignorando todos los desarrollos el desconcierto familiar, que sin embargo era manifiesto.

Convencido al mismo tiempo de haber dejado de lado algo esencial, el marido vendrá a nuestro encuentro para contar que habían tratado de encontrarse conmigo algunos meses antes, pero sin éxito, síntoma suplementario de esta prueba formidable, la maldición en la que parece hundirse, signo al mismo tiempo de esperanza de que esta búsqueda interminable de diagnósticos pudiera al fin desembocar en un tratamiento. Los exámenes neurológicos y las investigaciones paraclínicas (escáner, IRM, punción lumbar...) se habían sucedido sin cesar con esta paciente atemorizada y «atemorizante». Renunciando a repetir esta plétora de actos que, de examen en examen, habían hecho olvidar la biomnesia de una mujer completamente desorientada en el plano afectivo y traumatizada en lo personal, nos comprometimos voluntariamente en una clínica de la escucha.

De este modo, se afirmó que la paciente no era sólo un cerebro objeto de cuidados, sino que era de entrada y sobre todo una persona con su historia y una persona accesible a los cuidados relacionales. Por otra parte, la confusión inicial dio paso muy pronto a una extrañeza intermitente, luego a conductas previsibles, por ritualizadas, aunque numerosos estereotipos en el lenguaje colmaban el vacío relacional.

No resultaba evidente la definición de estas líneas directivas, en especial la primera, porque fue preciso anular la prescripción por parte de un colega de una nueva punción lumbar o responder a una auxiliar que no había que poner en acto ninguna medida de aislamiento ni había que temer ningún contagio desde un principio. Para todos aquellos a quienes la curiosidad invasiva no dejaba en paz, fue importante consultar el dosier clínico, aunque todas las consultas tuvieron resultado negativo. La paciente, a los ojos de una serie de cuidadores y de colegas, presentaba un riesgo de muerte y esta vivencia permanecía allí como algo no dicho, más o menos racionalizado detrás de las legítimas precauciones de la ciencia biomédica. Así, algunos se sentían obligados a prescribir pruebas poco ordinarias en psiquiatría, sin siquiera mencionar su interés a la paciente, sin siquiera buscar el legítimo consentimiento de la paciente y de su persona de confianza. ¿Acaso se suponía que esta paciente no entendía nada, de modo que hablar con ella era una especie de caricatura médico-psicológica, finalmente una especie de pérdida de tiempo? Los cuidadores estaban masivamente atrapados en la angustia de tener que experimentar cosas insoportables, corporalmente. De ahí que se buscaran etiquetas y nombres de enfermedades para protegerse de ese «temor a que la paciente pudiera transmitir cuerpo a cuerpo». De ahí la estrategia defensiva indicada por Piere Charazac: «Esta defensa es sentida por la paciente como una barrera o una prohibición que aumenta la presión de la emoción en cuestión, provocando repeticiones, que son como la búsqueda compulsiva de una salida en el objeto que se sustrae. Lo que se llama un síntoma del registro del comportamiento está ya en el origen de un fracaso de la relación».

Resiliencia y reanudación del desarrollo

Una de las claves de la clínica comprehensiva es percibir la problemáticas del paciente, aunque sea a través de un diagnóstico erróneo. A este respecto, la naturaleza de la afasia motriz de nuestra colega fue muy provechosa, si tenemos presente que el cuerpo es, fundamentalmente, una palabra en movimiento. Y este cuerpo, que no pesaba gran cosa, soportaba con todo buen número de vestidos. El peso ínfimo de la señora L., desnutrida, era de hecho preocupante desde du ingreso. Y si los movimientos de la paciente ya no tenían ningún sentido, ¿por qué mantenía la señora L. este gusto por la puesta en forma del mundo, si la de su propio cuerpo no le decía ya nada a nadie? Así, aunque se esbozaba una modesta pero real mejoría, la idea de un posible retorno a la residencia dejó desconcertada a la paciente, que veía que de este modo cómo se desalentaba toda idea de adaptación el entorno, dejándola sin voz, aun cuando sus repeticiones trataban de decir algo de su impotencia para convencer a todos y cada uno. ¿Se puede seguir trabajando hoy en día con la idea de que no se decreta el desarrollo del hombre, sino de que él mismo sólo se desarrolla cuando él mismo se presta a ello? A falta de hacerse entender y aunque estaba atrapada en su inactividad, la señora L. había tomado pues la resolución de ampararse en sus propias decisiones y lo que hasta entonces había hecho, en este caso, en su vida pasada: vestidos. En efecto, la señora L. había dirigido una empresa de moda, después de haber trabajado en una gran empresa de alta costura.

Los vestidos eran toda su vida, vida consagrada al cuerpo, vida en movimiento, cosas todas ellas que la habían abandonado desde el inicio de su jubilación. Dicha jubilación la había vivido particularmente mal, en especial tras la venta de su «hija», la empresa de vestidos que había revendido después de haberla sostenido con todas sus fuerzas para poner las bases de su éxito, desplazándose al extranjero, a África del Norte, para promover su prosperidad. Pero poco después el comprador se había desembarazado de esta adquisición y la señora L. hablaba de él como de un estafador que había saboteado a conciencia el porvenir humano de muchos empleados, arruinando la economía positiva que ella había intentado promover. Historia trágica que resonaba con un aborto más antiguo, que en este caso la había afectado en su cuerpo de mujer y de madre: la señora L. había ido a abortar a Bélgica en la época de su prohibición (y su incriminación) persistente en Francia. Esta demanda la privó de una hija, en el momento en que todavía tenía que ponerse a prueba en la casa Cacharel. Esta implicación profesional había venido a impedir una implicación más familiar, también más ciudadana, permitiendo el aprendizaje continuo que desemboca normalmente en la consolidación de la identidad personal. Y la señora L. tenía que luchar contra esta frialdad, emoción contra la cual el importante espesor de vestidos trataba de interponerse, sentimiento que por su parte no había podido evolucionar debido a una insuficiente dinámica de aprendizaje de la ternura, que apela habitualmente a las primeras relaciones que se establecen en la infancia, en el «cuerpo a cuerpo» con la madre. Al mismo tiempo, la señora L. organizaba más su vida psicológica en torno al riesgo, la sensación, que en torno a la gestión del estrés y de la emoción. De diversos modos, el recurso a la denegación era de lo más frecuente en todo lo que suponía experimentar angustia. Así, cuando la cuestión de su retorno a la residencia se había planteado —por estimar la estructura de alojamiento que su hospitalización demasiado prolongada empezaba a costar demasiado caro— la señora L. negó sin dudarlo cualquier angustia, mientras que, por el contrario, una sintomatología cercana al síndrome de deslizamiento pilló a todos los cuidadores desprevenidos, como para recordar a cada uno que la ausencia de ternura pone en acto un movimiento de angustia que todo el mundo olvida al pasar, hasta tal punto la denegación de las emociones resulta a veces caricatural.

Así, el «cerebro roto», en parte reparado, podía ser ahora remitido de nuevo al servicio emisor. La paciente hizo entonces una regresión masiva, dejó de alimentarse y se quedó muda. Apareció una úlcera en un talón y sus días estuvieron en peligro. Una reunión familiar resultó crítica y el marido de la señora L. convino en tomar una decisión equitativa, o sea, anunciar su retorno a Cantou, pero diciéndole y prometiéndole que volvería en un momento u otro al domicilio familiar, es decir, que se prepararía la salida de la residencia para volver a casa, aunque dejando de informarnos en un aparte de su deseo de verla volver a su estructura residencial. El señor L. tomó nota con mucha valentía de la nueva situación y pudo asumir el anuncio del retorno al domicilio. La señora L. reanudó su combate por la vida, abandonó la clinofilia, recuperó el gusto por la comunicación y su estado general mejoró día a día. Un acompañamiento del retorno al domicilio con la ayuda de un plan de apoyo incluyendo hospital de día y hospitalización domiciliaria permitió consolidar este avance psicológico. Aunque la señora L. sigue hoy en día asegurando una visión del mundo tan exenta como sea posible de cualquier tratamiento del todo afecto ansioso, empieza a admitir algunas inquietudes y reconoce que el enloquecimiento del que fue víctima en la residencia desde su llegada, aquella carga ansiosa sí que la había olvidado. Su lenguaje claro, seguro, así como su participación en las actividades terapéuticas son innegables.

Tratando de sustituir esta denegación como mecanismo de defensa predominante, un relativo hiperactivismo trata de ocupar todo su lugar en este tiempo transicional, en un intento desesperado de no pensar aquella angustia de hundimiento que la atraviesa de parte a parte. La aceptación por parte del señor y la señora L. de una ayuda psicológica por parte del equipo de hospitalización domiciliaria (HAD) costó mucho tiempo, la paciente entendía poco sus necesidades de acompañamiento, pero admitió un *debriefing* a intervalos regulares para la readaptación del y al domicilio. Varios meses más tarde, la señora L. recuperaba su lugar como abuela y volvía a conducir, en compañía de su marido, el Mercedes de la familia. Conservará de su hospitalización la imagen de un fase de recuperación, al comienzo contrariada, luego lograda, de su «gusto de vivir», recuperación de una imagen de mujer coqueta. Este gusto, esta motivación recuperada, fruto de una resiliencia que calificaremos de parcial pero real y auténticamente eficaz, la encarnó en el placer que tuvo al anunciarlos, ella, la «demente» que se suponía que ya no podía aprender nada, lo que quería decir «Cacharel»: no el nombre del responsable de una gran empresa, sino «pajarito», en provenzal, metáfora de su impulso vital resucitado y seguridad recuperada de una vergüenza superada, al sentirse reforzada para siempre por el hecho de haber «creado algo con su herida».

Sin duda, se podría discutir abundantemente el capítulo medicamentoso, las confusiones suscitadas en ella por los ansiolíticos, la ineficacia de los neurolépticos, el efecto estabilizador que sobre su humor tenía el litio, pero lo esencial no fue eso: cuando la paciente volvió a ver a su neurólogo para una imagen cerebral, que en este caso se llevó a cabo tras el acuerdo general tanto del médico como de la paciente y su marido, el especialista no pudo evitar decir, una vez pasada la fase de asombro: «Esta leucopatía, ¡quizás la tiene usted de nacimiento!». En esta perplejidad, finalmente compartida, se situaba el paso de enferma a usuaria del sistema de salud, recuperando su dignidad de ser razonable. Al fin se le permitía captar algo más que una imagen degradante de ella misma y vivir su propia anticipación, ese síndrome primordial para el ser en devenir, cuya raíz indoeuropea, como lo recuerda Mario Berta, es «*kap*», que significa «captar».

Conclusiones

Hablar de rupturas motivacionales en la persona mayor no puede limitarse a registrar las pérdidas debidas a la edad. Es preciso tener en cuenta las causas y las consecuencias de las erosiones relacionales a lo largo de los años y las dificultades de la elaboración emocional, a la que los procesos de envejecimiento y la intolerancia de la sociedad a este mismo proceso añaden sus efectos perniciosos.

Con el tiempo, las invitaciones de la sociedad y a veces de la propia familia se hacen cada vez más insistentes para imponer representaciones que envenenan y alienan, encerrando a la persona mayor en papeles cada vez más grises y desmotivadores... hasta que la ruptura entre los deseos de la persona y las exigencias a las que se ve enfrentado el individuo conducen a situaciones imposibles de gestionar, que no dan juego. El único juego social realmente aceptado, ¿debe ser la adhesión al rechazo o la invitación a la retirada de un mundo compartido? La elección existencial de cada uno corre entonces el riesgo de quedar entre la muerte para huir y tratar de aniquilar la vergüenza, por un lado, y una bioamnesia con pérdida de actividades, por otro lado, dejando poco lugar a una perspectiva motivacional, hecha del asombro que se abre al impulso de la vida, en la esperanza de un balance justo, de una vida buena que remite al fragmento de eternidad de todo ser. Lo importante no es, en efecto, la edad que se tiene, sino el modo en que uno la habita (Gaucher) y volver a edificar la anticipación que habita en cada ser humano, hermana gemela de la resiliencia y fuente de una dignidad inalienable.

Referencias bibliográficas

Deleuze G. (1993), «Bartleby ou la formule», en *Critique et clinique*, Minuit, págs. 89-114.
Basaglia F. (1965), «Potere e instituzionalizzazione. Della vita institucionale alla vita di comunità», en *Scritti*, tomo I, Einaudi, pág. 287.
Ingvar D. (1985), «Memory of the future: An essay on the temporal organization of conscious awareness», *Hum. Neuro- biol.*, 4 (3), págs. 127-136.
Maisondieu J. (2009), «La signification de l'altération des facultés cognitives dans les syndromes démentiels: conséquence d'un processus organique et/ou symptôme d'un mécanisme de défense psychique, comment faire la part des choses ?», *Annales médico- psychologiques*, 167, págs. 206-289.
Sutter J. (1990), *L'Anticipation*, PUF, París.
Montfort J.-C., Hazif-Thomas C. (2010), «Pathologie névrotique, régressive et caractérielle», en J.-P. Clément (ed.), *Psychiatrie de la personne âgée*, Flammarion, París, págs. 204-232.
Lejeune A. (2007), Maury-Rouan C., *Résilience, vieillissement et maladie d'Alzheimer*, prefacio de Boris Cyrulnik, De Boeck.
Arroyo-Anlloa E. M., Ingrand P., Gil R. (2012), «Improvement of semantic categorization through procedural learning en Alzheimer's disease», *Journal of Alzheimer's Disease*, 30, págs. 121-129.
Diel P. (1947), *Psychologie de la motivation*, Payot, «Petite Bibliothèque».
George S. (2009), «Le mot», en *Poésies complètes*, trad. del alemán por L. Lehnen, La Différence.
Charazac P. (2009), *Soigner la maladie d'Alzheimer. Guidance des aidants et relation soignante*, Dunod, pág. 100.
Cyrulnik B. (2010), *Mourir de dire. La honte*, Odile Jacob, París, pág. 109.

Los mecanismos psicodinámicos de la resiliencia en el envejecimiento

Marion Péruchon

Existe en la actualidad una avalancha de escritos sobre la resiliencia y los trabajos sobre el envejecimiento abundan de un modo igualmente fructífero. Lejos de hacer una síntesis exhaustiva de los conocimientos sobre el tema, propondremos, basándonos en algunas referencias fundamentales de la literatura, un abordaje psicoanalítico de los mecanismos de la resiliencia, en particular en la vejez. En mi opinión, la resiliencia crece a partir del buen funcionamiento de un tríptico, «NMO», cuyas tres determinantes, narcisismo, mentalización y objeto, en interacción, deben mostrarse positivos (y veremos de qué modo). De entre ellos el primero, el narcisismo, no ha sido objeto de un desarrollo tan sustancial como la mentalización.

Una bella y esclarecedora metáfora de Boris Cyrulnik (2004) sobre la resiliencia nos retendrá un momento puesto que da cuenta, a su manera, de la importancia de este tríptico «NMO»: «La resiliencia es el arte de navegar por los torrentes. Un trauma ha derribado al herido, arrojándolo en una dirección que no hubiera deseado tomar. Pero, ya que ha caído en una corriente que le hace revolcarse mientras lo conduce hacia una cascada de magulladuras, el resiliente debe apelar a sus recursos internos —en nuestra opinión, mentalización y narcisismo— impresos en su memoria, debe pelearse para no dejarse arrastrar por la pendiente natural de los traumatismos que lo llevan a extraviarse del golpe en golpe hasta el momento en que una mano tendida le ofrezca un recurso externo, una relación afectiva, una institución social o cultural que le permita salir» (Cyrulnik, 2004, pág. 223), esto es, lo que nosotros llamamos el objeto. Esta dimensión del tríptico, a la vez narcisista y objetal, pero positiva, se dibuja todavía mejor en el siguiente pasaje: «En esta metáfora del arte de navegar por los torrentes, la adquisición de los recursos internos ha dado al resiliente su confianza y su alegría. Estas aptitudes, fácilmente adquiridas a lo largo de los primeros años de vida, le han proporcionado el apego seguro y los comportamientos de atracción que le permiten estar al acecho de cualquier mano tendida» (Cyrulnik, 2004, pág. 224). Ilustración perfecta del tríptico estructurante «NMO».

Este zócalo «NMO» de la resiliencia (Pérucho, 2013) —que antes tendremos cuidado de definir— es lo que presidirá, por tanto, esta investigación psicoanalítica, remitiéndolo no sólo a algunas características principales del envejecimiento, sino también, para captar sus engranajes, a dos grandes configuraciones clínicas (¡pero hay muchas más!) que podrán encontrarse en la edad avanzada, de un modo discontinuo o muy parcial, incluso como simple tendencia. Puntos de referencia, estas dos configuraciones clínicas se inscriben en los dos extremos de una escala ficticia que va de una resiliencia lograda (la sublimación) hasta su fracaso completo (la desorganización psicosomática), pasando por diversos grados de resiliencia que serán objeto de otra investigación.

En esta trama, no olvidaremos puntuar el análisis de este fenómeno particularmente amplio, heterogéneo y holístico, tributario de la calidad de los parámetros y los engranajes del tríptico «NMO», apelando necesariamente a elementos de metapsicología e ilustrando nuestra alegaciones mediante algunas viñetas clínicas.

La resiliencia y su zócalo «NMO»

La resiliencia: puntos de referencia

La literatura concuerda en que la resiliencia concierne al hecho de un relanzamiento tras un trauma o un sufrimiento recurriendo a recursos internos. Apela, por tanto, a la personalidad y a sus defensas, pero no únicamente, ya que el objeto desempeña un papel igualmente importante. Si bien el sujeto, después de un trauma o una experiencia dolorosa, puede orientarse hacia un nuevo desarrollo (Cyrulnik, 2012) tras un reajuste económico, también puede proseguir su vida como antes, toda vez que la adversidad o la dificultad se han superado. Amplia y sumaria, esta definición necesita ser completada por cierto número de características que captan más de cerca este fenómeno complejo, en el que interactúan el soma, la psique y el entorno.

Para empezar, la resiliencia no sigue una ley de todo o nada: su éxito completo o su fracaso completo. Entre ambos extremos se reparten diversos gradientes entre los cuales tiene lugar una resiliencia relativa, parcial o incompleta, cuando el sujeto no ha conseguido, por ejemplo, evacuar todo el sufrimiento, una parte del cual puede permanecer suprimida, reprimida, negada o clavada en la conciencia.

Lo que es más, si se tienen en cuenta las irregularidades del funcionamiento psíquico, más o menos acentuadas según las personas y los períodos de la vida, (infancia, adolescencia, crisis de la mediana edad, vejez...) parecería que las capacidades de resiliencia no están aseguradas de una vez por todas; pueden fluctuar en el curso de la existencia.

En cuanto al trauma que se erige en el corazón mismo de la resiliencia —efracción más o menos extensa de la paraexcitación o de la barrera protectora—, libera una sobrecarga de excitaciones que desborda al yo dejándolo mentalmente pasmado. Ello indica hasta qué punto el exceso de excitaciones atenta contra las defensas del yo, en particular las defensas mentalizadas, creando una hemorragia libidinal, una pérdida energética, con consecuencias temibles para el narcisismo y el principio de placer, cuya función de ligazón (de dominio o neutralización) de la pulsión de muerte (o de destrucción) ya no puede ser asumida. Así, el trauma induce un efecto de desorganización en el yo, el aparato psíquico, a veces incluso en el soma (Marty, 1980) como veremos ulteriormente. En suma, se trata de una verdadera efracción narcisista.

Finalmente, pieza maestra de la resiliencia: su potencial de transformación. Éste exige en nuestra opinión un doble movimiento hecho de regresión (inmersión en la desgracia o el sufrimiento), luego de progresión (para desprenderse de ellos), como se puede presentar ya en la aserción de Boris Cyrulnik: «La resiliencia supone retomar un tipo de desarrollo tras una agonía psíquica» (en Anaut, 2006, pág. 86).

El trabajo de duelo da cuenta magistralmente de este funcionamiento; representa incluso el paradigma esencial de la resiliencia. El movimiento regresivo desencadenado por el reconocimiento del trauma de la pérdida de objeto provoca una inmersión en el sufrimiento o la depresión, correlativa de la retirada del mundo exterior. Es entonces cuando un trabajo de elaboración mental, largo y doloroso, si inicia acaparando al enlutado, sumergiéndolo en el pasado, en el acontecimiento dramático, a través de la repetición de sus recuerdos, de pesadillas y, con la verbalización, las dimensiones psíquicas que tratan o metabolizan las excitaciones traumáticas.

Cuando el «trabajo de desgaste» (Freud, 1917) —desgaste de la cantidad de investimiento o de la carga afectiva que estaba vinculada al objeto amado— está lo suficientemente avanzado, produciendo una disminución del dolor simultánea a la reinteriorización en el yo del objeto perdido, el movimiento progresivo se afirma. Es entonces cuando puede producirse la separación del trauma, o el relanzamiento propio de la resiliencia, con el retorno, finalmente, a los investimientos externos o a nuevos centros de interés, cuyos objetos son capaces de volver a aprovisionar al sujeto de libido narcisista (narcisismo secundario). Este doble movimiento (regresivo/progresivo) observado en el trabajo de duelo o durante el proceso resiliente por desgracia no todo el mundo puede llevarlo a cabo, porque requiere, como se sabe, tener los útiles mentales necesarios, pero no sólo esto, como veremos.

El zócalo «NMO» de la resiliencia y sus parámetros

En efecto, la resiliencia también exige —además de la mentalización— que intervengan otros parámetros igualmente importantes y que lo hagan en interacción: el narcisismo, por una parte, y el objeto, por otra parte, con apariencia de ser positivos, forman de este modo el tríptico, zócalo del proceso resiliente, cuyos parámetros proponemos examinar para luego confrontarlos con las particularidades psicológicas de la vejez.

El investimiento libidinal del yo, el narcisismo, que recubre la estima de sí, constituye un correlato de la resiliencia tan esencial como la mentalización y el objeto, con la condición de que revista, como sus acólitos, el sello de la positividad —la negatividad contraviene el proceso—. Así, como resultado de la pulsión de destrucción, la negatividad es profundamente perjudicial para la resiliencia: narcisismo negativo (desvalorización o borramiento de sí mismo, sentimiento de nulidad, de vergüenza, de fracaso...), mentalización deficiente (parálisis del pensamiento, por ejemplo) o en exceso, incluso desatada, con un recalentamiento de las representaciones que ya no dan cuenta del sentimiento de realidad (como en un delirio), o bien relación de objeto desvitalizada o nefasta (maltrato o persecución).

Fruto de Eros, el narcisismo positivo unifica el yo (Green, 2007), lo consolida y lo ayuda a resistir al empuje de la pulsión de muerte, o a resistir impactos traumáticos (Green, *ibid.*) Calificado como «cemento» por unos (Guillem, 1991) o de «medio de supervivencia» por otros (Kestembert, 1988), el narcisismo positivo actúa como una defensa protectora frente a una eventual desorganización. Y en cuanto reserva, el narcisismo positivo puede servir de tampón, como en la vejez, que puede ser vivida como una prueba de desnarcisización, período en el que abundan las disminuciones, las frustraciones, los hándicaps, las pérdidas de objeto o los traumas de toda clase. «El amor de uno mismo, como ése llama al narcisismo, es lo que, a pesar de las pérdidas —escribe P. Charazac— mantiene hasta el fin el amor por la vida y el deseo de vivir» (Charazac, 2005, pág. 29). Amor por la vida y deseo de vivir que hemos encontrado en buen número de nuestros nonagenarios y centenarios, cuya imagen de sí eran buena a pesar de sus limitaciones y que habían atravesado dramáticas pruebas.

El narcisismo positivo de la edad adulta se apoya en general en las bases de un narcisismo primario satisfactorio —el narcisismo de las primeras relaciones con la madre proveedora de cuidados psíquicos y físicos que participan en la edificación del yo, al principio indiferenciado del objeto de amor. Como también se sabe, los fallos en el narcisismo primario pueden compensarse posteriormente (durante la infancia o la adolescencia), aunque no sea frecuente, con ocasión de un nuevo entorno gratificante o la aparición de un nuevo objeto reparador suficientemente bueno.

El narcisismo primario del niño se teje a través de la necesidad de apego (Bowlby, 1978) al objeto materno, indisociable de la pulsión de conservación y las pulsiones sexuales. Y contrariamente a una idea

175

común el narcisismo primario implica una presencia del objeto (aunque reconocido como separado), cuyo papel inadecuado conduce al narcisismo negativo.

De cualquier modo, una vez adquirido, este narcisismo primario se mantendrá a lo largo de la vida, con la condición, sin embargo, de que sea alimentado, por una parte por los objetos del entorno —es decir, el narcisismo secundario retirado de los objetos y que refluye hacia el yo—; por otra parte, por el ideal del yo, instancia heredera del narcisismo, forjada a partir de los ideales parentales y sociales y que empuja al sujeto a ir hacia delante y a mejorar (Laplanche, Pontalis, 1967).

Ahora bien, en la persona mayor, más o menos desvalorizada, incluso rechazada en nuestras sociedades industrializadas, los objetos se enrarecen y la capacidad de seducción, cuyo poder narcisizante es intenso y se basa en los dones de la juventud, tiende a desaparecer, secándose así la alimentación del narcisismo. En cuanto al ideal del yo, que hasta ahora proveía al sujeto de libido narcisista, se vuelve caduco lo más a menudo (Balier, 1979), en especial con la jubilación y la extinción de los proyectos. Es entonces cuando con frecuencia la idealización, que dota al objeto de perfección, entre en juego para tomar el relevo (Balier, *ibid.*) —idealización del pasado y de sus objetos privilegiados, o del porvenir, a través de la creencia o la religión que aseguran al yo el amor (Dios, por ejemplo, ama a todos los suyos), incluso la eternidad o el paraíso, que yugulan la angustia de muerte, la desobjetalización y la deflación narcisista al mismo tiempo. Es así como la idealización vicaria cumple una función defensiva de sostén del narcisismo que se tambalea en la persona anciana, la cual demasiado a menudo vive en un entorno desabrido o denigrado, idealización que reaprovisiona al yo de libido narcisista, contribuyendo de este modo al proceso resiliente.

El valor fundacional del objeto no se limita al narcisismo, ya que el primer objeto, suficientemente bueno, promueve el sentido y el pensamiento simbólico, detenta cierto poder terapéutico. Ya sea que nos refiramos, con Freud, a la satisfacción alucinatoria del seno o del deseo cuando el objeto gratificante falta, premisas de las primeras representaciones y más tarde de los fantasmas, o que apelemos a la función alfa de Bion (1867) a través de la capacidad de ensoñación de la madre trasmitida al niño, se capta fácilmente el papel predominante del objeto materno, o de su sustituto, en el desarrollo de la mentalización, la cual liga (neutralizándola) en el sentido freudiano la pulsión de muerte o trata los elementos beta, negativos el bebé, en una perspectiva bioniana. En efecto, la función alfa de la madre sirve al mismo tiempo como receptáculo para las proyecciones negativas del lactante, para sus sensaciones corporales desagradables que no acceden a lo psíquico o para las impresiones sensoriales poco soportables que son los elementos beta, y actúa como transformador de los elementos brutos beta, convirtiéndolos en elementos alfa, es decir, en elementos desintoxicados o bonificados, dispuestos a ser interiorizados por el niño. Los nuevos contenidos interiorizados formarán entonces en el bebé los elementos alfa (sueños, fantasmas...). Así es como se instalará progresivamente en el niño la interiorización de la capacidad de ensoñación materna, o sea, la función alfa introyectada, que permitirá el tratamiento mentalizado de las emociones negativas, de las frustraciones y los impactos traumáticos. De ahí su importancia fundamental en el proceso resiliente.

En la edad avanzada, a pesar de su debilitamiento, por otra parte relativo, la mentalización también puede acudir al rescate de las pérdidas o de las frustraciones y de las faltas de toda clase. La función alfa, que sigue actuando, hará posible entonces la tolerancia a la frustración (Bion, 1967), precisamente transformándola, a veces incluso otorgando al sujeto bellas satisfacciones narcisistas o una prima de placer. Tal es el caso de Jacqueline Romilly, casi ciega, que disfruta con sus recuerdos, liberada de la urgencia y de la necesidad de acción inmediata y recuperándose narcisísticamente: «¿No habría riquezas insospechadas que, de repente, se revelan en el momento en que se creía haberlo perdido todo, al final de la vida?» (Romilly, 2009, pág. 69); o también: «Las revelaciones de la memoria, cuando nos devuelven un instante del pasado, nos llegan de una alegría tierna y preciosa, asombrada y además indestructible» (Romilly, *ibid.*, pág. 106).

El sobreinvestimiento de los recuerdos —y por tanto la mentalización— en la edad avanzada también puede ponerse directamente al servicio del trabajo de envejecer, de ese trabajo de duelo del yo, parcial, que compromete un largo trabajo psíquico destinado a la renuncia a una parte del narcisismo con el fin de facilitar el último pasaje, de lo que da testimonio François Mauriac en sus *Nuevas memorias interiores* (1985), trabajo del envejecer que actúa en favor de la resiliencia.

Esta vida interior exacerbada, esa sobrementalización o simplemente una mentalización sustancial, al envejecer puede debilitarse o perder valor, dando a veces un lugar más importante al objeto objetal. Varios escritores hablan de ello, como Michel Schneider (2008). Y luego, el avance de la edad puede constituir un factor de vulnerabilidad tal, en relación a una menor resistencia a las molestias, a las agresiones e impactos traumáticos en ese período de la vida (Gaucher, Ribes, Ploton, 2003), cuando el sujeto se vuelve más dependiente de su entorno.

Este retorno al objeto en la vejez también puede adoptar un cariz regresivo, especialmente con el retorno al «apego primario» (Bianchi, 1989), a un vinculo afectivo securizante, imperativo e idealizado con los primeros objetos de amor anteriores al Edipo, en particular cuando las sustituciones de objetos edípicos se vuelven difíciles para el yo anciano (Biachi, *ibid.*). La fantasía de la inversión del orden de las generaciones —en la que el anciano pude convertirse, por ejemplo, de un modo infantil en dependiente de su hija, a quien considera como su «mamá»– entra en este registro del retorno al apego primario. Dicho esto, cuando la vejez, «fuente de inseguridad, reanima esta necesidad de apego» (Lejeune, Ploton, 2012, pág. 118), esta necesidad de apego se traducirá más, en unos casos, en el investimiento de objetos internos capaces de ocupar el lugar de «tutores de resiliencia» (Cyrulnik, 2008) internos, y en otros casos, en la búsqueda de objetos en el entorno, «tutores de resiliencia» Cyrulnik, *ibid.*) externos, especialmente cuando la mentalización se debilita y tiende a extinguirse. En este marco, no es infrecuente que se constate un retorno a lo perceptivo, al que se añade a menudo un sobreinvestimiento de lo cotidiano o de lo actual —modalidades de funcionamiento que con frecuencia combaten sentimientos depresivos o de inutilidad, incluso la pérdida del sentido, que están lejos de tener el mismo poder metabolizante que la mentalización—. Así, podríamos recurrir —para relanzar la dinámica «NMO»— al concepto de «resiliencia asistida» (Ionescu, Jourdan-Ionescu, 2006), que consiste en poner en acción un dispositivo, en los sujetos de riesgo, para ayudarlos a desarrollar un proceso resiliente localizando sus recursos y sus potencialidades, así como las de su entorno (familia o proveedores de ayuda) (Ionescu, 2011).

A través de estos destinos distintos del narcisismo, de la mentalización y del objeto en la ancianidad, el lector ya dispone de un panorama de la extrema diversidad de las variaciones de los parámetros que pueden producirse en el tríptico «NMO», base de la resiliencia. Con el fin de mejorar la comprensión de este tríptico «NMO», esta vez a través de sus combinaciones y articulaciones, ahora vamos a analizar, como hemos anunciado, dos configuraciones clínicas, una de ellas portadora de un fuerte gradiente de resiliencia (la sublimación), mientras que la otra muestra el fracaso patente del proceso resiliente (la desorganización psicosomática). Entre estos extremos, se despliega todo un abanico de configuraciones clínicas de grados y factores de resiliencia distintos —unos suponen, por ejemplo, limitaciones o malformaciones (como la perversión narcisista), otros aspectos aparentemente paradójicos (como ocurre en el suicidio asistido)—, configuraciones clínicas que tendremos el gusto de analizar en un trabajo futuro.

Desde el buen funcionamiento del tríptico «NMO» hasta su fracaso

La sublimación y su tríptico «NMO», o del buen uso de la resiliencia

¿En qué medida representaría la sublimación el *analogon* de la resiliencia? En la medida en que la sublimación implica un proceso de transformación. Transformación de la energía pulsional, ya sea sexual o agresiva. Lejos de ser actuado, lo pulsional en la sublimación está representado, simbolizado o imaginado. Transformación también del trauma, de la pérdida, de la castración, de las heridas narcisistas, de las frustraciones o de los perjuicios, en suma, del sufrimiento que poco a poco se metaboliza. Y en su mejor expresión, transformación del principio de displacer en principio de placer que liga la pulsión de muerte. De este modo, la sublimación conduce a la reparación del sujeto (Segal, 1979), al mismo tiempo que del objeto perdido (Klien, 1968)

—por otra parte, este último podrá ser el destino de un trabajo de duelo a través de la elaboración mental—. De modo que esta transformación, que es múltiple, recurre a un trabajo psíquico de metamorfosis, de metabolización de la energía o desprendimiento de la misma respecto al síntoma, el sufrimiento, las tensiones o el conflicto gracias al manejo de las representaciones de cosa y de palabra.

Este trabajo mental exige, además, un indispensable investimiento narcisista cuando se produce una retirada del mundo exterior, indispensable para la creación, sin por ello separarse del objeto (por lo general la obra se dirige a un público) —estando todas estas dimensiones, constitutivas del trípode «NMO», base de la resiliencia, en interacción, como lo plantea por otra parte la definición freudiana de la sublimación—. Desviación de la energía pulsional sexual y destructiva a favor de un nuevo objeto socialmente valorizado, la obra (cambio de finalidad y de objeto: paso del objeto sexual al objeto cultural), la sublimación, se realiza a través del reflujo de la libido de objeto hacia el yo (centrado narcisista), empujado así a investir el campo de las huellas mnésicas, de los símbolos, de lo imaginario, de las representaciones de cosa y de palabra (mentalización). Por añadidura, este trabajo mental se efectúa por lo general a través de un movimiento regresivo que vuelve inconscientemente a las huellas del objeto primario o en un vínculo con el núcleo maternal arcaico (Green, 1982), el objeto perdido. En consecuencia, la sublimación tiene algo que ver con la elaboración del duelo, en particular en la edad avanzada, en la que se multiplican las pérdidas de objeto, a menudo en resonancia con la pérdida del primer objeto, tal como lo atestigua, por ejemplo, François Mauriac en sus *Nuevas memorias interiores* (1985), escritas entre los 71 y los 80 años.

Si bien la creación remite a una regresión narcisista que implica sumergirse en el inconsciente, en lo imaginario o en uno mismo, en el pasado propio o en su historia, particularmente en las autobiografías, no por ello suprime la transmisión a los demás (la reobjetalización): la producción debe ser secundarizada, es decir, lo bastante lógica o comunicable para que el lector o el espectador puedan captar su significación.

Vehículo del sentido y vector autoterapéutico (corrobora un trabajo de metabolización de las faltas, de las frustraciones o los impactos traumáticos), consideramos que la sublimación posee un fuerte potencial de resiliencia, con la condición de que en ella actúen conjuntamente, como el lector habrá entendido, los tres pilares principales de su tríptico «NMO». Esto nos parece tanto más importante en la edad avanzada, en la que puede producirse una desnarcisización, con un descenso de los rendimientos físicos y psíquicos, sin contar con los diversos hándicaps o enfermedades, lo cual se suma a la disminución de los objetos objetales. La sublimación tardía serviría entonces como defensa separadora contra los efectos destructivos de la pulsión de muerte (narcisismo negativo, vacío mental, desobjetalización), en la medida en que, precisamente, los neutralizaría en provecho del yo. Dicho de otra manera, la sublimación revelaría una lucha contra la desnarcisización, la pérdida del sentido y la desobjetalización, aportando beneficios secundarios, llegando incluso a la ganancia de placer mediante la ligazón o la limitación de la pulsión de muerte.

Pensamos, por ejemplo, en Renoir, que padeció en su vejez una artritis reumatoide particularmente dolorosa. «Cuanto más intolerable se volvía el sufrimiento, más pintaba Renoir», escribió su hijo Jean (Renoir, 1962, pág. 499).

> Mi padre alargaba el brazo y humedecía el pincel en el aguarrás. Este movimiento era doloroso. Esperaba algunos segundos, como si se preguntara: «¿No es demasiado dolor? ¿Por qué no renunciar?». Un vistazo a su motivo le devolvía el coraje. Trazaba sobre una tela, con un poco de laca de granza, un signo que sólo a él le resultaba comprensible. «¡Jean, ábreme un poco más la cortina amarilla!». Una segunda pincelada de granza. Un «¡Es divino!» más firme. Nosotros lo mirábamos. Sonreía y nos guiñaba un ojo, tomándonos como testigos de la complicidad que acababa de establecerse entre aquella hierba, aquellos olivos, la propia modelo (Andrée, la chica a quien había contratado). Al cabo de un instante, mientras pintaba, canturreaba. Una jornada de felicidad empezaba para Renoir, una jornada tan maravillosa como la del día anterior o la del día siguiente. El momento del almuerzo no era una interrupción. Su mente seguía su exploración en medio de los misterios de su cuadro. Esto duraba hasta el anochecer [...]. Entonces el cuerpo volvía por sus fueros. Los dolores apuntaban tímidamente, luego volvía a instalarse con toda la dureza de su tortura (Renoir, *ibid.*, pág. 504).

No hay duda de que esta dinámica «NMO» que mantenía bloqueado el dolor, aunque fuese temporalmente, operaba muy bien en Renoir, basada como estaba en la celebridad (ya en su tiempo) que volvía a poner a flote su narcisismo, en el sobreinvestimiento de lo perceptivo y de las representaciones de cosa (mentalización), en la búsqueda constante de la belleza de los objetos del entorno para pintarlos, en particular su modelo femenino adulado y, finalmente, en el amor de su hijo y la amistad de su fiel médico. Así, los tres componentes del tríptico «NMO» orquestados por la libido son particularmente bien aprovechados en el caso de Renoir, reflejando su poder de transformación, o sea, un alto grado de resiliencia frente a un final de vida torturante. Evidentemente, no siempre ocurre así. Estos tres componentes pueden mostrarse netamente menos eficaces, incluso completamente hundidos, como en la desorganización psicosomática que proponemos abordar a continuación.

El fracaso de la resiliencia o la coagulación del funcionamiento «NMO»: la desorganización psicosomática

La coagulación de la dinámica «NMO» en todos sus parámetros puede ilustrarse mediante el caso paradigmático de la desorganización psicosomática (Margy, 1992), un tipo de cáncer que interviene sobre una estructura psicosomática. Entendámonos bien: no todos los cánceres germinan sobre este terreno psicosomático, aunque a veces encontramos algunas de sus características que, por otra parte, se combinan de un modo distinto. Por otra parte, existen cánceres que pueden constituir la ocasión para una resiliencia, una superación de la crisis gracias a que el trípode reorganizador «NMO» vuelve a ponerse en funcionamiento: entonces se ve que resurge el investimiento de los vínculos objetales, antes paralizados, lo que aporta a su vez una carga de ganancias narcisistas, acompañadas de una recuperación de la mentalización (reinvestimiento de las representaciones de cosa, de los sueños, de las fantasías, etcétera) —todo lo cual actúa ligando la pulsión de muerte—. De lo que vamos a hablar aquí no es de estas crisis, reversibles, sino más bien de aquellas estructuras psicosomáticas (Marty, 1992) que no tienen nada que ver con las neurosis bien mentalizadas regidas por el conflicto intrapsíquico (tipo neurosis histérica u obsesiva) y que tienen tendencia a descompensarse bajo una modalidad somática a consecuencia de una herida narcisista, de una pérdida de objeto o un trauma.

El pensamiento operatorio que las impregna se basa en lo actual, lo factual, la realidad concreta o lo cotidiano y lo perceptivo; este pensamiento, por tanto, no está vinculado con una actividad asociativa onírica o fantasmática apreciable y está separado del inconsciente (Marty, 1992). En cuanto a los afectos, traducción psíquica de la pulsión, demuestran estar congelados, al igual que el proceso identificatorio. De ello se deriva entonces una relación de objeto llamada «blanca» (P. Marty, *ibid*.) desvitalizada, basada en una represión drástica de lo pulsional, tanto libidinal como agresivo —lo cual demuestra a menudo la presencia de un falso *sel* notoriamente conformista—.

Cuando este pensamiento operatorio pasa a la cronicidad, bascula hacia una vía operatoria (Marty, 1992) y anuncia una desorganización progresiva que por lo general conduce a una enfermedad grave; esta última representa el lugar a donde van a parar las excitaciones que ya no puede ser asumidas por el trabajo psíquico protector, ni siquiera por los afectos, que dejan de ser experimentados y se descalifican, retornando a las excitaciones nocivas. Sin duda, esta vía operatoria hace las veces todavía de defensa contra la depresión, en este caso no expresable, no mentalizada, llamada depresión esencial (Marty, 1980); por otra parte, los deseos han desaparecido por completo. Junto a esta desmentalización y esta deslibidinización, el narcisismo sufre un destino similar, de modo que «el sentimiento de desvalorización personal y de herida narcisista se orienta electivamente en relación con la precariedad del trabajo mental» (Marty, 1992). En esta misma dirección, Claude Smadja (2001) afirma que la depresión esencial responde a una pérdida narcisista del yo.

Esta fragilidad del trabajo mental acoplada al narcisismo deficitario coincide con una falla profunda del narcisismo primario, revelada en la literatura de diversos autores, como Pierre Cazenave, muerto él mismo de cáncer. Falla que corresponde a una enfermedad severa profundamente sepultada (Lambrichs, 1998), a una angustia arcaica no verbalizable, «la enfermedad del lactante en el adulto» (Lambrichs, *ibid*.) que Pierre Cazenave, como psiquiatra, constató no sólo en cierto número de sus pacientes que padecían cáncer, sino igualmente en él mismo. «Estaba preñado de una madre criminal —nos confiesa— como el hecho de desarrollar un cáncer, objeto somático, fuera el esbozo de una tentativa de simbolización de un objeto ausente, la madre [...]» (Lambrichs, *ibid*, pág. 287). «En lo que a mi madre se refiere —prosigue— el acto asesino consistía en el rechazo inconsciente de tener en cuenta —algo que sin embargo era vital para mí— mi ser y mi pensamiento. Ella no podía estar embarazada de mí. Era demasiado narcisista y estaba demasiado deprimida para ocuparse de algo que crecía en su cuerpo y que era yo. Como si me hubiera matado dentro del huevo» (Lambrichs, *ibid.*, pág. 188).

Pierre Cazenave nos confía igualmente que de niño tenía muchas pesadillas, reveladores de una excitación excesiva y no metabolizable, cuya temática repetitiva aterradora estaba relacionada con una caída sin fin en el vacío —hecho que constató en varios de sus pacientes cancerosos—. Es evidente que esta temática iterativa debe ser puesta en relación con la carencia objetal primaria: el *holding*, *handling* y *mirroring* (Winnicott, 1975), o con la función alfa (Bion, 1967) de la madre, que no han funcionado adecuadamente. Poco atenta y preocupada por sus propios problemas, o absorta en su duelo o en una depresión, la madre no se ha identificado con su bebé; no ha respondido de un modo adaptado a sus necesidades psíquicas. En otros términos, el niño no ha sido lo bastante contenido, apoyado, securizado, en suma, investido; por esto mismo, este último no ha podido interiorizar la función alfa de la madre, ya que ésta era desfalleciente. De ahí las molestas recaídas ulteriores en los planos narcisista, mental y objetal, al mismo tiempo.

En este punto preciso, aduce a nuestra mente la conceptualización de la «madre muerta» de André Green (1983), que remite a un objeto materno ausente o psíquicamente muerto, pero materialmente presente. Madre en duelo o deprimida, esta madre, desprovista de vitalidad y empatía, constituye para el niño una catástrofe o un trauma indeleble que pesará mucho sobre su destino libidinal, narcisista, psíquico y somático. El desinvestimiento de la madre será particularmente perjudicial para el narcisismo del niño, y como hay identificación inconsciente con esta madre muerta, no comunicativa, de ello resultará una pérdida de sentido que creará un vacío o un agujero en el psiquismo.

Más tarde, en la edad adulta, el sujeto podrá precipitarse en caso de pérdida de objeto o de un trauma que reactive esta pérdida de amor, en una angustia indecible, no elaborable mentalmente, reactualizando así la angustia primaria de orden existencial. ¿Quién mejor que Pierre Cazenave podría hablarnos de ello? «Mi vergüenza viene de lejos, escribe. No se trata sólo de esa vergüenza ligada a los ideales de la que hablan los expertos en psicosomática. Es una vergüenza más fundamental, un sentido profundo y difuso de no tener derecho a vivir. Como si el hecho de vivir fuera, en sí, una transgresión. Como si sólo tuviera derecho a sufrir y a morir» (Lambrichs, 1998, pág. 226). Vector del narcisismo negativo (Green, 1993), esta vergüenza, este «veneno del alma y freno de la resiliencia» (Cyrulnik, 2012), Pierre Cazenave la encontró también en buen número de sus pacientes cancerosos. Así, la negatividad antirresiliente del tríptico «NMO» ha alcanzado a todos sus parámetros en la desorganización psicosomática —negatividad del narcisismo, de la mentalización y del objeto, que acaba por alterar las regulaciones biológicas y predispone al sujeto a una somatización mortífera, la figura más elevada del fracaso de la resiliencia—.

Pero ¿qué ocurriría con el envejecimiento en este contexto pesadamente cargado de negatividad, obra de la pulsión de muerte? Sin llegar al extremo, incluso a la inepcia, de reducir al sujeto envejecido a estas estructuras psicosomáticas bien singulares —que sin embargo pueden existir en casos muy diversos—, podemos encontrar factores «NMO» negativos que podrían exponer a la persona anciana al peligro somático, sobre todo en caso de trauma o de pérdida de objeto. El debilitamiento o la pérdida libidinal en la vejez, aliada al sobreinvestimiento de lo perceptivo, de lo cotidiano, de lo factual, del objeto concreto o del cuerpo en detrimento del investimiento de las representaciones de palabra, de lo imaginario o de los sueños, así como demasiado a menudo el desinvestimiento narcisista del yo, agravado por la vida en una institución desubjetivadora, puede ser la base para un pensamiento operatorio, incluso para una vía operatoria, corriéndose así el riesgo de una depresión esencial, lo más a menudo de una depresión enmascarada (por los síntomas somáticos, precisamente).

Muchas otras configuraciones clínicas en la vejez podrían ser objeto también de una investigación acerca de esta negatividad masiva antirresiliente, aunque sólo fuese el síndrome de deslizamiento o algunas demencias psicógenas (Péruchon, 2011), muestras de la aniquilación de todos los componentes del tríptico «NMO». Pero ahora ha llegado el momento de detener nuestro recorrido con vistas a una conclusión.

La combinación de los tres parámetros positivos del tríptico «NMO», asociada al doble movimiento regresivo/progresivo que puede fomentar, representaba la condición óptima para el advenimiento de una resiliencia satisfactoria. Conjuntamente, ligan las excitaciones traumáticas y la pulsión de muerte hasta cierto punto.

En la edad avanzada, mientras que estos tres parámetros sufren una modificación o una disminución más o menos acentuada (narcisismo afectado, debilitación de la mentalización, rarefacción de las relaciones de objeto...), la resiliencia, sin duda más difícil en este período de la vida, no deja de ser realizable —en la medida en que, sin ser intercambiables, estos parámetros pueden hasta cierto punto compensarse uno a otro—. En efecto, si la capacidad de seducción (narcisismo) en la vejez a menudo queda dañada, la sublimación (mentalización) puede, por su parte, aportar ganancias narcisistas considerables a un sujeto que sabe interesar y encantar a su entorno, de tal modo que este último le devuelve una imagen valorizada de sí mismo. Por otra parte, esta mentalización podrá funcionar ocupando el lugar de relación de objeto ante el riesgo de un vaciamiento objetal... Y mientras que la calidad de estos parámetros desempeña un papel primordial ante el sufrimiento o los impactos traumáticos (resultando su negatividad antirresiliente), el peso de un parámetro puede predominar sobre los otros dos sin por ello borrarlos. Por ejemplo, algunos sujetos recurrirán más al tutor de resiliencia externa (el objeto) que al tutor de resiliencia interna (la mentalización), y viceversa, tal como hemos visto cuando la mecanización se encuentra sobreinvestida.

Una vez más, constatamos que a la personalidad le corresponde una parte importante en el destino de la resiliencia, aunque sólo sea a nivel del narcisismo primario sostenido o desfalleciente; de este modo, para «remontar la pendiente» algunos sujetos tendrán más necesidad de apoyarse en el objeto externo. Aquí pensamos en el funcionamiento límite en el sentido bergeretiano del término. Pero, más allá de toda personalidad, en la edad avanzada la presencia de un objeto prótesis se vuelve cada vez más indispensable. Finalmente, otro estudio exigiría desarrollos más extensos a propósito de esta escala ficticia «NMO» de la que hemos dado únicamente los dos extremos — escala que incluye variantes clínicas muy singulares de la resiliencia (como el suicidio asistido) o incluso patológicas, como la perversión narcisista hiperbólica, incluyendo a veces a parejas de ancianos. Todo lo cual nos dedicaremos a poner en práctica próximamente—.

Referencias bibliográficas

Anaut M. (2006), «La résilience au risque de la psychanalyse», en B. Cyrulnik y P. Duval (ed.), *Psychanalyse et résilience*, Odile Jacob, París, págs. 77-104.
Balier C. (1979), «Pour une théorie narcissique du vieillissement», *L'information psychiatrique*, 55 (6), págs. 635-645.
Bianchi H. (1989), «Vieillir ou les destins de l'attachement», en H. Bianchi y J. Gagey (eds.), *La Question du vieillissement. Perspectives psychanalytiques*, Dunod, París, págs. 33-63.
Bion W. R. (1983 [1967]), *Réflexion faite*, PUF, París.
Bowlby J. (1978), *L'Attachement. Attachement et perte*, PUF, París.
Charazac P. (2005), *Comprendre la crise de la vieillesse*, Dunod, París.
Cyrulnik B. (2004), *Les Vilains Petits Canards*, Odile Jacob, París [trad. cast.: *Los patitos feos. La resiliencia: una infancia infeliz no determina la vida*, Gedisa, Barcelona, 2016].

El trabajo psíquico de resiliencia en el anciano

La función de los mecanismos de desprendimiento: releer y religar la propia vida

Jacques Gaucher y Gérard Ribes

El aparato psíquico individual tiene, entre sus misiones, la de asegurar la permanencia, la resistencia de la identidad del sujeto frente a las perturbaciones y los ataques que pueden fragilizarla, incluso destruirla. Al mismo tiempo asegurará la continuidad del ser y su adaptabilidad. Un abordaje psicodinámico busca comprender, evaluar las capacidades, pero también las modalidades psíquicas de defensa de las que un individuo dispone y cómo las moviliza y hace uso de ellas en esta perspectiva.

A partir de este punto de vista general, nos proponemos someter esta sensibilidad y esta exploración al conjunto de cuestiones que caracterizan la vejez del sujeto y la complejidad de los retos psíquicos que constituyen más precisamente lo que llamamos el abordaje psicodinámico del sujeto de edad avanzada. Así, nuestras viñetas clínicas son en su gran mayoría gerontológicas, aunque este planteamiento no se refiere exclusivamente a los ancianos. La extensión de este análisis y de las proposiciones teóricas que de él se siguen tienen toda su pertinencia en cuanto nos interesamos por otras poblaciones en situación de traumatismo, de sufrimiento psíquico, incluso en una situación patológica (depresión, angustia, trastornos de la personalidad, etcétera).

El aparato psíquico, como todos los sistemas y *a fortiori* los sistemas complejos, trata prioritariamente de reducir los efectos de las perturbaciones que recibe, de acuerdo con un principio de homeostasis que se le impone. Una perturbación debe ser controlada, reducida, como también ha de ser reducida al máximo su eficacia. Se trata aquí del papel de los mecanismos de defensa que se constituyen a lo largo de desarrollo del niño, el adolescente y el adulto. Vale decir que estas construcciones dinámicas, necesarias para la conservación de la identidad y de la personalidad, están en movimiento y en reajuste permanentes a lo largo de la vida del sujeto.

Más adelante abordaremos la diferenciación y la calificación de los mecanismos de defensa de acuerdo con dos categorías: los mecanismos de defensa cuyo objetivo es estrictamente protector, por una parte, y por otro lado los mecanismos de desprendimiento (*working-off mechanisms*) o defensas elaborativas, cuya característica esencial consiste en iniciar una nueva construcción adaptativa y transformativa que integre la perturbación que ha tenido lugar como un componente nuevo de la personalidad (Bribing, 1943; Lagache, 1962), lo cual supone el riesgo de aumentar el nivel de tensión provocada por dicha perturbación. Esto equivale a decir que el concepto en cuestión nos parece muy cercano a la cuestión de la resiliencia. ¿Se podría entender el proceso de resiliencia como la traducción comportamental del recurso a mecanismos de *dégagement* (desprendimiento)?

Por otra parte, se plantea una cuestión igualmente fundamental, la de definir qué es la vejez psíquica. El calificativo «psíquica» adosado al sustantivo «vejez» plantea interrogantes e incluso produce perplejidad, dado que esta etapa de la vida suele representarse como inerte y poco productiva. Las representaciones estereotipadas que nuestra cultura ha edificado se han concentrado en torno a la enfermedad, la fragilidad, la pérdida y la dependencia, pero también la regresión y una forma de retorno a la infancia. ¿Cómo pensar entonces una postura en términos de desarrollo en relación a la ancianidad? Algunos autores han contribuido a esta lectura de las cosas, como Balier, Quinodoz y Gaucher. Su abordaje psicodinámico de la vejez permite articular «vejez» y «resiliencia».

Los trabajos científicos actuales sobre la vejez y el proceso de envejecimiento se organizan en torno a las representaciones estereotipadas que acabamos de mencionar y están destinados a consolidar estas representaciones. Los congresos y coloquios se construyen a partir de las bases de la fragilidad y la dependencia del anciano. Hay poco lugar para el desarrollo y la realización del sujeto de edad avanzada. El impacto de la noción de resiliencia, reciente en gerontología, estimula trabajos de investigación en este sentido.

Las consecuencias que esto tiene no son menores, porque plantean dos cuestiones fundamentales:

- Envejecer sería seguir desarrollándose siempre; formar nuevas aptitudes, construir competencias y nuevas riquezas del sujeto.
- ¿Qué podrían ser estas potencialidades insospechadas de los ancianos ante un destino tan habitado por su muerte cercana? A la lectura depreso-maníaca de la vejez y del porvenir de los ancianos se opone un planteamiento psicodinámico que se apoya en los recursos, los talentos construidos a lo largo de una vida, las capacidades creativas inimaginables.

A la metáfora del naufragio, muy admitida culturalmente, intento de traducir el destino de ser viejo, se le podría oponer la del resurgir psicológico que da cuenta de esta movilización de las competencias, de los talentos y los recursos del anciano.

Afirmar que la vejez es una etapa idílica de la vida supondría cierta ceguera y una idealización abusiva, que no tendrían en consideración los retos de este período complejo, el cual expone al sujeto a su final, que es la muerte, por un lado, e implica por otra parte transformaciones considerables en el cuerpo y en cuanto al lugar ocupado en la sociedad. Afrontar esta etapa de la vida es para el anciano un desafío a cada instante. Los desórdenes fisiológicos, el debilitamiento de las funciones del cuerpo, el aislamiento social, todo ello convoca una mirada hacia el anciano por parte de su entorno que establece como casi una evidencia esta lectura de la vejez en términos de naufragio. La posición psíquica de la persona de edad avanzada se ve entonces privada sus soportes en su entorno, que a menudo adquiere un cariz compasivo, incluso depresógeno. La referencia propuesta para la «buena edad» es la del período adulto de la existencia en que las capacidades del individuo se encontrarían en su punto culminante, vinculándose muy a menudo la inscripción social de una persona y su salud psíquica.

En nuestra cultura actual, y dadas las representaciones que la habitan en materia de consideración de la vejez, supone un desafío considerable para el viejo recorrer su camino en la última etapa de su desarrollo. La consigna de B. Cyrulnik, que consiste en decir «Sálvate, la vida te espera...» —título de su libro-testimonio sobre su propia experiencia traumática de no tener más destino que la muerte—, puede también aplicarse a los retos que se le imponen al anciano, en este cruce de caminos, al final de su vida.

¿Qué posiciones psíquicas para el sujeto de edad avanzada?

Por supuesto, la historia de B. Cyrulnik (2012), que por entonces tenía seis años, no se puede confundir con la de un anciano que se encamina hacia el final «legítimo» de su vida. Sin embargo, la confrontación con la propia muerte es para cada cual una forma de efracción intemporal en la esfera psíquica. Las posturas psíquicas son globalmente de tres órdenes:

- Deshacerse de ella. El inconsciente psíquico recurre a mecanismos de defensa que alejan la perturbación o, al menos, la controlan. Luego el apaciguamiento psíquico sigue su camino. Pero podemos interrogarnos sobre la solidez de estos mecanismos de protección a la larga y, en particular, de la reviviscencia de lo que había quedado enquistado cuando llega la vejez.
- Sufrir por esta perturbación y arriesgarse a la patología, en el sentido de que la psique no encuentra el modo de enfrentarla.
- Integrar la perturbación como un elemento nuevo que hay que dominar para apropiársela. Entonces la perturbación se convierte, mediante la construcción de su lugar, en constitutiva de la identidad del sujeto.

La elección entre estas alternativas no es consciente, aunque puedan ser «concientizadas» a posteriori. La orientación de la elección se lleva a cabo a partir de la relación compleja entre un contexto de vida —constituido por el entorno cercano, la cultura, la visión que tiene la sociedad— y también la estructura psíquica del sujeto. La incidencia en el desarrollo de la persona y su modo de estar en el mundo.

Estos elementos reclaman algunas reflexiones que conciernen de un modo quizá más específico al anciano, en el sentido de que su personalidad está ya, supuestamente, bien construida, su trayectoria vital está trazada desde hace muchos años y su destino como mortal parece casi como algo banal, teniendo en cuenta su edad avanzada. Numerosos trabajos se han interesado por la cuestión y han propuesto cierta lectura de los movimientos psíquicos del viejo. El primer autor, C. Balier (1976), postula que la persona mayor empieza a llevar a cabo un «balance de vida» que, principalmente, proporciona una base narcisista necesaria, «alojando» los ideales en el pasado, en vez de mantenerlos en un futuro tan incierto. D. Quinodoz (1994) propuso el concepto de «trabajo del envejecimiento», que trata de dar cuenta de los principales movimientos psíquicos de la edad avanzada, postulando que este período constituye el marco de profundas transformaciones estructurales y funcionales para la psique. J. Gaucher y G. Ribes (2009) retoman el concepto de D. Quinodoz y lo completan, articulándolo con el de «crisis de senescencia», que introduce esta fragilización necesaria por la crisis de la estructura psíquica, sometida a fuertes exigencias por la integración del final de la vida (Bianchi, 1987) como componente identitario para el anciano. E. Erikson (1959) sitúa la vejez como la octava y última crisis de desarrollo, que oscila entre integridad y desesperación.

Otros autores aportan contribuciones pertinentes que esclarecen estos movimientos psíquicos mediante la especificidad de sus planteamientos clínicos. M. de M'Uzan (1976) desarrolla el concepto de «trabajo del traspaso» que traduce, siguiendo los trabajos de E. Kluber-Ross (1969), la necesidad del «objeto clave» —persona caracterizada por su presencia junto al moribundo— y su función de «objeto transicional recuperado» que ofrece un modo relacional particular a la persona que se enfrenta a la muerte, con el fin de que pueda «volver a estar» en el mundo antes de dejarlo. S. Freud (1915), mucho tiempo antes, elaboró el concepto de «trabajo de duelo», que permite diferenciar una experiencia depresiva «normal» y costosa de la patología melancólica.

Los trabajos de estos autores nos autorizan a considerar que la situación psíquica del anciano tiene más que ver con la turbulencia de una búsqueda intensiva de su construcción identitaria y con profundos reajustes psíquicos que con la calma al final de una vida que se marchita por el desgaste y la debilidad.

Estas transformaciones, que corresponden a un movimiento de resiliencia, requieren condiciones que son las condiciones de la resiliencia. Traumatismo, tutor de resiliencia, elaboración del traumatismo e integración de este último después de su transformación son componentes de la resiliencia que podemos encontrar en la «crisis de senescencia» y el «trabajo del envejecimiento».

La posición del tutor de resiliencia

Aunque el tutor de resiliencia no tiene una misión prescrita, no por ello es un factor menos determinante para que haya resiliencia. La mirada que dirige al anciano sabe apartarse de los estereotipos de fragilidad, patología, dependencia y/o regresión para aportarle una mirada nueva, susceptible de dejarse sorprender. Así, descubre a un anciano capaz de demostrar mucha curiosidad por el mundo. Curiosidad que se constata por ejemplo en la desinhibición del enfermo de Alzheimer, que manifiesta a menudo una curiosidad desordenada, pocas veces bien aceptada por su entorno. Esta curiosidad por el mundo revela una pulsión de vida y una capacidad de investimiento objetal importante.

El tutor de resiliencia, simplemente porque está en una relación con el anciano, autoriza la constitución de un espacio transicional que abre a éste a la relación, a la recuperación de las virtudes de la transicionalidad (Winnicott, 1975). Se crea entonces un espacio de encuentro y de creatividad que libera potencialidades («espacio potencial» de Winnicott) en el sujeto de edad avanzada. Queda abierta de nuevo la vía hacia una posible elaboración psíquica de las dificultades que surgen, los traumatismos actuales o antiguos, dejados en barbecho y que se pueden retomar con el fin de construir y contribuir a construir todavía el tejido psíquico del anciano. Como en el proceso de resiliencia, el anciano pude reconstruir los apoyos narcisistas necesarios para este trabajo de elaboración psíquica. Como en la resiliencia, la sensibilidad, a menudo dolorosa, ya no se expresa bajo la modalidad de la fragilidad, sino en el modo de la vulnerabilidad, ofreciendo así a la persona mayor un espacio para crear a partir de lo «inconcluso», lo «insuficientemente construido», como fallas a cuyo través pasa al fin la luz de su mundo interno hacia su entorno y sus alrededores.

Las cuestiones del vínculo, la separación, el mantenimiento de la identidad, son fundamentales en el acompañamiento del envejecimiento: muestran el impacto de las condiciones del entorno sobre las capacidades de representación de una psique a la espera de una identidad. Este encuentro puede poner a trabajar de nuevo mecanismos de apego que permitan al sujeto reapropiarse en el presente lo que había estado insuficientemente ligado y abrirse, con consecuencias a veces dolorosas para el entorno, a otros anclajes relacionales. Se trata por tanto, para el que sería un tutor de resiliencia potencial, de acudir a la cita. Su primer compromiso es estar dispuesto a oír el discurso de alguien y querer que ocurra algo (el deseo de oír ese discurso) aquí y ahora, en lo actual del encuentro. El tutor es un facilitador (suficientemente facilitador, en el sentido de Winnicott), mediante la palabra y mediante sus actos, del apaciguamiento de las angustias y los miedos del anciano, un soporte psíquico, una mirada, una presencia, un pensamiento que ayuda al paciente a sostener su propia mirada sobre sí mismo (Ribes, Gaucher, Sagne, 2009).

El sujeto se abre a sus competencias, sus talentos y sus capacidades para enriquecer tanto su mundo interno como su mundo externo. De este modo asegura su «continuidad del ser en el mundo». La fenomenología de E. Husserl y otros (Lévinas, Ricoeur, etcétera) ha inspirado algunos trabajos en gerontología (Philibert, Bianchi, Maisondieu, etcétera) y ha abierto a estos autores al pensamiento del «sentido de la vida» del sujeto de edad avanzada, más acá y más allá de sus rendimientos medidos exclusivamente en materia de actividad física y/o cognitiva.

El reto de la trayectoria de vida es asegurar un *continuum* suficiente y asociarlo con cambios, transformaciones que demuestren la capacidad de evolución y de adaptación del sujeto. Este reto es paradójico, porque convoca a factores contrarios a organizar una resultante que es la «continuidad en el cambio». El avance hacia la ancianidad impone dos rupturas. La primera se refiere al soporte del cuerpo. En efecto, el cuerpo en todas sus dimensiones (funcionales, estéticas, etcétera) ya no responde tanto y de forma suficiente a su función de apoyo narcisista. La imagen inconsciente del cuerpo (Dolto, 1984), aunque se transforme y siga el impacto del tiempo, ya no tiene la misma cualidad de apoyo de la identidad. Le Gouès (Ferrey, Le Gouès, 2000) escribe: «Envejecer es conservarse. Sólo que ¿cómo puede uno conservarse si ya no se quiere tanto, incluso cuando ya no se quiere?» La cuestión del narcisismo es una problemática central del envejecimiento. La imagen de sí, la percepción de sí en la mirada de los demás, la manera de sentirse «amable» son interrogados, y remiten al anciano a las pérdidas, a la falta, a lo que ya no es y que construye la falta. A este respecto, muchas personas ancianas hablan de su cuerpo como de una tercera persona, en ruptura con su sentimiento de identidad. Por otra parte, el vínculo social, en nuestras sociedades occidentales en particular, ya no permite el mismo apoyo en términos de «lugar social». De hecho, las personas mayores expresan con frecuencia el sentimiento de no tener ya un lugar en la sociedad, de ser un peso, una carga para su entorno.

Ahora bien, al estar estos apoyos fragilizados, incluso desfallecientes, el anciano debe reconstruir apoyos nuevos, tales como la «continuidad de sentido» (Bianchi, 1987), con el fin de asegurar una permanencia identitaria capaz de construir los cambios que se imponen, en particular los relativos al trabajo de envejecer. Es volviéndose hacia su pasado, hacia esa trayectoria de vida, como el anciano emprende, por un lado, su balance vital (Balier, 1976), revisitando sus huellas mnésicas conservadas y reactivadas en cada ocasión; pero también, por otra parte, es resignificando su pasado como el anciano reaviva y reconstruye el sentido de dichas huellas. Esta «resignificación del pasado» (Guillaumin, 1982) ofrece a la persona mayor un apoyo nuevo y original, que es el de la continuidad de sentido. El vínculo unificador de su identidad se apoya en el sentido. Pero esta búsqueda de sentido conduce al anciano a tener la experiencia de una soledad profunda que, al mismo tiempo, lo aísla de sus allegados, aunque también le permite experimentar su singularidad. La paradoja de este sentimiento de soledad consiste en que hace que se sostengan al mismo tiempo la prueba de su diferencia respecto de los demás (y, particularmente, los más cercanos, los íntimos) y consolidar las bases de su identidad, necesarias para una cohesión y densificación del Yo que se enfrenta a la dimensión de su final, la muerte.

Los retos ligados a estos movimientos psíquicos densos, profundos, que exigen mucho de la estructura psíquica, imponen un recurso a mecanismos de defensa importantes, con el fin de que el Yo no se hunda en las turbulencias de este trabajo psíquico. El apoyo en la continuidad del sentido es un apoyo interno y poco compartido por el mundo interno del anciano.

Los mecanismos de defensa en el trabajo de envejecer

La situación es de gran complejidad. Una complejidad nueva, con la que el sujeto nunca se ha encontrado verdaderamente, con la excepción de acontecimientos que cuando era más joven le habían arrastrado a crisis así, durante algunos instantes o poco más, pero de forma efímera y esporádica. El retorno para una psicodinámica abierta esencialmente al mundo externo vuelve por sus fueros.

En el anciano, la cosa es muy distinta porque este vuelco hacia su pasado lo sumerge en el espesor de su mundo interno, con el fin de reforzar y asegurar un trabajo suficiente de ligazón interna. El escape mediante la vuelta a la externalidad, aunque el anciano opte por ella alguna vez, no será estable. El mundo interno genera un movimiento de llamada poderoso que se le impondrá progresivamente, por sacudidas. Estas perturbaciones movilizarán, por tanto, los mecanismos de defensa con el fin de asegurar la protección y la integridad del yo.

El registro defensivo espontáneo seguirá teniendo, en un primer momento, un objetivo protector. Luego, más o menos progresivamente, se pondrán en marcha mecanismos de defensa más complejos, pero también más adaptados al trabajo psíquico que se debe llevar a cabo: los mecanismos de desprendimiento (*working-off mechanisms*).

Las defensas de finalidad protectora

Se trata de los mecanismos más económicos y más eficaces en materia de protección del yo. Desde los más arcaicos, como las «somatizaciones arcaicas» (no simbolizadas y no simbolizables), la negación de la realidad, la escisión en dos, a otros más complejos y abiertos a la simbolización, como la represión, la denegación, etcétera, estos mecanismos de defensa no transforman el traumatismo y el agente efractor, perturbador. Lo mantienen lo más alejado y lo más inactivo posible, con el fin de liberar el Yo de las exigencias inducidas por la presión que se ejerce sobre él. La regresión se muestra como un mecanismo de defensa más complejo, en la medida en que esta posición de repliegue puede ser completamente reversible y no impide el retorno hacia mecanismos más elaborados y más elaborativos, como veremos más adelante. La salvaguardia del yo es la misión primera de los mecanismos de defensa de este registro. Vaillant (2000) categoriza de un modo algo distinto estos mecanismos de defensa y los llama «defensas inmaduras». Pero hay una similitud respecto del planteamiento psicodinámico en el principio de diferenciación.

La clínica del anciano nos ofrece muchos ejemplos de esta economía defensiva. Desde la «negación de vejez», particularmente sostenida por la cultura occidental y su culto a la juventud, hasta la pérdida de memoria, que no reviste siempre o únicamente una dimensión neuropatológica (pero está fuertemente estigmatizada en este sentido por la cultura actual), se plantean así dos ejes importantes de la problematización: la articulación «regresión/ dependencia» y la cuestión de los síndromes demenciales», muy referidos hoy día a la neuropatología de tipo Alzheimer, que se opone defensivamente a una comprensión más psicodinámica de la cuestión.

Los mecanismos de desprendimiento

Si bien los mecanismos de defensa de objetivo estrictamente protector del yo (o defensas inmaduras) tienen por misión «hacer frente» (*coping*) como un escudo de protección, tratan de reducir el nivel de la tensión psíquica para asegurar un retorno a la pacificación. Pero, por otro lado, no dan lugar a ningún cambio adaptativo y menos aún integrativo.

El concepto de *working-off mechanisms*, propuesto por Edward Bribing en 1943, plantea nuevas cuestiones de la economía defensiva. Daniel Lagache retomó este planteamiento y tradujo el concepto en cuestión como «*mechanismes de dégagement*» en 1962. Ahora bien, «*working-off*» y «*dégagement*» (desprendimiento) no son exactamente equivalentes. El primero evoca y traduce la dinámica de un trabajo, por un lado, y de un desplazamiento, un alejamiento, por otra parte. El «*dégagement*» tiene mucho más la connotación de una evitación, lo cual no traduce lo suficiente un trabajo de elaboración psíquica. El debate sobre la traducción permanece abierto, pero hay que entender mecanismo de «*dégagement*» (desprendimiento) como un proceso elaborativo y de transformación.

Es en este sentido que los mecanismos de desprendimiento son cercanos conceptualmente a la resiliencia. La transformación de la perturbación en una materia psíquica que contribuye el tejido identitario define bien la economía defensiva de este registro. Los mecanismos de desprendimiento, a la inversa que los anteriores, elevan el nivel de la tensión y mantienen un nivel de fragilidad psíquica que conserva la sensibilidad y la apertura a las perturbaciones. El reto consiste también en transformar la fragilidad para construir una vulnerabilidad. Como hemos dicho antes, la vulnerabilidad es una posición psíquica flexible, sensible y adaptativa. Estas cualidades de la vulnerabilidad son propias a un trabajo de transformación, apoyado en la pulsión de vida.

Si la resiliencia consiste en retomar y reforzar el proceso del desarrollo a partir del traumatismo y mediante el traumatismo, es porque el traumatismo es la materia misma a partir de la cual se produce la construcción identitaria. Y es también porque las posiciones psíquicas del sujeto dependen de la capacidad para arriesgarse al trauma y a la perturbación, para con ellos construir algo distinto, algo que está relacionado con los mecanismos de desprendimiento.

La expresión comportamental de este trabajo de elaboración psíquica es bastante discreta y quizás incluso rara, hasta tal punto la expectativa de la sociedad y del entorno está centrada en las representaciones de una «vejez-decrepitud», de una «vejez-naufragio», que vuelve ciego y sordo incluso al acompañante más benevolente del anciano. Iniciativas más o menos recientes en gerontología (Laforestrie, 1991) ponen de relieve las capacidades creativas, la riqueza de los relatos de vida y sobre todo la serenidad frente a las turbulencias de la vida y de su final.

Referencias bibliográficas

Bianchi H. (1987), *Le Moi et le Temps. Psychanalyse du temps et du vieillissement*, Dunod, París.

Cyrulnick B. (2012), *Sauve-toi, la vie t'appelle*, Odile Jacob, París [trad. cast.: *Sálvate, la vida te espera*, Debate, Barcelona, 2013].

Dolto F. (1984), *L'Image inconsciente du corps*, Seuil, París.

Erikson E. K. (1982), The Life Cycle Completed, a Review, Norton.

Ferrey G., Le Gouès G. (2000), *Psychopathologie de sujet âgé*, Masson.

Freud S. (1915), *Deuil et mélancolie*, Métapsychologie, PUF, París.

Fromage B. (2007), «Approche du vieillissement à travers l'expérience subjective», *Information psychiatrique*, 83 (3).

Gaucher J. (2002), «La Maladie, le handicap, la régression... Quelle vieillesse ?», *Gérontologie et société*, 101.

Gaucher J., Ribes G., Ploton L. (2003), «Les vulnérabilisations en miroir, professionnels/familles dans l'accompagnement des personnes âgées», *Cahiers critiques de thérapie familiale et de pratiques de réseaux*, 2/2003, 31.

Gaucher J., Ribes G., Sagne A., Ploton L. (2009), «Bilan de vie et travail psychique de l'après-coup. L'expertise des vieux», *Gérontologie et société*, 3 (130).

Gaucher J., Ribes G. (2012), «Résilience et Vieillissement», Ier Congreso Mundial sobre la Resiliencia, Paris, 7-10 junio 2012.

Kübler-Ross E. (1969), *On Death and Dying*, The Macmillan Compagny.

Laforestrie R. (1991), *L'Âge de créer*, Bayard-Le Centurion.

Lagache D. (1957), «Fascination de la conscience par le Moi», *Psychanalyse: revue de la Société française de psychanalyse*, 3.

Lagache D. (1962), «La conception de l'homme dans l'expérience psychanalytique», en E. Rosenblum (ed.), *Œuvres complètes*, volumen 4, PUF, París.

Lagache D. (1962), *La Sublimation et les valeurs. De la fantaisie à la sublimation*, PUF, París.

M'Uzan (de) M. (1977), *Le Travail du trépas. De l'art à la mort: itinéraire psychanalytique*, Gallimard, París.

Quinodoz D. (1994), «Le travail du vieillir», *Information psychiatrique*, 10 (4).

Ribes G., Sagne A., Gaucher J. (2009), *Institution et organisation des soins comme facteurs de résilience*, Solal, París.

Vaillant G.-E. (2000), «Adaptive mental mechanisms, their role in a positive psychology», *American Psychologist*, 55, págs. 89-98.

Envejecimiento y resiliencia: ¿*quid* de la teoría de la mente?

Alain Brossard

Este trabajo tiene como finalidad abrir pistas de reflexión en torno a la noción de la teoría de la mente (*Theory of Mind*, ToM), que proponemos relacionar con el proceso de resiliencia durante el envejecimiento.

La ToM nació de trabajos efectuados en etología animal con chimpancés a finales de los años 1970 (Dennet, 1987; Premack, Woodruff, 1978). Estos autores propusieron una primera definición de la ToM, postulando la existencia de dos habilidades sociocognitivas en los chimpancés: la atribución de estados mentales a los congéneres y la comprensión de los vínculos entre los estados mentales atribuidos y el comportamiento de los congéneres.

La ToM fue estudiada luego en niños pequeños por psicólogos del desarrollo, que se centraron en los mecanismos que rigen la adquisición de la ToM por el ser humano típico o atípico, como en el autismo (Astington, 1996; Baron-Cohen, 1998, 1999, 2001a, 2001 b). La adquisición de una ToM desde la infancia permite comprender los estados mentales de uno mismo, predecir y explicar los de los demás. Corresponde en el campo de la cognición social a la capacidad para pensar el pensamiento de otros o a la lectura mental (*mindreading*).

¿Por qué considerar esta puesta en perspectiva que de entrada parece antinómica? Se pueden plantear varias razones en la elaboración de este proyecto:

- El proceso de resiliencia ha sido estudiado en gran parte en el niño y en el adolescente (Anaut, 2003; Fonagy *et al.*, 1994; Werber, Smith,

1982). Sin embargo, también se han hecho trabajos sobre la capacidad de resiliencia en los ancianos (Lejeune y Ploton, 1982) y especialmente en la enfermedad de Alzheimer (Lejeune, 2010). Tratándose de la ToM, si ésta ha sido objeto de estudios esencialmente en el niño pequeño (Nader-Grosbois, 2001), ¿qué podría ocurrir con esta capacidad sociocognitiva en la persona mayor, resiliente o no, enferma o no de una demencia tipo Alzheimer?[1]

- ¿Es posible acaso establecer puentes, vínculos entre la antirresiliencia y la ausencia de una ToM? Una ToM deficitaria se constata en niños que presentan una deficiencia intelectual de origen genético (autismo, síndrome de Williams, síndrome de Down). Por otra parte, ¿qué le falta a un individuo que no puede acceder a la resiliencia? ¿Necesita disponer de determinadas competencias, por ejemplo sociales, en términos de adaptación? (Anaut, 2003). El envejecimiento supone una debilitación de las capacidades intelectuales, pero ¿altera acaso, por este mismo motivo, las capacidades de resiliencia en el anciano? ¿Una persona mayor antirresiliente está *ipso facto* privada de una ToM? ¿Se podría llegar a establecer un paralelismo entre un niño autista y un paciente autista?
- Veremos que hay por lo menos un prerrequisito —o precursor— común de la resiliencia y la ToM: son los mecanismos de apego (su estilo, su calidad) en las relaciones precoces entre el adulto y el lactante las que Bowlby puso de relieve (1958, 1969, 1973a, 1873b). ¿habría otros prerrequisitos comunes de la resiliencia y la ToM?
- Finalmente, la constitución de la resiliencia y el acceso a la ToM conducen a una misma constatación en el niño: una mejor adaptación social y un mejor ajuste en sus interacciones con los demás. ¿Ocurre lo mismo con la persona mayor resiliente cuya ToM estaría preservada?

Nuestra reflexión se presentará como sigue:

---

1. La demencia, cuya etimología «de-mentis» remite a la ausencia de mente (Péruchon, 2012), ¿supondría también la ausencia de una ToM?

- En un primer tiempo precisaremos, definiendo cada uno de ellos, los conceptos de envejecimiento, de resiliencia y de ToM.
- Luego nos apoyaremos en un esquema sinóptico de partida en el que se indicarán los vínculos ya existentes entre estos dos conceptos y los que seguirían operando. Veremos cuáles son las diferentes vías de investigación que podrían considerarse en una perspectiva de rehabilitación de capacidades en el anciano, de ayuda a las familias y de formación de los cuidadores.
- Luego ensancharemos nuestra reflexión apelando a otros conceptos que puede ser integrados en nuestro esquema (por ejemplo, nociones como la intencionalidad, la empatía, la atención conjunta viso-gestual, la referenciación social, los actos de lenguaje verbal, pero sobre todo no verbales, y la intersubjetividad primaria y/o secundaria).
- *Last but not least*, nos interrogaremos sobre la posible existencia de una «resiliencia de la mente» durante el envejecimiento —dicho de otro modo, de una resiliencia basada en la recuperacón de una ToM deficitaria a causa de traumatismos psíquicos en el anciano—. ¿Puede por tanto considerarse una ToM «tardía», así como existe una ToM precoz en el niño? Esto permitiría suponer una capacidad de plasticidad del cerebro y permitiría asociar vicariancia cerebral y resiliencia tardía.

Definiciones previas

Envejecimiento

De entre las numerosas definiciones del envejecimiento, podemos referirnos a la propuesta por Ruffié (1986): «El envejecimiento constituye un "momento fisiológico" de la existencia de todos los organismos superiores y sexuales, de la misma manera que la fecundación, la embriogénesis, el nacimiento, el crecimiento, la maduración, la reproducción» (pág. 227). El envejecimiento afecta a la célula viva y se extiende al conjunto de las estructuras y funciones de los organismos vivos.

El sistema nervioso central —del cual forma parte el cerebro—, constituido por células que no se dividen (neuronas) «envejece» desde el nacimiento, ya que nacemos con un máximo de neuronas cuyo número irá disminuyendo a lo largo de la vida. Además, la aptitud de las neuronas para formas nuevas sinapsis disminuye y esto podría explicar el descenso de rendimiento del cerebro en la persona mayor y su dificultad para la recuperación tras un traumatismo. La velocidad de conducción del flujo nervioso hacia la neurona decrece débilmente con la edad. En cuanto al peso del cerebro, disminuye relativamente poco con respecto a otras vísceras (de 10 a 20% entre los 20 y los 90 años). Son sobre todo las células corticales las que desaparecen (Ruffié, 1986, págs. 238-239).

El envejecimiento se presenta por tanto como un fenómeno ineludible ligado a dos series de causas:

- Unas, endógenas, se derivan de nuestro patrimonio genético. Éste es portador de nuestro programa de vida que «cubriría» todo el desarrollo del individuo, desde la fecundación hasta la muerte.
- Las otras son exógenas: toda agresión mal compensada puede acelerar el envejecimiento (condiciones climáticas, ausencia de higiene que favorece la aparición de enfermedades, trabajo duro, etcétera), así como la falta de ciertos elementos nutritivos (en particular, vitaminas). Hay factores aleatorios de naturaleza epigenética.

De hecho, estas dos series de causas se interpenetran de forma constante y afectan por igual a todas las funciones psíquicas superiores del individuo. Pero sea cual sea su duración, nuestro programa de vida siempre desemboca en el mismo acontecimiento que es, por su parte, perfectamente predecible: la muerte.

Resiliencia

Como definición de la resiliencia, tomaremos la dada por Cyrulnik (2012): «Es un proceso biológico, psicoafectivo, social y cultural que permite un nuevo desarrollo tras un traumatismo psíquico» (pág. 8). Este proceso y este nuevo desarrollo, ¿puede manifestarse a lo largo de toda la vida del un individuo, más particularmente durante el envejecimiento? Por otra parte, ¿qué es un traumatismo psíquico, que funciona aquí como «agente» de la resiliencia? Anaut (2003, pág. 77) propone distinguir el traumatismo del trauma. Así, el trauma corresponde a la violencia externa y a su efracción física, mientras que traumatismo remite a los efectos psíquicos del trauma sobre el sujeto. De todas formas, un trauma pude tener también un origen endógeno (por ejemplo, un conflicto interno, una fuerte emoción), provocar una desorganización psíquica y conducir a un estado de choque emocional o traumatismo psíquico. Se habla entonces más a menudo de psicotrauma (*Revue francophone du stress et du trauma*, 2009). Finalmente, la noción de estrés postraumático designa el fracaso de una resiliencia en el sujeto traumatizado.

Para Cyrulnik (2012, pág. 16), la resiliencia no permite reponerse de todos los traumatismos. Tiene sus límites. Un baremo del impacto traumático de un trauma no permitiría predecir la resiliencia. Intervienen causas heterogéneas convergentes, desde el equipamiento biológico/genético, hasta el determinante epigenético más poderoso. El impacto nocivo del medio es tanto más fuerte durante los períodos sensibles del desarrollo del niño y la resiliencia será entonces más difícil. Esto significa que los individuos serán más sensibles, más vulnerables que otros en su entorno, de ahí un estado de menor resistencia a los perjuicios y las agresiones del medio externo (factores de fragilidad o de riesgo).

Teoría de la mente

Ya hemos mencionado a qué se refiere la ToM. Más precisamente, se puede añadir que esta capacidad para pensar en el pensamiento de los demás (o lectura mental) exige la adquisición y el dominio de dos habilidades sociocognitivas: la dimensión intencional de los comportamientos (verbales o no verbales) de expresión o reconocimiento, así como una actitud de descentramiento (poder ponerse «en el lugar» de los demás).

En el plano de la expresión o la identificación de la intencionalidad de los comportamientos, la ToM hace énfasis en la importancia de la adquisición precoz en el niño pequeño preverbal de una capacidad de atención visual conjunta que permite designar mediante la mirada un referente presente. Se puede añadir el gesto de apuntar con el dedo,[2] que se añadirá a la dirección de la mirada. Posteriormente, el lenguaje verbal permitirá vehicular las intenciones de los interlocutores (función pragmática ilocutoria y perlocutoria de los actos de lenguaje). La actitud de descentramiento, por su parte, consiste en tomar como punto de referencia a otra persona (o a alguien distinto del referente habitual), es decir, ser capaz de atribuir estados mentales diferenciados de los propios. El estudio de la adquisición de esta capacidad en el niño joven se apoya, entre otras cosas, en la siguiente situación. Un niño en posición de observador ve (usando muñecos) o escucha una escena durante la cual un niño pone su chocolate dentro del armario de la cocina, en presencia de su madre. Se marcha fuera a jugar. Durante este tiempo, no pude ver que su madre saca el chocolate del armario y lo pone en el cajón de la mesa. Luego ella sale de la cocina. Cuando el niño vuelve a entrar en casa para recuperar su chocolate, se le pregunta al observador dónde debe buscar su chocolate.

De acuerdo con los resultados obtenidos, es hacia los cuatro años cuando la mayoría de los niños resuelven correctamente el problema. Antes de esta edad, aportan una respuesta equivocada (incapacidad para descentrarse) basando su razonamiento en su propio punto de vista, o sea, que el niño irá a buscar el chocolate al cajón donde está realmente.

Estas dos habilidades sociocognitivas han sido evaluadas en niños autistas, poniéndose de manifiesto dificultades de adquisición de una ToM. Mediante una especie de metáfora visual, Baron-Cohen (1998, 1999) dice de estos sujetos que padecen una «ceguera» mental (*mindblindness*).

Un esquema de partida

¿Cuáles son ahora los vínculos que se pueden establecer entre estos tres conceptos: envejecimiento, resiliencia y ToM? Resulta que la resi-

---

2. Se admite comúnmente que el «idiota» es el que mira el dedo que apunta y no hacia dónde apunta.

liencia y la ToM han sido estudiadas sobre todo en el niño en edad de desarrollo, pero menos frecuentemente en ancianos. Así, podemos presentar el estado actual de las investigaciones en un esquema sinóptico.

La figura 4 permite establecer vínculos entre las investigaciones ya llevadas a cabo (flechas con trazo continuo) y plantear otras vías de investigación que se pueden desarrollar (flechas con trazo de puntos). Haremos énfasis en estas últimas.

Vínculos hipotéticos entre resiliencia y ToM

Estos vínculos hay que buscarlos en ciertos mecanismos psicosociales que rigen en su aparición.

Entre estos mecanismos, los trabajos sobre la resiliencia y la ToM han evidenciado el estilo, la naturaleza y la cualidad del apego precoz entre la figura parental y el niño. Así, la capacidad ulterior de resiliencia y la aparición de una ToM muestran ambas estar ligadas a un apego de tipo «seguro» (securizante), en comparación con otros tres tipos de apego calificados de «inseguros» (evitativo, ambivalente y desorganizado). En este sentido, se ha demostrado que las figuras y los estilos de apego pueden variar en el ciclo de vida del individuo y por tanto pueden repercutir en las capacidades de resiliencia (¿variables ellas también?) y el mantenimiento de una ToM.

Se puede tender otro puente entre resiliencia y ToM. En efecto, Fonagy *et al.* (1994), en su estudio sobre la resiliencia en el niño, muestran que el entorno relacional precoz contribuya ante todo a equipar a un individuo con un sistema de tratamiento de la información que ellos llaman «mecanismos interpretativos interpersonales». Estos mecanismos corresponden —y por eso hacen pensar claramente en la ToM— a la capacidad de un individuo para representarse los estados psicológicos de sí mismo y de los demás, diferenciando los estados psicológicos propios de los ajenos, lo cual permite que se establezcan relaciones interpersonales productivas (estamos pensado en este punto en la capacidad de descentración en la ToM).

Otros prerrequisitos o precursores más específicos de la adquisición de la ToM han sido puestos de relieve en el niño pequeño, preverbal o verbal. Son específicamente la empatía, la atención visual

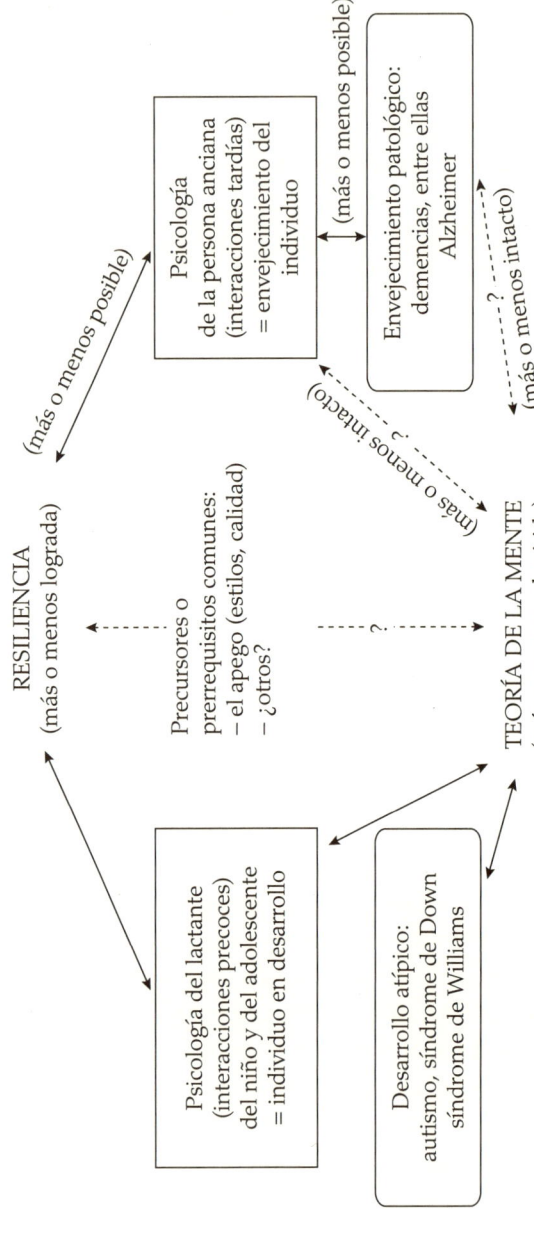

Figura 4. Vínculos hipotéticos entre resiliencia y ToM a lo largo del ciclo de vida del individuo

conjunta, la referenciación social, así como la imitación y la habilidad para aparentar.

- La *empatía* es definida comúnmente como la facultad para identificarse con alguien, sentir lo que la otra persona siente, o como un modo de compartir de la experiencia emotiva de los demás. A este respecto, los estudios han revelado la existencia de una ToM propia de las emociones. Por ejemplo, existe un vínculo entre la empatía, los comportamientos que consisten en reconfortar a otros y la comprensión de sus estados mentales. La empatía remite a la capacidad de descentramiento en la ToM.
- La *atención visual* es un mecanismo de atención compartida cuya función es crear representaciones triádicas que hacen posible la atención conjunta. La intersubjetividad segunda (Trevarthen, Hubley, 1978) marca el acceso a la atención visual conjunta, esto con posterioridad a una intersubjetividad primera basada en intercambios comunicativos referidos a los estados psicológicos de cada *partenaire* de la díada (Trevarthen, 1979). En la atención visual conjunta, hay un referente presente que interesa a los dos *partenaires* de la díada mediante su mirada compartida dirigida a dicho referente. En el niño pequeño se trata de la capacidad de compartir con otro un tercer objeto, ya sea siguiendo la mirada del adulto, ya sea tomando él mismo la iniciativa de dirigir su mirada hacia el tercer objeto. La atención visual conjunta remite a la dimensión de intencionalidad en la ToM.
- La *referenciación* social es definida como un mecanismo sociocognitivo mediante el cual el niño pequeño solicita al adulto referente con el fin de que le indique el modo de gestionar una situación dada que todavía no es capaz de dominar o enfrentar por sí solo (pensamos aquí en el concepto de *coping*, o capacidad para enfrentarse a una situación problemática mediante estrategias de ajuste). La influencia del adulto sobre la percepción de la situación por el niño movilizará componentes al mismo tiempo cognitivas y afectivas a través de la observación de comportamientos a través de la mirada (Feinman, 1982, 1985).

La referenciación social es un proceso a lo largo del cual el niño pequeño, mediante las miradas dirigidas al adulto, lo reclama como a un recurso capaz de guiarlo en sus comportamientos respecto de objetos terceros —conocidos o desconocidos para él— presentes en la situación. Dicho de otro modo, la referenciación social se caracteriza por la capacidad del niño pequeño para captar y percibir las interpretaciones de la situación que el adulto es capaz de proporcionarle, con el objetivo de construir su propia comprensión de dicha situación. La referenciación social implica las dimensiones de intención y de descentramiento en la ToM.

Por mi parte, he podido verificar este mecanismo sociocognitivo de la referenciación social en una serie de investigaciones empíricas (Brossard, 1990) que iban dirigidas a aislar una función *socioreferencial* de las miradas intercambiadas entre un niño y un adulto que le plantea una prueba operatoria piagetiana. Con una población de niños de 6-7 años de edad, la tarea propuesta era la conservación de cantidades de líquido. De entre estos niños, resulta que algunos razonan basándose en los índices perceptivos (estados estáticos) de los niveles de líquido distintos en dos vasos de distinta talla, después de haber constatado previamente niveles idénticos de líquido en dos vasos idénticos. Estiman, por tanto, que no todos tienen lo mismo para beber. Otros niños razonan de un modo distinto, basándose en las transformaciones operadas durante el trasvase del líquido de un vaso idéntico a un vaso distinto. Afirman, en consecuencia, que todos tienen la misma cantidad para beber, a pesar de los niveles distintos que se constatan. Finalmente, un tercer subgrupo de niños revela tener un nivel operatorio «intermedio», en el sentido de que basan sus juicios unas veces en los estados, otras en las transformaciones. En comparación con los dos primeros subgrupos, la incertidumbre en el razonamiento de estos niños intermedios los lleva a mirar más hacia el adulto, como para apoyarse en él (apoyo), ya sea antes de dar una respuesta (lo que podríamos traducir como: «¿Qué debo responder?»), ya sea después de haber dado la respuesta («¿He dado la buena respuesta?»). Otras situaciones de la vida cotidiana pueden confirmar fácilmente esta función socioreferencial de las miradas entre el niño y el adulto.

- *La imitación y las habilidades para fingir* son capacidades que aparecen precozmente durante la infancia. La dimensión sociocomunicativa de los comportamientos imitativos es particularmente importante incluso antes de la adquisición del lenguaje (Vinter, 1985). Con la adquisición de las primeras palabras, los niños pequeños demuestran tener la capacidad de fingir (simulación o disimulación) y para reconocer estas capacidades en otros. Fingir sería uno de los primeros estados mentales comprendidos por el niño pequeño.

Mediante la simulación, el niño puede evocar objetos externos o estados internos no percibidos inmediatamente, refiriéndose a sus propias representaciones mentales. Lo que le permite desarrollar su capacidad para ponerse en el lugar de otros (empatía), tanto a nivel de los afectos experimentados como de los comportamientos manifestados. Imitar y fingir están relacionados con las dimensiones de intención y descentración en la ToM.

Estos otros precursores de la ToM, ¿es posible que intervengan en el desarrollo de la resiliencia? Y, en caso afirmativo, ¿pueden favorecerla o reforzarla?

Vínculos hipotéticos entre envejecimiento (incluyendo la enfermedad de Alzheimer) y ToM

Hemos visto anteriormente que la habilidad del niño pequeño tiene para fingir, para simular, constituye uno de los prerrequisitos en la adquisición de la ToM. ¿Qués es lo que ocurre, con esta habilidad en las personas ancianas, y quizás también en la enfermedad de Alzheimer? Esto podría traducirse en esa forma de histrionismo en las actitudes destinadas a concentrar la atención sobre ella, haciendo una especie de teatro (los allegados o los cuidadores dicen que «hacen comedia» simulando a veces dolor, sentirse abandonados, etcétera). Y ¿cómo pueden el entorno y los cuidadores distinguir entre simulación y verdadero sufrimiento?

Otra pista de reflexión se refiere a la existencia de un módulo específico de las emociones en la ToM. Ploton (2011) insiste en las posibilidades de percepción y de expresión en el registro afectivo en los enfermos de Alzheimer. Según él, lo que los intervinientes deben hacer es tenerlas en cuenta, intentando representarse lo que ocurre des-

211

de el punto de vista de estos pacientes. Esto es, sin lugar a dudas, esforzarse por adoptar una actitud de descentramiento, incluso de empatía, como se observa en la ToM.

Por otra parte, se ha demostrado en los niños autistas una gran dificultad para identificar los afectos en los demás (ausencia de una ToM de emociones). Si las personas mayores —más aún si están afectadas de Alzheimer— presentan un déficit idéntico,[3] ¿podríamos dar un paso más, estableciendo un paralelismo entre autismo y Alzheimer?

En el plano de la ontogénesis, está demostrado que las emociones de valencia positiva, tales como la alegría, son reconocidas por el niño pequeño (hacia los 3 años) mucho antes que las emociones de valencia negativa como la tristeza, la cólera o el miedo. Lo mismo ocurre globalmente con las capacidades de expresión y de evocación de las emociones por parte del niño. La pregunta que se puede plantear es la siguiente: ¿cuáles son las emociones que más perdurarán (o permanecerán intactas por más tiempo) en el plano de la expresión o la identificación en el anciano? ¿Serán acaso, por un efecto de simetría, las emociones de valencia positiva o, inversamente, por un efecto de disimetría, las emociones de valencia negativa?

El envejecimiento parecer estar marcado por una disminución progresiva del uso del lenguaje verbal, en particular su función comunicativa a través de los actos de lenguaje. Queda entonces una palabra más egocéntrica, más autocentrada, con el que la persona mayor se dirige a ella misma. La teoría de los actos de lenguaje, nacida a comienzos de los años 1970 a raíz de trabajos efectuados por filósofos del lenguaje (Austin, 1970; Ducrot, 1972; Searle, 1972) hace énfasis en

---

3. Un equipo de investigadores de los CHU de Caen y de Rennes (Béatrice Desgranges, Vincent de la Sayette y Serge Belliard, estudio pendiente de publicación) ha constatado que pacientes con demencia semántica —pérdida del sentido de las palabras, egocentrismo reforzado y trastornos del comportamiento— dicen tener dificultades para identificar las emociones expresadas en un contexto de interacción social, pero no para atribuir pensamientos a los demás. Los autores construyen la hipótesis de que si estos pacientes evalúan correctamente sus dificultades con las emociones, ello se debería al entorno, que los alentaría más en este aspecto. Estos resultados resultan precisos para los allegados de los enfermos, ya que los neurólogos pueden informar mejor a la familia y contarles las razones del comportamiento extraño del paciente que padece demencia semántica.

la dimensión intencional de los enunciados verbales, su dimensión performativa ilocutoria y perlocutoria. Por el simple hecho de decir algo el locutor cumple un acto distinto del de producir signos vocales, consistente en afirmar, prometer, interrogar, etcétera, destinado a producir cierto efecto en el interlocutor.

Entonces podemos preguntarnos si, en el plano de la ontogénesis, antes de que el niño adquiera la palabra, la intencionalidad está ya presente en sus componentes. Sus conductas imitativas, la atención viso-gestual conjunta y el recurso a la referenciación social parecen indicarlo. Esto nos autoriza a proponer la noción de actos de lenguaje no verbales (ALNV), que desempeñarían ciertas funciones análogas a las de los actos de lenguaje. Tratándose del envejecimiento, ¿no podríamos acaso hacer más énfasis en la importancia de estos ALNV en la gestión de la comunicación con el anciano, en particular cuando sufre de la enfermedad de Alzheimer?

En este sentido, es interesante comparar lo que caracteriza a las interacciones tardías con las personas de edad (incluidas las interacciones con un enfermo de Alzheimer) en comparación con las interacciones precoces, como lo hacen Lejeune y Ploton (2012). El carácter asimétrico de la relación es uno de los puntos comunes de estas interacciones, que tienen como denominador común la necesidad de seguridad y de vulnerabilidad. Como lo destacan estos dos autores, «el comportamiento, las actitudes, la mímica adquieren —de nuevo— en el anciano una gran importancia. [...] Cuando el lenguaje se reduce, la relación no verbal adquiere toda su importancia. La persona mayor desarrolla competencias en sensibilidad relacional no verbal. Es a este nivel del intercambio donde el cónyuge, el personal de ayuda y de cuidados enriquecen las interacciones tardías» (pág. 124).

De este modo, se podría considerar sensibilizar al entorno del anciano (con o sin la enfermedad de Alzheimer) —personal cuidador, allegados— sobre la importancia que conviene dar a los actos de lenguaje no verbales en su expresión y/o su identificación. Esto supone que la persona mayor es capaz de desarrollar una ToM específica de este período de la vida (o ToM tardía) que merecería ser explorada en el marco de estudios transversales y, por qué no, longitudinales. Esta sería, de algún modo, una forma de «resiliencia de la mente».

Para concluir: ¿se puede plantear la idea de una «resiliencia de la mente» o una TOM tardía durante el envejecimiento?

¿Dicho de otra manera, ¿existe una resiliencia de la ToM (o mediante la ToM), es decir, una capacidad «meta» en la persona mayor capaz de superar traumatismos psíquicos mediante una actitud de descentramiento? En la ToM se hace referencia a una capacidad de metarrepresentación (Nader-Grobois, 2011, págs. 149-150) de la que estarían desprovistos los niños autistas. Con todo, en lo que se refiere a la ToM deficitaria en el niño autista, no se trata de un traumatismo psíquico, aunque, si nos basamos en la concepción de acuerdo con la cual el modo y estructuración psicótico está marcado por traumatismos y frustraciones muy precoces (Bergeret, 2004), el autismo es entendido, por consiguiente, como un mecanismo de defensa destinado a reconstituir el narcisismo primario.

Los niños que padecen de autismo se desarrollan, sin duda, en condiciones atípicas, pero parecen construir otras formas de ToM «atípica» y conducen igualmente a sus interlocutores a modificar las suyas para intentar comprenderlos y adaptarse a ellos (Nader-Grobois, 2011, pág. 164). ¿Por qué no podría ocurrir lo mismo con una persona anciana, antirresiliente y enferma de Alzheimer? Entonces, ciertas tareas concebidas para la ToM, ¿podrían constituir un útil de evaluación de la resiliencia en la persona mayor?

Si la resiliencia es la capacidad para superar los traumatismos psíquicos, ¿cómo se podría calificar esta capacidad para vivir con déficits —o deficiencias— intelectuales (autismo en el niño, enfermedad de Alzheimer en el anciano)? Sea como fuere, parecería que personas que presentan una deficiencia intelectual consiguen desarrollar una ToM. ¿Se puede hablar entonces de una especie de «resiliencia de la mente» en estas personas? Mientras que un envejecimiento «logrado» se caracterizaría, entre otras cosas, por una resiliencia de la mente demostrada, en el caso de las demencias de tipo Alzheimer se podría hablar de una «antiresiliencia de la mente», de la que estos pacientes sufrirían.

Los niños capaces de adquirir normalmente una ToM, ¿serán posteriormente más aptos para la resiliencia? Podría tratarse, por ejemplo, de una mejor capacidad para amortiguar los traumatismos, al haber sabido —o podido— anticipar las intenciones de los demás mediante una actitud de descentramiento; dicho de otro modo, demostrando tener una mejor «lectura» de los acontecimientos. E inversamente, una persona mayor antirresiliente, ¿sería alguien que, de más joven, habría presentado dificultades para adquirir una ToM? Preguntas, cada una de ellas, que merecerían investigaciones más sistemáticas.

Referencias bibliográficas

Anaut M. (2003), *La Résilience*, Nathan, París.
Astington J. W. (1996), «What is theoretical about the child's theory of mind? A Vygotskian view of its development», en P. Carruthers, P. K. Smith (eds.), *Theories of Theories of Mind*, Cambridge University Press, págs. 184-199.
Austin J. L. (1970), *Quand dire, c'est faire*, Seuil, París.
Baron-Cohen S. (1998), *La Cécité mentale. Un essai sur l'autisme et la Théorie de l'esprit*, Presses Universitaires de Grenoble.
— (1999), «La cécité mentale dans l'autisme», *Enfance*, 3, págs. 285-293.
— (2001a), «Théorie de l'esprit, développement normal et autisme», *Prisme*, 34, págs. 174-183.
— (2001b), «Theory of Mind and autism: A review», *International Review of research in Mental Retardation*, 23, págs. 169-184.
Bergeret J. (éd.) (2004), *Psychologie pathologique*, Masson, París.
Bowlby J. (1958), «The nature of the child's tie to his mother», *International Journal of Psychoanalysis*, 39, págs. 350-373.
— (1969), *Attachment and Loss, volume 1: Attachment*, Basic Books.
— (1973a), *Attachment and Loss, volume 2: Separation, Anxiety and Anger*, Basic Books.
— (1973b), *Attachment and Loss, volume 3: Loss, Sadness and Depression*, Basic Books.
Brossard A. (1990). *Regards, interactions sociales et développement cognitif chez l'enfant de 6 à 10 ans dans des épreuves opératoires piagétiennes*, Tesis de Estado en Psicología, Universidad Lumière-Lyon-II.
Cyrulnik B. (2012), «Pourquoi la résilience?», en B. Cyrulnik, G. Jorland (eds.), *Résilience, connaissances de base*, Odile Jacob, págs. 7-17.
Dennett D. (1978), *Brainstorms: Philosophical Essays on Mind and Psychology*, Bradford Books/MIT Press.
Ducrot O. (1972), *Dire et ne pas dire*, Hermann.
Feinman S. (1982), «Social referencing in infancy», *Merril-Palmer Quarterly*, 28, págs. 445-470.

Feinman S. (1985), «Emotional expression, social referencing, and preparedness for learning in infancy. Mother knows best, but sometimes I know better», en G. Zivin (éd.), *The Development of Expressive Behavior*, Academic Press, págs. 291-318.

Fonagy P. et. al. (1994), «The theory and practice of resilience», *Journal of Child Psychology and Psychiatry*, 35, págs. 231-257.

Lejeune A. (2010), *Maladie d'Alzheimer, attachement et résilience*, Solal, París.

Lejeune A., Ploton L. (2012), «Résilience et vieillissement», en B. Cyrulnik et G. Jorland (eds.), *Résilience, connaissances de base*, Odile Jacob, págs. 115-135.

Nader-Grosbois N. (2011), *La Théorie de l'esprit. Entre cognition, émotion et adaptation sociale*, De Boeck.

Péruchon M. (2012), «Prolégomènes à une théorie hypercomplexe de la maladie d'Alzheimer : aspects neuropsychanalytiques», en G. Arfeux-Vaucher y L. Ploton (eds.), *Les Démences au croisement des non-savoirs*, Presses de l'EHESP, págs. 35-52.

Ploton, L. (2011), *Ce que nous enseignent les malades d'Alzheimer sur la vie affective, la communication, l'institution*, Chronique Sociale.

Premack D., Woodruff G. (1978), «Does the chimpanzee have a «theory of mind»?», *Behavioral and Brain Sciences*, 4, págs. 515-526. *Revue francophone du stress et du trauma* (2009), «Le psychotrauma en quête de reconnaissance», 9, págs. 193-270.

Ruffié J. (1986), *Le Sexe et la Mort*, Odile Jacob-Seuil, París.

Searle J.-R. (1972), *Les Actes de langage*, Hermann.

Trevarthen C. (1979), «Communication and cooperation in early infancy: A description of primary intersubjectivity», en M. Bullowa (éd.), *Before Speech*, Cambridge University Press, págs. 321-347.

Trevarthen C., Hubley P. (1978), «Secondary intersubjectivity: Confidence, confiding and acts of meaning in the first year», en A. Lock (éd.), *Action, Gesture and Symbol*, Academic Press.

Vinter A. (1985), *L'Imitation chez le nouveau-né*, Delachaux et Niestlé.

Edad provecta, discriminación y resiliencia

Yves Kagan y Jérôme Pellerin

El auge del término «resiliencia» y la preocupación que suscita la edad avanzada remontan ambos a finales del siglo XX, hacia los años 1980. Que esta coincidencia histórica sea o no fortuita, resiliencia y ancianidad tienen también en común una definición que no es fija.

Si la definición de la edad avanzada permanece incierta, por el hecho de ser el envejecimiento *diferencial*, tampoco existe una definición internacional consensual y validada de la resiliencia. La resiliencia es un término relativamente reciente en la historia humana, que data del siglo XVII, presente tanto en psicología como en las ciencias físicas. Con su etimología latina que sugiere la noción de recuperación, ilustra la capacidad para resistir un choque y recuperar su forma, en referencia a un objeto, una vida o un sujeto. Boris Cyrulnik definió simplemente la resiliencia en 1999 como la «capacidad de salir bien librado, vivir, desarrollase, a pesar de la adversidad», y luego, más recientemente, en 2011, como «reanudar un nuevo desarrollo después de un traumatismo». A veces, algunos sujetos no sólo resisten a las pruebas por las que pasan, sino que incluso sacan de ellas algún provecho, hasta el punto de realizarse psíquicamente. En definitiva, hay acuerdo acerca del hecho de que la resiliencia caracteriza a una persona que ha vivido o vive un acontecimiento de carácter traumatizante o la adversidad crónica y demuestra una buena adaptación.

El cuestionamiento de la resiliencia se aplica siempre a la vejez

La resiliencia está bien documentada en todas las situaciones traumáticas de desastres individuales o colectivos, ya sean provocadas por la naturaleza, la tecnología o la crueldad humana. Pero se aplica también a todas las situaciones traumáticas de adversidad crónica. Concierne por igual, por tanto, a los dominios de la enfermedad crónica, el límite físico o mental, las violencias familiares, la miseria o la insalubridad. Ahora bien, contrariamente a las personas más jóvenes, que pueden tener la oportunidad de evitarlas, los viejos nunca se salvan de la adversidad crónica. En este sentido, se puede postular que son siempre candidatos a la resiliencia. Para apoyar esta constatación, conviene penetrar en el universo de la vejez.

El envejecimiento es algo que se padece y está hecho de pérdidas sucesivas y acumuladas, tanto en el plano de las aptitudes personales, como en el del potencial de seducción y el estatus social, las condiciones materiales de vida y la red de relaciones. Pérdidas cuyas consecuencias invadirán la actividad psíquica y la someterán a una dura prueba. Posibles a cualquier edad, estás pérdidas no son propias de la vejez. Lo que constituye la cuasiespecificidad de la vejez reside en su multiplicidad y sobre todo en su carácter repetitivo, que inscribe a toda persona de edad avanzada en un trabajo permanente a causa de pérdidas que se encadenan, una tras otra, sin descanso, sin dar tiempo para que los duelos se lleven a cabo. Y esto, sobre un fondo de duelo de uno mismo, porque, sea cual sea el estado de salud, la muerte, ineludible, se acerca.

Envejecer es también ver desaparecer, unos tras otros, a los seres queridos. La vivencia de abandono está a flor de piel. Favorecido por el aislamiento social y amplificado por la presencia de trastornos cognitivos o sensoriales, hace resurgir la angustia de separación que está en el corazón de cada uno de nosotros, volcán que se mantenía silente pero que de hecho nunca se extingue.

La fragilización asociada a la vejez aumenta también el riesgo de maltrato por el abuso de la debilidad o el riesgo de accidentes de la vida cotidiana, el más frecuente de los cuales es la caída, de consecuencias a menudo temibles, más psíquicas que físicas.

La identidad, es decir, etimológicamente, la propiedad de ser él mismo, se ve así profundamente amenazada por los cambios vinculados a la vejez. Las modificaciones corporales, el descenso de los rendimientos, la pérdida del rol social, acarrean una alteración del sentimiento de estima de uno mismo, núcleo de la identidad. El empobrecimiento de la red relacional interpela a las personas ancianas en su sentimiento de existir, pues ninguno de nosotros existe sin referencia al otro. Otro que, cómplice o adversario, suscita una interacción en todo momento, ayudándonos a remodelar nuestra identidad. El riesgo resultante es el sentimiento o la sensación de ser desposeído de uno mismo, vivencia exacerbada por rupturas existenciales como una hospitalización y, *a fortiori*, el ingreso en una residencia.

La muerte que se acerca tiende al desinvestimiento como última etapa del trabajo psíquico del duelo de sí mismo. Al mismo tiempo, esta persona, aunque vieja y debilitada, sigue en vida. Y aunque la muerte puede sobrevenir de un día para otro, se encontrará ante la necesidad psíquica de investir este final de vida, para el que necesitará encontrar un sentido. Enfrentado a estas dos exigencias contradictorias, está sometida en términos psíquicos a un verdadero imperativo paradójico: desimplicarse porque se acerca el fin, aun permaneciendo investido en tanto que la vida está presente. De algún modo, ser y no ser.

El universo de la persona de edad avanzada se estrecha, pues, doblemente. En el espacio, debido a las limitaciones y el aislamiento social progresivo. En el tiempo, por la fecha límite de la muerte que, cual espada de Damocles, se conjuga en presente, mientras que en el pasado aún se conjugaba en futuro. La integridad psíquica peligra. Seguir viviendo a pesar de la muerte, que se acerca sin remedio, lo tiene todo para ser una misión imposible. Tal es el reto de la resiliencia conjugada con la vejez.

¿Se puede definir un viejo resiliente?

Ser candidato a la resiliencia no equivale a ser resiliente

¿En qué criterios basarse para decir de una persona que es resiliente? ¿Debemos tener de ello, como muchos autores, una acepción delimitada y restrictiva, que exija al resiliente, por un lado, que tenga una vivencia personal de éxito, y por otra parte que sea percibido como un sujeto integrado en la sociedad y dotado de sentido moral? ¿O bien debemos conformarnos, como otros, de una acepción más amplia y por tanto quizás más vaga, en la que basta que el resiliente pueda vivir su vida, sin ser psiquiatrizado, recluido o asistido, aunque sea a costa de un comportamiento reprobable, incluso asocial? Cierta elasticidad conceptual podría llevarnos a inscribir la resiliencia en un *continuum* entre estos dos extremos, de acuerdo con una visión jerarquizada de la satisfacción de las necesidades, tan del gusto de Maslow. Habría también un nivel de resiliencia de base que consistiría en seguir viviendo a pesar de todo sea cual sea el camino por el que se consiga, propio de la persona. Luego, al modo de estratos, existirían niveles cada vez más elaborados hasta llegar a un nivel máximo, raramente alcanzado, combinando realización de sí mismo y oblatividad.

Ser suficientemente resiliente en la vejez-decrepitud

Así, parafraseando a Winnicott y su luminoso suficientemente bueno, que relativizaba la dictadura de lo bueno y del bien que a tantas personas perjudica por querer poner el listón demasiado alto, se podría decir que cada ser humano hace lo que puede, con sus cualidades y sus debilidades, con su buena suerte y su mala suerte, y que lo esencial es ser suficientemente resiliente del mismo modo que ya es satisfactorio que una madre sea suficientemente buena.

Seguir viviendo y sentirse existir a pesar de las angustias de la vejez, de sus cascadas de traumatismos y de la inevitabilidad de la muerte, es por tanto el reto de la resiliencia en la edad provecta. Ser suficientemente resiliente se podría plantear como el hecho de vivir con un sufrimiento reducido y una dignidad preservada y permanecer o volver a estar disponible para la vida. Proponemos aquí tres grandes modalidades de desarrollo posibles de acuerdo con el grado de resiliencia alcanzable, en un procedimiento no de caracterización, sino de tentativa de comprensión.

De una resiliencia limitada a una resiliencia lograda en la vejez-decrepitud

Resiliencia limitada: reducción del impulso vital y retirada de la vida

El repliegue es a menudo geográficamente observable, en forma de un estrechamiento progresivo del espacio de la vida. Por falta de motivación, porque los desplazamientos se vuelven cada vez más penosos, porque dificultades cognitivas o sensoriales limitarán las iniciativas o las penalizarán con accidentes, la persona, poco a poco, limitará el campo de su acción y se confinará en él.

Las conductas de evitación, cuya motivación son el miedo o la vergüenza, pueden agravar brutalmente este fenómeno de repliegue e inducir o empeorar un aislamiento. El sentimiento de vergüenza que acompaña a incapacidades como la sordera, la incontinencia, los trastornos del equilibrio o de la memoria, contribuye a menudo, más que la propia incapacidad, a limitar y a aislar. En cuanto al miedo, en particular después de una caída o una agresión, también desempeña un papel determinante. El ejemplo a la vez más caricaturesco y más frecuente es el del miedo de volver a caer después de una caída. Aun cuando no tiene consecuencias físicas (lo cual es el caso la mayor parte de las veces), la caída es para el anciano un traumatismo psíquico cuya intensidad no es imaginable para un adulto más joven. El miedo a una nueva caída tiene dos efectos nefastos. Por un lado, acarrea trastornos de la marcha y del equilibrio que aumentan el riesgo de recidiva, encerrando a la persona en un círculo vicioso nocivo. Por otra parte, puede provocar una inhibición, hasta el punto que la persona mayor ya no se atreve a salir de su casa, reclamando una ayuda que antes no necesitaba y que, a veces, el entorno puede, por error, estimular. Las caídas son mucho más a menudo fuente de *fractura social* que de fractura ósea.

Pero antes de ser identificable geográficamente, el repliegue se produce a menudo ya en el plano de la actividad psíquica. Vivir es involucrarse, esto es, amar o detestar, desear, querer, interesarse, crear... La vejez supone una parte considerable de desimplicación progresiva que corresponde a una restricción progresiva de las actividades, de las ganas de hacer cosas, de las ocupaciones, distracciones, incluso de ciertos hábitos de la vida cotidiana. Esta desimplicación es normal en sí misma, forma parte del proceso de duelo de sí. Pero revela ser nociva cuando deriva insidiosamente hacia la renuncia. La persona restringe entonces su espacio vital y se refugia en una vida monótona y ritualizada que transcurre en escenarios repetitivos. La vida se limita a la reproducción, día tras día, de los mismos gestos, de las mismas actitudes, de los mismos trayectos. Yves Pélicier habla a este respecto de «muerte sistémica». La inmutabilidad sustituye al cambio y la iniciativa, portadores de riesgos. Es como si el refugio en una especie de no-vida protegiera simbólicamente del tiempo que huye inexorablemente, anunciando la muerte: hacerse el muerto para no morir, de algún modo. Además, esta desintegración social agrava las consecuencias físicas y psíquicas del envejecimiento por falta de uso, como expresa la fórmula anglosajona *«use it or loose it»*. En un estado más evolucionado vendrá, en un progresivo repliegue sobre sí mismo, el confinamiento en el domicilio, luego en la habitación, finalmente en la cama.

Resiliencia parcial: la expresión de una vitalidad mal percibida

A medida que se envejece, hay cada vez menos razones para esconderse tras las convenciones sociales impuestas por la vida en familia, en el trabajo o en la ciudad. Estas convenciones debe respetarlas tanto el niño en la escuela o el adulto en el trabajo para preservar su adaptación social. En la vejez, no hay tanto en juego: ya no hay mucho que perder. Entonces, muchos viejos, sin necesidad de que tengan enfermedades cerebrales que pudieran contribuir a cierto grado de desinhibición por hipo-frontalidad «se quitan la máscara», en función de la personalidad de cada uno. Las personas «caracteriales» evolucionarán hasta adoptar el papel de un «viejo indigno», no sin cierto júbilo interior. Otros, considerados dependientes, culpabilizarán y secuestrarán a un entorno que, con todo, estaba presente y se mostraba atento, sometiéndolo a chantajes afectivos o quejas corporales incesantes.

En los ancianos se observan muchas modificaciones comportamentales y quejas corporales que no tienen necesariamente explicación médica, o al menos son más importantes de lo que la causa médica identificada dejaría suponer. Una queja, un síntoma o un comportamiento no son necesariamente expresión de una lesión física o un sufrimiento psíquico. También pueden traducir una adaptación a un sufrimiento y ser entendidos como un esfuerzo a veces intenso por aferrarse a la vida y mantener el sentimiento y la sensación de existir, en una doble dimensión de llamada a los demás y afirmación de sí. Toda la dificultad en la práctica reside en tratar de distinguir lo que traduce directamente un sufrimiento y debe ser calmado, y lo que traduce una tentativa personal de atenuar el sufrimiento y debe, por tanto, ser respetado, aunque el comportamiento o los síntomas resulten difíciles para el entorno. Con la dificultad añadida de que esto contribuye a provocar el rechazo del viejo difícil, obligándole a encerrarse en la espiral negativa de sus síntomas y agravarlos, a menos que, deprimiéndose, opte por la renuncia.

Las quejas somáticas inexplicadas sostienen la sensación física de existir mediante el cuerpo sufriente. El motor de muchas conductas caracteriales, de oposición o reclamo, es el sentimiento de tener todavía cierto valor despertando el interés de los demás, incluso la irritación o la hostilidad del entorno: lo importante no es aquí la naturaleza de las reacciones de los otros, sino el hecho de que haya reacciones, aunque sean de molestia o rechazo, pues significan que el viejo *existe*.

A veces, el sufrimiento inducido por aislamiento es calmado mediante la producción de un entorno imaginario: así, algunos estados delirantes o alucinatorios pueblan el universo de la persona de gente mal intencionada, pero que por este mismo hecho le demuestran que se interesan por ella, que tiene algún valor puesto que quieren hacerle daño.

Esta doble dimensión de llamada y de afirmación de sí se encuentra también en las conductas suicidas —frecuentes en la edad avanzada— que plantean la cuestión de una «detención en la imagen», imagen deseada aceptable, en vez de aceptar que la degradación continúe. Aquí también volvemos a encontrarnos con la necesidad de distinguir entre una depresión-sufrimiento, que reclama un alivio con el fin de prevenir lo irremediable, de una actitud que se inscribe en una coherencia existencial, adquiere sentido para la persona y debe ser aceptada.

Resiliencia lograda: la experiencia de una vejez serena

La vejez y sus pérdidas son vividas de formas tan apacibles como es posible hacerlo porque no son negadas, sino aceptadas. Así, apoyándose en mecanismos de defensa personales maduros, la vejez no es sentida como un hundimiento y la juventud no es evocada como algo que se añora. Flexibilidad psíquica y capacidad de anticipación permiten una adaptabilidad más cómoda a lo real y sus dificultades. La capacidad para mentalizar las dificultades de lo cotidiano y ponerlas en palabras permite una distanciación emocional. La aptitud para despegarse del sufrimiento existencial mediante la sublimación, que hace de lo trágico una fuente de creación, o bien mediante el humor, que es la «cortesía de la desesperación», constituye la mejor forma, tanto de vivirla como de restituírsela a los demás.

La capacidad para encontrar un sentido a la última parte de la vida está presente. Motivación humana fundamental, la búsqueda de un sentido a la propia vida induce, sin lugar a dudas, cierto grado de tensión. Pero esta tensión es indispensable para la salud mental. Encontrarle un sentido a la vida es una responsabilidad personal y hace al sujeto más apto para afrontar el sufrimiento. Nada puede ayudar más a sobrevivir a la adversidad que tener una razón para vivir.

La muerte es aceptada con mayor facilidad si la existencia ha sido una existencia plena y se le ha atribuido un sentido. Aunque la vida sea percibida como demasiado y la muerte esperada como un alivio, no se trata de querer interrumpir una existencia que sigue implicada «ahora y aquí». Sigue habiendo proyectos posibles, pero con la conciencia de que la muerte puede estar a punto de llegar. La ausencia de actividad aparente a menudo es entendida en nuestro mundo hiperactivo como signo de aburrimiento. Visión ésta doblemente errónea, pues ignora la vida interior del anciano. Por una parte, el presente está muy desinvestido, lo cual conduce a saborear el simple hecho de contemplar, de sentir, en suma, de existir. Por otra parte, el pasado ocupa mucho lugar y tiempo, ocupado en reexaminar los acontecimientos de la vida, poner orden en la memoria, saborear los buenos recuerdos, hacer las paces con los momentos dolorosos y aceptar que las cosas hayan sido como fueron.

El balance vital en todas sus dimensiones —y no restringido a la noción a veces artificial de éxito social — es vivido como correcto y favorable, hecho que seguirá manteniendo la autoestima y suscitará el interés de los demás. Por otra parte, si bien la capacidad de participación en las distracciones y las diversiones que el mundo adulto les propone es limitada, la atención sigue dirigida a los demás, en vez de estar demasiado autocentrada en los males cotidianos.

Aunque encontramos en estas personas una aptitud individual que ha sido cultivada a lo largo de toda la vida, es imposible eludir la pregunta por el azar y la suerte... La suerte es, de entrada, la de pasar de largo de accidentes graves de la vida. Es también el azar de la genética, que predispondrá, a unos más que a otros, a vivir mucho tiempo y a caer menos enfermos. Está también la suerte de un medio social favorecido que repercute de la esperanza de vida. Pero provenir de una familia acomodada no es para el niño que fue el actual viejo una garantía absoluta de que recibirá la dosis de atención que tiene derecho a recibir: lo que se llaman carencias afectivas doradas existen. Aquí interviene otra suerte, la de haberse podido beneficiar, desde los primeros meses de vida, de una calidad de relación con la madre (o su sustituto) favorable a la adquisición de un apego seguro, a la elaboración de un sentimiento interno de seguridad que permite la construcción de una buena estima de sí. Con el beneficio que esto supone de una mayor capacidad para aplicar los principios de vida que permitirán vivir mejor las consecuencias del envejecimiento. François Jacob habla a este respecto en una obra biográfica de «estatua interior».

Está claro que beneficiarse de una buena autoestima y haber podido desarrollarla mediante un círculo virtuoso (la autoestima favorece el éxito que refuerza a su vez a la propia autoestima) es un recurso considerable para enfrentarse a las exigencias de la vida en general y más particularmente de la vejez, en la que las pérdidas y los traumatismos se multiplican.

El papel del entorno en la resiliencia de la vejez-decrepitud

Sea como sea —y este punto es objeto de consenso— el origen de la resiliencia nunca es puramente intrínseco; nadie es resiliente él solo.

La residencia es el resultado de un proceso interactivo entre la persona, su familia y su entorno. Los factores que intervienen en la resiliencia conciernen, por tanto, no sólo a la propia persona, sino también a su entorno familiar y el sostén social que existe alrededor. Las estructuras del medio se conjugan con los recursos internos del sujeto para desencadenar un proceso de resiliencia. Del mismo modo, un entorno pobre o inadaptado podrá entrar en resonancia con una fragilidad intrínseca para bloquear un proceso de resiliencia. El proceso de resiliencia se inscribe, pues, en un sistema cuyos determinantes, numerosos y heterogéneos, intrínsecos o extrínsecos, interactúan unos con otros de acuerdo con fenómenos de causalidad circular. Pensar en términos de resiliencia invita a abandonar una visión estadística y aditiva compuesta por un catálogo de factores.

Encuentros y tutores de resiliencia

La resiliencia se teje a lo largo de toda la vida, sobre bases personales adquiridas al inicio de la vida, gracias a encuentros con los tutores de desarrollo que permiten modificar también características consideradas intrínsecas. Sigue tejiéndose hasta la vejez con mayores posibilidades de éxito si los recursos interiores del anciano son ricos: apego seguro, aptitud para integrar la angustia de separación, autoestima estimulada, mecanismos de defensa maduros, el hecho de haberle encontrado un sentido al final de la vida, una vivencia serena de las pérdidas vinculadas a la vejez, una idea de la muerte bien trabajada. Pero esto no significa que un sujeto insuficientemente dotado de todas estas facultades o parte de ellas no pueda ser resiliente. Anna Freud nos lo recuerda: «los primeros años de la vida son como las primeras jugadas de una partida de ajedrez: dan la orientación y el estilo de toda la partida, pero mientras no llegue el jaque mate, todavía quedan bellas jugadas para hacer». Sería, en efecto, ignorar la capacidad personal del individuo para inscribirse a cualquier edad en un proceso de resiliencia y desarrollar, a pesar de los azares de la existencia, a veces incluso gracias a ellos, lo que Bois Cyrulnik designa mediante el oxímoron «una maravilloso infortunio».

Sin embargo, tanto en la vejez como en otros períodos de la vida, no hay ninguna resiliencia posible sin un encuentro. La palabra «encuentro» es la que más a menudo acude a la boca de un resiliente. Ya sea que el o los encuentros emanen de una persona única o de una red de ayuda mutua, tienen un valor de apoyo para cualquiera en la adversidad y le ayudan a seguir viviendo. En la vejez existen muchas posibilidades para cualquier persona que sufra de encontrarse con potenciales tutores de resiliencia: en su familia, en su vecindario, en su red medico-social de ayuda domiciliaria, en la institución o también entre personas voluntarias. La singular alquimia, imprevisible y mágica, de un encuentro, cuya palabra clave es la *autenticidad*, hará el resto. Por otra parte, la posibilidad de desarrollar un apego a un ser humano empático no está reservada a la infancia temprana. Entonces, un anciano fragilizado por un psiquismo menos maduro, un apego ambivalente o inseguro, una problemática de separación mal resuelta, un balance vital teñido de amargura o bien trastornos cognitivos o sensoriales puede, a pesar de todo, tener encuentros y hallar de este modo una o varias figuras de apego con los que podrá tejer aunque sea una resiliencia parcial, de tal modo que se sienta existir.

Aislamiento y soledad

Pero para encontrarse con estas figuras de apego, tutores potenciales de resiliencia, se necesita disponer de ocasiones para ello. En la vejez, la soledad es más a menudo *padecida* que deseada. Entones traduce un aislamiento cuya probabilidad crece a medida que la edad avanza. Las incapacidades disminuyen de forma variable a las facultades para desplazarse, orientarse y comunicarse. Los allegados coetáneos mueren, se alejan o ya no pueden tampoco ellos salir de su casa. Los hijos se han alejado o sencillamente están demasiado ocupados construyendo su propia vida. Luego el esposo o la esposa muere... La imagen de la señora mayor en la ventana ávida del bullicio de la calle dice mucho de esta necesidad (incluso en el solitario que lo evitará) de empaparse de vida social.

El aislamiento bloquea la resiliencia a causa de una triple desaferenciación sensorial, afectiva y social. No comunicar, no tener un interlocutor con quien hablar, hablar a las paredes, constituye una experiencia dolorosa que evoca en muchos puntos la privación sensorial. El desaprendizaje de los gestos cotidianos amenaza la autonomía. La ausencia de intercambios de mensajes cuestiona el sentimiento de identidad.

La respuesta de la colectividad a la soledad de uno de sus miembros corresponde a un verdadero bucle de retrocontrol en una lógica de causalidad circular. El sentimiento de soledad proviene de dos factores intrincados de un modo variable. El primero, externo, es la soledad impuesta al anciano. El segundo, externo, es la incapacidad más o menos importante para permanecer solo. La soledad exacerba la angustia de separación que existe en el corazón del psiquismo desde que el bebé tiene conciencia de que su madre no forma parte de él. Esta angustia es comunicada o significada por comportamientos (como caídas repetidas sin causa médica evidente) que tienen valor de llamada. Llamada que desencadena una respuesta del entorno familiar o social, provocando una reorganización de las condiciones de vida conducentes a reducir el aislamiento.

Apoyo familiar

En cuanto un anciano reclama o necesita ayuda, presencia o vigilancia, su familia es naturalmente requerida. La familia es un sistema de apegos múltiples, hecho de una constelación de interacciones afectivas. De entrada, donde la resiliencia del anciano puede ser tutorizada es en su seno, es ahí donde se puede tejer, gracias al apoyo que prodiga y a los recursos que moviliza. La resiliencia del anciano se desarrollará entonces en el marco familiar. Pero para ello será preciso que la familia misma no esté demasiado absorta en sufrimientos colectivos demasiado intensos.

Si tal es el caso, el espacio familiar corre el riesgo de estar él mismo traumatizado y no poder ya asegurar el apoyo implícito de su «piloto automático».

Ser la pareja o el hijo de un anciano que pierde autonomía representa, en efecto, una pesada responsabilidad, que pondrá a prueba el vínculo, si existe, y más generalmente el sistema familiar. La carga tanto afectiva como nerviosa y física que representa la ayuda repercutirá más particularmente en los equilibrios individuales. Y, en primer lugar, en el equilibrio de la persona implícitamente delegada por el sistema familiar, que es por lo general la más implicada, ya sea por amor o por una deuda afectiva. Esta persona, llamada «ayuda principal» debe hacer frente ella misma a otras dificultades existenciales. Esto es así en el caso de la pareja o el hijo del octogenario, que también se ven inmersos en un proceso de resiliencia, por el hecho mismo de su edad. También sucede lo mismo en el caso de el hijo o la hija, lo más frecuente, una mujer de cincuenta o sesenta años, es decir, una edad en la que las dificultades existenciales personales se multiplican: sus propios hijos que se van de casa y tienen un futuro incierto, situación de paro o inicio de la jubilación, problemas médicos personales o de su pareja. En este contexto se planteará la cuestión, no baladí, de la redistribución de la solidaridad afectiva entres las tres generaciones, incluso cuatro si entretanto han nacido nietos. Esto significa que la mujer en cuestión, atrapada en una pinza de obligaciones, pertenece a la generación «sándwich».

Los requerimientos del padre o de la madre ancianos son pesados o vividos como tales. Son ambivalentes, con una doble demanda de conservar autoridad (posición parental) y al mismo tiempo hacerse mimar (posición infantil, con una perturbadora inversión de los roles padre-hijo). La reivindicación afectiva se presenta a veces confundida con la espera, explícita o no, de ser compensado por sus esfuerzos pretéritos para con sus hijos. Por su parte, el hijo se muestra igualmente ambivalente respecto a esa persona a quien se ama hasta el final, pero cuya frecuentación es desagradable, puesto que evoca la muerte y el sufrimiento de la separación próxima. Por otra parte, la pérdida de autonomía de un padre reactualizará la rivalidad, incluso los conflictos entre los hijos. Así, los miembros de la familia se enfrentan a un cúmulo de retos y de situaciones estresante, que agravan las emociones negativas e imponen la búsqueda de soluciones adaptativas nuevas. La familia se ve ella misma empañada en un proceso de resiliencia que tendrá mayor posibilidad de éxito si el reparto de las fuerzas y de las implicaciones es armónica.

La vejez del abuelo o de la pareja de ancianos repercutirá, por tanto, en el sistema familiar y afectará a las personas cercanas en función de los vínculos afectivos que mantienen entre ellos. Existen familias dinamizantes y otras inhibidoras. Las primeras están dotadas de un sentimiento de pertenencia fuerte y representarán para su o sus ancianos una base de seguridad que facilitará su resiliencia. Las segundas funcionan como un envoltorio que provoca inseguridad y vulnerabilidad, por lo que corren el riesgo de dificultar el desarrollo resiliente de sus abuelos. En el peor de los casos, existe el riesgo de que se produzca un contagio del sufrimiento a toda la familia o a una parte de sus miembros. Tales condiciones son entonces propicias para generar situaciones de maltrato, de tal manera que los traumatismos del anciano se situarán igualmente dentro de la familia.

¿Qué mirada sobre la vejez?

Para que nuestros abuelos puedan ser suficientemente resilientes, todavía es necesario que los potenciales tutores de desarrollo con los que se encontrarán en su camino, dentro o fuera del círculo familiar, tenga una forma de ver la ancianidad, sus hándicaps y su sufrimiento que sea lo más empática posible. Esto es, sin *a priori* que impidan entrar en el campo de referencia del otro. Con esta condición, los mayores tendrán la oportunidad de llevar a cabo encuentros significativos. Así, hace unos años, una octogenaria dinámica e implicada en su comunidad había sido legítimamente invitada a formar parte de un grupo de trabajo intergeneracional y pluridisciplinar sobre el tema de la discriminación. Pero esta comisión limitaba su reflexión... a los menores de sesenta y cinco años. ¡La comisión de estudios sobre la discriminación la ejercía ella misma!

En todas las civilizaciones del mundo y sea cual sea el discurso dominante de una época, la vejez siempre suscita reacciones opuestas y muy marcadas: admiración ante la sabiduría, la serenidad, la experiencia, que promueven el respeto y la integración, pero también rechazo de la fragilidad, la decadencia y la senilidad, que suscitan miedo y provocan la segregación. Y por poco que el anciano esté afectado de minusvalías que afecten a su integridad física o mental, podría ser doblemente, incluso triplemente rechazado, no sólo como viejo sino también como disminuido o como alienado...

Mientras que, en el pasado, el hombre aprendía a envejecer, y al menos podía considerar la vejez como una curiosidad —debido a su escasez— y como el privilegio de una vida larga, a comienzos del presente siglo XXI la vejez ya no es ni lo uno ni lo otro. Ahora se ha convertido en previsible, algo de lo que, a priori, los hombres debieran alegrarse. Paradójicamente, se ha convertido en una condición particularmente áspera para los ancianos, cuya imagen, al parecer, nunca había estado tan desvalorizada. Nuestra sociedad, que magnifica la juventud y cultiva el poder, la productividad, el rendimiento y la velocidad, por fuerza vive mal la vejez, que le resulta insoportable. Por otra parte, las mutaciones sociales han conducido a las personas mayores a una situación de inadaptación, puesto que se ven superadas por los progresos tecnológicos fulgurantes, se ven excluidas de la vida social por una ausencia de un papel en ella, encontrándose en una situación de carencia afectiva en razón del estallido de la estructura familiar.

El anciano se presenta entonces como un extraño, un «emigrado en el tiempo», de acuerdo con la bella fórmula de Louis Ploton, que agita el miedo del otro. A este respecto, la vejez es tanto más inquietante para el mundo de los adultos, al no haber tenido nunca el grupo de los jóvenes límites precisos. Así, se dan todas las condiciones requeridas para acentuar la discriminación de la vejez, ya marginalizada por el aislamiento progresivo y por la ausencia de un rol social.

La discriminación del anciano, factor de antirresiliencia

Pero el anciano, ese otro, si nos resulta tan amenazante, ¿no es también porque es nuestro semejante? Cuando hemos conocido a una persona mayor desde que era más joven, no tenemos gran dificultad para reconocerlo en su continuidad. Por otra parte, teniendo en cuenta el progreso de las condiciones de vida, tenemos una alta probabilidad de convertirnos nosotros mismos en ese anciano. Razón de más para prohibir cualquier pasaje al acto discriminatorio. Así, aunque el lenguaje y las actitudes para con los ancianos suelen ser prudentes, evitando los calificativos demasiado peyorativos, no dejan de revelar un rechazo más sutil e insidioso, en función de tres grandes tipos de mecanismos: descalificación, estigmatización, reificación.

Depreciación y descalificación

Todos tenemos una representación negativa de la vejez, alimentada por cierto número de estereotipos que acreditan la idea de que la vejez es *ipso facto* sinónimo de declive, enfermedad, regreso a la infancia, dependencia y muerte. Un argumento más sutil diría que la experiencia acumulada con los años es un progreso, que la vejez no es en sí misma una enfermedad y que se pueden sufrir enfermedades también de joven, que los comportamientos regresivos son normales en cualquier momento de la vida, al hacer frente a una situación estresante —aunque sea un acontecimiento feliz— que interpela nuestra identidad, y que dichos comportamientos constituyen a menudo una fase necesaria para rearmarse y recuperarse, que cada ser humano es dependiente de los demás y que se puede morir a cualquier edad.

Como siempre, estos estereotipos tienen parte de verdad, lo cual explica su persistencia tenaz de acuerdo con un proceso de memorización selectiva, también por su capacidad para alimentar los prejuicios. ¿Quién puede negar que los rendimientos psíquicos y cognitivos se reducen, que las patologías son más numerosas, que los comportamientos regresivos son más frecuentes, que la discapacidad crece y que la muerte es inevitable?

Estigmatización y categorización

La simplificación y la categorización son operaciones mentales ciertamente necesarias para la integración de información, pero tan sólo para construir un marco de referencia simple, y son únicamente una forma de primera aproximación. Cuando se amplifican hasta el punto de convertirse en un objetivo en sí mismas, se deforman y constituyen estereotipos. El estereotipo es «una facilidad que economiza el pensamiento, adosándole al otro atributos que pretenden describir y en realidad enmascaran». En vez de aprehender a la persona tal y como es en su singularidad, se conforma uno con esquematizarla en función de un proceso de percepción selectiva, sin tratar de conocerla. La transmisión paulatina del estereotipo, trasladado por una persona a su entorno, una generación y la siguiente, un grupo profesional y el siguiente, tiene por efecto encerrar a los individuos en categorías, estigmatizarlos con etiquetas indelebles, anular su discurso y su pensamiento.

En el campo de la gerontología, los ámbitos de la gestión y de la medicina, aunque son muy distintos, se unen para promover las evaluaciones llamadas estandarizadas, que con un objetivo indiscutiblemente utilitario tienen el efecto perverso de etiquetar a las personas. Por una parte, las hacen entrar en casillas de las que ya no salen, de acuerdo con cierto profesionalismo sesgado que Stanislas Tomkiewicz ilustra en estos términos: «Existe una gran tentación, tanto en médicos como en los actores sociales, de diagnosticar, de reducir a una persona a un problema, a un síntoma, encerrándola así en sus dificultades». Por otra parte, estas evaluaciones fijan a las personas tras un eslogan o una estigmatización que facilitan juicios definitivos sobre ellas.

Reificación

Toque final de la segregación, sobreviene la cosificación (o reificación) del sujeto convertido en objeto. Las personas mayores son consideradas no como seres vivos, sino como objetos de *gadgets* técnicos, de estructuras sociales, cuidados médicos, proyectos arquitectónicos, mercados financieros, todos los cuales tienen como única finalidad su propio desarrollo y no el interés del ser humano que desea y sufre, al que dicen servir. En ambos casos, el anciano no existe: está simbólicamente muerto.

Demos ejemplos concretos. El término «rellenar» nos recuerda a los vagones que llevaban a los campos de exterminio a seres humanos previamente cosificados por los nazis. En nuestras democracias, en principio lejos del totalitarismo, no obstante médicos o gestores lo usan sin rodeos cuando se trata de satisfacer tasas de ocupación de un hospital o de una institución. La contención en los pacientes agitados es cuestionada. Pero al mismo tiempo, haciendo apología del consentimiento, se habla en el lenguaje común de «mantenimiento» (a domicilio) o de «colocación» (en residencias), términos que recuerdan a la contención o manipulación de objetos. A las personas mayores clasificadas en grupos de pertenencia «isorrecursos» (GIR) para determinar las necesidades de ayudas financieras, se les designa normalmente por su número. No se le dice a una viejecita con un déficit que su grupo es el 2 sino que ella es «GIR 2». El número del grupo al que pertenece se ha convertido en el discurso, sin que sea necesario tatuárselo en su antebrazo.

Las máscaras de la discriminación por razón de edad

Los estereotipos, no obstante, están evolucionando socialmente. Hoy es políticamente incorrecto discriminar a la vejez, en favor de la cual se llevan a cabo acciones positivas. Observamos de este modo un deslizamiento insidioso en el objetivo de la discriminación. No es tanto la edad cronológica en sí lo que se estigmatiza sino la fragilidad y los trastornos cognitivos. La evaluación, que sustituye a la búsqueda de una visión global del sujeto y de su comprensión, tiene como resultado un retrato que sólo se focaliza en la fragilidad, la deficiencia, los problemas, y desconoce los recursos movilizables.

Así se produce la separación entre la vejez aceptable, exitosa, socialmente integrable, con la que los más jóvenes pueden identificarse, y la vejez lastrada por la dependencia o la demencia —el Alzheimer, por ejemplo—. Y esta vejez temida, en lugar de estigmatizarla directamente, es excluida mediante la promoción social y médica de un envejecimiento considerado exitoso que magnifica una vejez limitada a su presentación todavía joven, presentada no ya como algo que no es temible sino que, mejor aún, es envidiable. Es una discriminación por edad llamada «de marketing». Ahora bien, la idea de éxito es tan estática y cerrada como la de fragilidad o vulnerabilidad. ¿Qué acaba ocurriéndole, tarde o temprano, al octogenario vivaracho, si no se muere de golpe?

Además, la persona mayor problemática no es tanto la que ha llegado a una edad avanzada como la que sufre problemas cognitivos.

De este modo, de la legítima preocupación por detectar en una persona mayor un trastorno cognitivo cuyas consecuencias pueden poner en peligro en su vida cotidiana, el abordaje médico se ha deslizado insidiosamente hacia una estigmatización de la persona, cada vez más considerada en función de su estatus cognitivo en detrimento de su discurso, pensamiento, sentimientos, significantes, en definitiva, todo lo que concurre en su humanidad. La persona demenciada o enferma de Alzheimer es negada como interlocutor capaz de intercambios a partir del momento en el que se la designa así. A modo de ejemplo, se pueden oír normalmente frases como ésta: «a pesar de su Alzheimer, esta persona está en una búsqueda relacional y le gusta interactuar con los demás». Los ancianos autónomos, ¿se convierten en «Alzheimers que se ignoran», a semejanza de lo que dijo el Dr. Knock, que las personas que se están bien son «enfermos que se ignoran»?

Interiorización de los estereotipos

La mirada de los otros nos moldea desde que nacemos. Como cualquier discriminación y con independencia de su modo operatorio, la discriminación debida a la vejez contamina al conjunto de la población. Por este motivo, la concepción esencialmente deficitaria de la vejez es interiorizada por el entorno familiar, los profesionales y también los médicos, así como por las personas mayores mismas, que se reconocen en una imagen desvalorizadora y se resignan, justificando así *a posteriori* el modelo pesimista que los caricaturiza, con lo cual se corre el riesgo de bloquear el proceso resiliente.

¿La enfermedad grave y el final de la vida impiden la resiliencia?

Toda persona, sea cual sea su estado y su edad, es apta, con cierto margen de vitalidad, tiene cierto uso e incluso un desarrollo compensatorio de sus capacidades restantes, aun cuando éstas sean pocas. No sólo el beneficio de la duda sino, más concretamente, las observaciones clínicas corrientes van en este sentido. Partir de este principio nos lleva a considerar que toda persona, incluso en situación de discapacidad o de enfermedad severa, tiene la posibilidad de iniciar un proceso de resiliencia, a condición de que uno o más miembros de su entorno sean capaces de entrar en resonancia con los recursos que le quedan.

Resulta obvio en el caso de los discapacitados sensoriales o motores. E incluso hay casos de resiliencia extrema que desafían la imaginación, como el testimonio de J.D. Bauby, quien fue víctima de un *locked-in syndrome*, pero fue capaz de dictar un libro sólo con el movimiento de sus párpados.

Pero esta constatación también es válida en caso de discapacidad cognitiva y en personas que padecen Alzheimer o toda otra forma de demencia. Las personas diagnosticadas con demencia son permeables al clima relacional y, sin poder siempre entender exactamente lo que se dice, perciben el sentido general. Incluso cuando faltan la memoria o las palabras adecuadas, se comunican por sus propios medios. Debido a una disociación automático-voluntaria, pueden llevar a cabo espontáneamente una acción que son incapaces de hacer cuando se les pide, aunque el sentido de la consigna haya sido entendida. Estas facultades existen a pesar de las apariencias mantenidas por los estereotipos y racionalizadas por métodos de evaluación y puntuaciones estandarizadas, cuyo efecto es anular el discurso, el pensamiento del otro, en definitiva su humanidad. Estas personas están dotadas de capacidades comunicativas, sobre todo no verbales, y de adaptación que Jean Maisondieu denomina pertinentemente como «la inteligencia secreta del demente»: inteligencia que *a contrario* pone a prueba nuestra propia inteligencia para entenderlos. Y a partir del momento en que hay una vía afectiva, pueden movilizarse recursos profundos y es posible un método de autonomización a partir de aptitudes parciales o escondidas. La resiliencia es entonces posible a condición de que no se boicotee a la persona esperando de ella lo que ya no puede hacer. Se trata por tanto de armonizarse con sus capacidades restantes.

En las situaciones de final de la vida, cuyo conocimiento ha sido iluminado por el estudio de Elizabeth Kubler-Ross, el enfermo pasa por cierto número de etapas (rechazo, irritación, mercadeo, depresión) antes de llegar a la aceptación de su estado, a condición de que disponga de un tiempo suficiente y de haber sido ayudado a transcurrir por estas etapas. Este estadio casi vacío de sentimiento durante el cual la comunicación es cada vez menos verbal permite al moribundo desapegarse de su vida de la forma más apacible posible. ¿No es esto resiliencia? Cuanto más lucha el moribundo contra la muerte inevitable, más se instala su entorno en la negación y menos resiliencia tendrá.

En cuanto a las situaciones de demencia desarrollada, éstas anuncian un final de vida sin que se pueda saber el término exacto. Un número nada despreciable de estas personas pueden manifestar apetito, no sólo en sentido nutricional, comiendo los alimentos que se les propone, sino también en el sentido simbólico de ganas de vivir, sobreviviendo a veces varios años a pesar de una dependencia total y de una existencia aparentemente vegetativa. ¿Cuál es su secreto? ¿No son también resilientes? ¿Y qué decir también de estas «mejorías al final», mejoras temporales observadas con frecuencia antes de la muerte?

La edad avanzada resiliente es un verdadero desafío social

La cuestión de la vejez avanzada es ante todo un tema personal para aquel que lo experimenta. También es un desafío intergeneracional, familiar y colectivo

Desafío familiar

La vejez supone un desafío familiar en la medida en que el anciano sigue siendo un modelo para las generaciones siguientes y, sobre todo, para la generación que le sigue. Antaño fue el modelo educativo que guiaba los primeros pasos del niño en la existencia. Pero más tarde seguirá sirviendo siempre de referencia para sus hijos ya adultos, que continuarán identificándose con él. Ya sea para imitar a su progenitor o, al contrario, oponerse a él, el hijo, en todas las edades, encuentra una fuente de inspiración en el modelo parental. Mas ahora, cuando ya es muy mayor, el progenitor aparentemente no es indispensable para su hijo y la necesidad de este último de llevar su propia vida. Pero mientras vive representa simbólicamente para los hijos una especie de parapeto entre la vida y la muerte. «Después de él/ella, voy yo», dicen a menudo los hijos cuando muere su segundo padre. Pero esto no es todo, el progenitor mayor sigue siendo un punto de referencia, un polo de identificación para sus hijos: barquero entre la última etapa de la vida y la muerte, les puede ayudar a desdramatizar el final de la vida si él la vive con la suficiente resiliencia y serenidad. Esto les ayudará cuando, en el futuro, ellos mismos tengan que afrontar su propia vejez.

Responsabilidad colectiva

La edad avanzada también supone un desafío y, mejor aún, una responsabilidad colectiva que nos enfrenta al papel que la sociedad consigue encontrar para sus ancianos. Antes, las personas mayores eran escasas. En cualquier lugar se las trataba más o menos bien. Podían ser claramente rechazadas por la sociedad y a veces físicamente eliminadas, pero cuando se las trataba bien, se las honraba. En primer lugar, en el plano simbólico, como una especie de «tótem» por la rareza que representaban. Pero también eran honradas por el saber y la experiencia acumulada, bien explicada por la expresión del escritor africano Amadou Hampâté Bâ: «Un viejo que muere es como una biblioteca que se quema». El anciano parece haber quedado obsoleto por el progreso exponencial de los aparatos electrónicos modernos de comunicación y de transmisión del saber, así que esta bella frase ya no se sostiene. Pero ¿la revolución de internet, más allá de los avances técnicos considerables que comporta, ocupará realmente el lugar de la transmisión oral del saber basada en la experiencia humana?

Debido también al descenso de la natalidad y al aumento de la longevidad, el envejecimiento de la población confronta la humanidad con un hecho histórico sin precedentes que se presenta como una de los temas más importantes y nuevos del joven siglo XXI, no menos importante que la globalización o el calentamiento del planeta. Pensemos —tomando el ejemplo de Francia— que los septuagenarios representan hoy el 15% y los octogenarios el 6% de la población, que las proyecciones demográficas para 2050 prevén que uno de cada tres tendrá más de 60 años y que casi uno de cada seis más de 75 años. Pensar la vejez ya no es sólo un tema «amable» para la reflexión filosófica, sino que se ha convertido en un problema social y económico ineludible.

¿Cómo favorecer la resiliencia en la edad avanzada?

Anticipar las consecuencias de la vejez

La vejez se prepara para anticipar sus avatares, al menos los que son previsibles. La vida sigue siendo una lotería. En el centro de esta anticipación se halla probablemente la preocupación por no ser la persona que sólo se haya dedicado a una cosa, excluyendo cualquier otro interés de la vida. ¿Cómo vivirá la jubilación la persona que únicamente se ha dedicado a su trabajo? ¿Cómo experimentará la viudedad aquel que haya vivido casi en simbiosis con su cónyuge? También se puede anticipar la cuestión del aislamiento, cultivando una red de relaciones propias en vez de pensar en cosas más materiales, como el lugar de alojamiento y la adaptación del entorno a una posible discapacidad futura.

Pasar de la cultura del «tener» a la cultura del «ser»

Ser capaz de reducir el número de pérdidas y compensar algunas de ellas constituye un aspecto del problema. Pero no podemos olvidar que la pérdida es ineludible y que se trata de vivirla lo menos mal posible. La profunda crisis de identidad que acompaña la llegada de la vejez supone un llamamiento a la redefinición de uno mismo. La vejez, a la cual no le faltan paradojas, nos interpela con esta pregunta: ¿el anciano es una persona distinta persona o la misma? Si nos situamos desde el punto de vista del *tener*, el viejo ha perdido mucho. Indudablemente es otro. Si nos situamos desde el punto de vista del verbo *ser*, la persona mayor sigue existiendo en continuidad con su pasado, con sus virtudes y defectos, con ese *no sé qué* que hace de ella la única persona en el mundo que es como ella desde el día en que nació. De modo que sigue siendo ella misma.

Anhelando la juventud eterna, nuestra sociedad se ha entregado a la búsqueda del beneficio y el rendimiento. Esto nos conduce a reexaminar la cuestión del *tener* y el *ser* desde un punto de vista social.

Si un adulto, a pesar de los años que pasan, sigue expresando su identidad tan sólo mediante estos valores del provecho y el rendimiento (que corresponden a las propiedades del verbo tener), sigue siendo un niño eterno, esclavo del principio de placer que en su vida no hace más que consumir (el estadio oral) o conservar (el estadio anal). Esta identidad es muy frágil, ya que proviene de personas u objetos exteriores al yo o de propiedades que, aunque sean personales, como el poder, la rapidez o la belleza, son muy precarias. Los traumas reiterados de la edad avanzada, un día u otro, romperán el caparazón que, al fin y al cabo, disimulaba una forma de vida interior que contaba con los demás para llenarse. Es lo que recuerda Erich Fromm en su último libro: «Todo lo que se posee puede perderse. Es evidente que podemos perder los bienes materiales y, al mismo tiempo, habitualmente, la posición social, los amigos; y, en cualquier momento, tarde o temprano, debemos perder la vida.» Y añade esta fase tan adecuada para la vejez: «Si soy lo que tengo, y si lo que tengo lo pierdo, entonces ¿qué soy yo?»

Si un adulto se empeña, a lo largo de los años, en expresar su identidad mediante las propiedades del verbo «ser», se trata de una persona en evolución que ama, crea, intercambia e, integrando progresivamente el principio de realidad, intenta dar un sentido. Esta identidad es más sólida, ya que proviene del corazón de uno mismo. Y aunque, por supuesto, no proteja jamás de los azares de la vida y de la frustración relacionada con las pérdidas, aporta más ventajas para vivir esta última fase de la vida, la vejez. Una forma de vida gobernada por el valor «ser» en lugar de por el valor exclusivo del «tener» siempre es garante de un envejecimiento calmado y portador de sentido, y por tanto resiliente.

Pensar el papel reservado a la ancianidad

Para seguir encontrando su lugar en la sociedad, el anciano debe dar la imagen más reconfortante posible del envejecimiento. Pero, hay que volver a decirlo, no puede ser resiliente por sí solo. Es urgente que la sociedad postindustrial piense y redefina el papel y el lugar que hay que dar a la generación de sus mayores. ¿Es capaz de hacerlo si sigue cultivando el individualismo como su valor supremo? ¿Están preparados los adultos actuales y futuros, demasiado preocupados por ellos mismos, para pensar la suerte reservada a los mayores? De hecho, no hay elección. En plena mutación, la sociedad debe hacer frente a la emergencia de nuevos y graves problemas, entre los cuales está la cuestión de la edad avanzada y su sentido. En otras palabras, ¿no está también ella empeñada en una forma de proceso de resiliencia?

El tratamiento de la vejez no puede ahorrarnos una reflexión global extendida a las cuatro generaciones. Hay que repensar los roles propios de cada una y las interacciones entre ellas. Pero para que la edad avanzada sea resiliente, nuestra sociedad también debe serlo, tomando a cada uno de sus miembros por sí mismo, desde los más jóvenes hasta los más mayores, para que sean, al mismo tiempo, tutores de resiliencia y pupilos en un tejido en el que el lugar de lo implícito y lo no verbal es al menos tan importante como lo explícito y verbal.

Conclusión

La idea de resiliencia resulta pertinente para tener una visión del anciano y la calidad de cuidados de los que se puede beneficiar. Si se ve atrapado en una insuficiente capacidad para hacer frente a la adversidad con la que tropieza en su existencia, el anciano se halla empujado a retirarse. Pero cuando es capaz de poner distancia o sonreír ante las molestias cotidianas, puede tomar una senda más serena. Aunque al ser humano siempre le toca enfrentarse en soledad al fin inevitable de la vida, puede, a pesar de todo, apoyarse en la solicitud de un entorno lúcido y disponible. Sus allegados se encuentran pues implicados, hasta la última etapa, en un trabajo de separación que proporcionará un mayor sostén si acogen al otro en la posibilidad de un encuentro.

Naturalmente, pesa sobre nosotros la desigualdad ante la posibilidad de estos recursos. El bienestar económico sólo es uno de sus aspectos. También está —y esto cuenta más todavía— la calidad del apoyo con que cada uno se haya podido sentir acompañado. Este apoyo es como un bien que abre la posibilidad de un sentimiento de seguridad interno.

A lo largo de la vida los individuos alimentan sus encuentros con esta seguridad. En una dialéctica constantemente imprevisible, es cosa de todos encontrarse y ofrecerse, llegado el caso, la posibilidad de un apoyo. Los efectos del vínculo establecido resultarán de la convicción con la que cada uno se haya sabido implicar en su posición, reconociéndola como lo suficientemente sólida y aceptando también la posibilidad de la ignorancia. Con esta incertidumbre fundamental se tejerá entonces la esencia misma de un encuentro. Lo que hay no es un sujeto envejecido y que muere, mientas que el otro goza de toda la plenitud de su ser. Hay dos individuos implicados en un recorrido cuya salida es común y en el que lo humano consiste en la posibilidad de una reciprocidad. Concebido a partir de este principio, el vínculo no es una herramienta de lucha contra la dependencia, sino que es en sí mismo la condición de la dependencia.

Proponer el uso del concepto de resiliencia en la edad avanzada no conduce sólo a un mejor conocimiento del mayor y de sus capacidades más o menos objetivables. La resiliencia demuestra ser una herramienta fructífera para aprehender el vínculo del ser con el mundo y para entender la reciprocidad de las relaciones en las que éste se implica. Con esta metáfora industrial, es posible entrever la mecánica de los recursos desarrollados por todos. Es soportando la idea de que la trayectoria del sujeto siempre tiene efectos sobre la de aquellos con los que se encuentra como el anciano sigue siendo uno entre otros.

Referencias bibliográficas

Kagan Y. (2012), «Médecine et grand âge», en S. D. Kipman, *Médecine de la Personne*, Doin et Arnette.

Ionescu S. (2011), *Traité de résilience assistée*, PUF, París.

— (2012), «Origine et évolution du concept de résilience», en B. Cyrulnik, G. Jorland (eds.), *Résilience, connaissances de base*, Odile Jacob, París.

Cyrulnik B. (2012), «Pourquoi la résilience?», en B. Cyrulnik, G. Jorland (eds.), *op. cit.*

— (1999), *Un merveilleux malheur*, Odile Jacob, París.

— (2010), «Préface», en B. Cyrulnik, M. Delage (eds.), *Famille et Résilience*, Odile Jacob.

— (2012), «Limites de la résilience», en B. Cyrulnik, G. Jorland (eds.), *op. cit.*

Lemay M. (2006), «La résilience: mythe ou réalité?», en B. Cyrulnik, P. Duval (eds.), *Psychanalyse et Résilience*, Odile Jacob, París.

Tomkiewicz S. (2001), «L'émergence du concept», en *La Résilience: le réalisme de l'espérance*, Érès.

Tomkiewicz S. (2001), «Du bon usage de la résilience», en M. Manciaux, *La Résilience: résister et se construire*, Éditions Médecine et Hygiène.

Kagan Y., *Dictionnaire de pratique gérontologique*, Éditions Frison-Roche, 1996.

Sebag-Lanoe R. (1992), *Soigner le grand âge*, Desclée de Brouwer.

Ploton L. (1991), *La Personne âgée. Son accompagnement médical et psychologique et la question de la démence*, Chronique Sociale.

Maslow A., «Une théorie de la motivation» (2004 [1943]), en A. Maslow, *L'Accomplissement de soi*, Eyrolles.

Ferrey G. et Le Goues G. (1989), *Psychopathologie du sujet âgé*, Masson.

Pelicier Y. (1988), *Les Chemins de la psychiatrie*, Érès.

Lejeune A., Ploton L. (2012), «Vieillesse et résilience», en Cyrulnik B., Jorland G. (eds.), *op. cit.*

Frankl V. (1988), *Découvrir un sens à sa vie*, Éditions de l'homme.

Jacob F. (1987), *La Statue intérieure*, Odile Jacob.

Hanus M. (2001), *La Résilience. À quel prix?* Maloine.

Tomkiewicz S. (1999), *L'Adolescence volée*, Calmann-Lévy.

Ploton L. (1995), «Les effets psychologiques de la solitude chez les personnes âgées», *Gérontologie*, n° 96.

Winnicott D. (1989), «La capacité d'être seul», en D. Winnicott, *De la pédiatrie à la psychanalyse*, Payot.

Delage M. (2012), Résilience et famille», en B. Cyrulnik, G. Jorland (eds.), *op. cit.*

— (2010), «La famille confrontée au traumatisme», en B. Cyrulnik, M. Delage (eds.), *op. cit.*

Maisondieu J. (1995), *L'Idole et l'Abject*, Bayard.

Bois J.-P. (1994), *Histoire de la vieillesse*, PUF.

Kagan Y. (1998), «De la gérontophobie à l'âgisme», *Encyclopédie médico-chirurugicale*, Elsevier.

Pelicier Y. (1984), «Stéréotypes et réalités psychologiques», en I. Simeone, G. Abraham, *Introduction à la psychogériatrie*, SIMEP.

Ennuyer B. (1991), «L'objet «personne âgée»», série *Mutation*, n° 124, *Autrement*, págs. 14-18.

Maisondieu J. (2011), *Le Crépuscule de la raison*, Bayard.
Ploton L. (2004), *Maladie d'Alzheime. À l'écoute d'un langage*, Chronique Sociale.
Bauby J. D. (1997), *Le Scaphandre et le Papillon*, Robert Laffont.
Kübler-Ross E. (1975), *Les Derniers Instants de la vie*, Labor et Fides.
Sebag-Lanoe R. (2008), *Propos sur le grand âge*, Doin.
Fromm E. (1978), *Avoir ou être*, Robert Laffont.
Pellerin J. (2010), «Éthique et vieillesse», en E. Hirsch, *Traité de bioéthique*, Érès.

A modo de conclusión

Serge Sirvain y Louis Ploton

> «Quien se doble será enderezado. Quien se incline seguirá entero. No hay nada más flexible que el agua. Para vencer lo duro y lo rígido, nada la supera. La rigidez conduce a la muerte. La flexibilidad conduce a la vida.»
>
> Lao Zi, *El camino del Dao* (300 a.C.)

Hablamos de resiliencia, como hemos visto en estas páginas, cuando después de un trauma grave o de un período severamente traumático se reanuda una forma de desarrollo fecundo en estos ámbitos: psicológico, conductual y social. Cada individuo reacciona de forma original, como un árbol cuyo tronco ha sido cortado y que vuelve a crecer a partir de una rama secundaria.

    Después de haber intentado caracterizar el fenómeno era importante ver cómo se entendía en distintas culturas. Y luego, por una parte, saber cómo, en la edad avanzada, podía apoyarse en un terreno relacional favorecedor de su emergencia y desarrollo; y en contrapunto, qué hipótesis formular sobre las dinámicas psíquicas en acción. En otras palabras: qué resortes, qué mecanismos psíquicos constituyen el soporte de una resiliencia posible, pero también cuáles son los que pueden quebrar su emergencia o su éxito. Esta pregunta va de la mano con otra también crucial: ¿una experiencia resiliente inmuniza y transforma en resiliente para siempre? Y, por añadidura, ¿no corre el interesado —en especial al final de la vida— el riesgo de un regreso doloroso de la memoria del trauma, que aun habiendo sido superado no ha sido borrado?

En busca de respuestas, hemos preguntado a profesionales clínicos experimentados, que actúan en distintos ámbitos relacionados con las cuestiones de la vida: neurólogos, psicólogos, psiquiatras, psicoanalistas, médicos geriatras, antropólogos... Todos, a partir de su experiencia, han aceptado formular hipótesis y transmitir tanto sus reflexiones como su íntima convicción, en un ámbito donde la acción debe ir precedida necesariamente por estudios que puedan ser demostrativos, suponiendo que los haya metodológicamente posibles y creíbles.

Para ser del todo honestos, añadiremos que este libro es el fruto del encuentro de autores cuyo punto en común consiste en ser libres y originales en sus puntos de vista sobre la resiliencia. Es sobre todo un libro de amistad, de descubrimientos, de enriquecimientos, de respeto, de intercambios, de puestas en común entre corrientes de pensamiento. Así, está basado en gran medida en los trabajos del grupo coordinado por Antoine Lejeune y Boris Cyrulnik apodado «los herejes de Lourmarin», cuya particularidad es la de haberse dedicado desde hace más de diez años a esta problemática en el anciano, el muy anciano, el demasiado anciano para algunos, incluso «fuera de edad».

La gravedad del tema justificaba estos encuentros interdisciplinares, porque la vejez es un tiempo de adaptación, de cambio, en el que la transición entre envejecimiento normal y patológico es una cuestión compleja. Además, se percibe a menudo en términos de obligaciones, hándicaps, incluso de inutilidad, como un conjunto de déficits, pérdidas o limitaciones, pero también como una enfermedad en sí misma: de ahí la tendencia a querer medicalizarla a toda costa y, sin embargo, al menor precio.

Pero curiosamente, aun cuando se sabe caracterizar el envejecimiento, recordemos que es muy difícil definir la vejez, salvo que «el viejo» es necesariamente otro, distinto de mí. Por tanto, no es la vejez lo más difícil de soportar para los interesados, sino la representación que de ella tienen los más jóvenes, transmitida por sus miradas y sus palabras, cargada de múltiples formas de exclusión, de tal modo que el viejo está implícitamente destinado a la residencia de la tercera edad. Aunque envejecer constituya en sí una «maravillosa desgracia», la vejez raramente es vista como la emergencia (ciertamente obligada) de nuevas adaptaciones, incluso como el desarrollo de nuevas capacidades y competencias o una actividad que debemos animar y amplificar.

Y lo propio de la mirada gerontológica es interesarse por todos los aspectos del envejecimiento de los seres vivos, tanto en su registro individual, psíquico y físico, como en su registro colectivo, sociológico o económico.

Como lo describió Claudine Badey-Rodriguez[1] y lo ha retomado recientemente Thierry Darnaud,[2] de entre las diferentes especialidades de la medicina hay que señalar que la geriatría sigue siendo, hoy en día, la disciplina más cercana a las personas, ya sea por la diversidad de sus lecturas clínicas, con su necesaria interdisciplinariedad, como por su necesaria relación con la muerte: «En gerontología, la pregunta por el sentido de la vida de un viejo y, de forma más general, por el sentido de la vida para todo ser humano, siempre está presente en la relación. Los cuidadores son interpelados en su propia historia, en su finitud y la de sus allegados, y se enfrentan a sus propias angustias.»

Volviendo a la resiliencia, es posible tener la impresión de que ya se ha dicho y escrito todo desde hace mucho tiempo, pero inicialmente había pocos investigadores y autores interesados específicamente en los formidables recursos de nuestros mayores. A modo de ejemplo —y hace ahora ya más de treinta años— Michael Rutter[3] describía la resiliencia como «un fenómeno que se manifiesta en sujetos jóvenes que evolucionan favorablemente, tras sufrir una forma de estrés que, en la población general, es visto como un riesgo serio de consecuencias desfavorables». Esto dejaba un lugar muy incierto la exploración de las posibilidades de resiliencia en el anciano, laguna que esta obra quiere contribuir a reducir.

Pero todavía tenemos que repasar brevemente algunas particularidades de la edad avanzada.

---

1. Badey-Rodriguez C. (1989), *Les Personnes âgées en institution: vie ou survie*, Seli Arslan.

2. Darnaud T. (2012), *De la maltraitance à la relation de traitance*, Chronique Sociale.

3. Rutter M. (1993), «Resilience: Some conceptual considerations», J. Adol. Hlth., 14, págs. 626-631.

Los factores de resiliencia

Los factores de resiliencia[4] en una persona anciana parecen estar vinculados con la historia del paciente (ruptura en la infancia, inmigración, etc.) y con la constancia para crear relaciones durante la vida, pero también con una capacidad de relativización del presente, a la que se añade una parte de optimismo,[5] basada en la aptitud para desarrollarse en un universo de representaciones internas...

En este sentido, recordaremos que en los ancianos «la identidad narrativa es más fuerte que nunca, ya que han repensado, explicado, tratado de entender, escrito, evocado y, con la edad, quieren más que nunca entender qué ha pasado. Así, las dos palabras claves de la resiliencia, el afecto y el sentido, están en ellos más vivos que nunca, aunque adopten una forma distinta». Y Boris Cyrulnik añade: «En efecto, no podemos dar sentido si no asociamos la memoria con el proyecto, es decir, una representación de uno mismo en el futuro».[6]

Para construir esta narración del pasado, esta necesaria asociación de las distintas piezas del puzzle de una vida, este trabajo «del envejecer», este afecto recuperado y este sentido dado por la palabra se necesitan uno o más interlocutores, ya sean cuidadores familiares o profesionales.

La resiliencia, recordémoslo, es un proceso que puede permitir a personas que sufren seguir desarrollándose a pesar de la adversidad del pasado, el presente y el futuro. El anciano puede ser doblemente resiliente, teniendo en cuenta el trauma anterior, pero también bajo una forma de neo-resiliencia, si el trauma irrumpe durante la vejez. Porque haciendo uso del pasado y narrándolo, viviendo el presente y preparando el futuro, aún es posible y concebible una resiliencia...

---

4. Ribes G. (2004), «Facteurs de résilience chez la personne âgée», en A. Lejeune (ed.), *Vieillissement et résilience*, Solal, págs. 69-78.

5. Ionescu S., Jourdan-Ionescu C. (2011), « Évaluation de la résilience », in S. Ionescu (ed.), *Traité de résilience assistée*, PUF, págs. 61-127.

6. Cyrulnik B. (2005), «Résilience des sujets âgés», *Synapse*, junio de 2005, número especial.

La disposición de un tutor de resiliencia...

La resiliencia es un proceso que se elabora sobre todo con la ayuda de un apoyo externo, un «tutor de resiliencia», por tenue que sea. Puede ser un pariente, una persona o un contexto de vida el que desempañe este papel. Algunas familias, como explica Michel Delage[7], son más propicias para el surgimiento de una resiliencia individual o colectiva.

Esta resiliencia puede apoyarse, particularmente, en la calidad de los apegos iniciales, pero aunque «el resiliente deba recurrir a los recursos internos impregnados en su memoria, también tiene que luchar para no dejarse arrastrar por la pendiente natural de los traumas que le hacen ir dando tumbos hasta el momento en que una mano tendida ofrece un recurso externo, una relación afectiva, una institución especial o cultural que le permitirá salvarse...». Aquí, los recursos externos se añaden a los internos (a menudo insuficientes). Y, según Boris Cyrulnik, «la metamorfosis del tejido resiliente permite dar una imagen del proceso de la reconstrucción de uno mismo. Pero debemos ser muy claros: no hay reversibilidad posible después del trauma, hay una exigencia de metamorfosis». Conviene añadir que, con independencia de las buenas voluntades e intenciones de los terceros, la resiliencia sigue siendo una alquimia entre distintos actores que no es reproducible y nadie podrá autoproclamarse como «tutor certificado».

Con todo, como profesionales del ámbito gerontológico nos corresponde establecer un contexto de cuidados favorable, un terreno de resiliencia que permita la emergencia posible de un tutor y hacer de tal manera que, si hay algunas chispitas de resiliencia, se conviertan en fuego. También corresponde a los profesionales preguntarse por las emociones que comparten con sus pacientes.

En este sentido, como escribe Michel Maestre, el maridaje y la constitución de una red entre la «resonancia», tal como la propone Mony Elkaïm, y la «resiliencia», tal como la define Boris Cyrulnik, son posibles y pueden funcionar. Y «cabe considerar que el terapeuta no pue-

---

7. Delage M. (2004), «Résilience dans la famille et tuteurs de résilience. Qu'en fait le systémicien?», *Thérapie familiale*, 3/2004, 25, págs. 339-347.

de eludir sus emociones. Éstas a veces bloquean el proceso terapéutico. Entre resonancia y resiliencia, las emociones se armonizan. En efecto, si el trabajo de las resonancias sitúa al terapeuta en el ámbito de las emociones, el desarrollo de un contexto terapéutico que favorece la resiliencia corresponde también al mundo de las representaciones afectivas. Debemos tejer pues nuestras intervenciones interrogando el sentido de la narración. El lenguaje, incluyendo todo lo que se oye en el secreto de nuestras consultas, es un lenguaje codificado cuyo sentido debemos encontrar. ¡No el sentido en sí, sino el sentido para sí, para nosotros, para cada uno de nuestros pacientes!».[8]

Dicho esto, queda salir del avispero utilitarista, es decir, escapar a la tendencia generalizada que consiste en comulgar con la idea que nuestros pacientes nos plantean a veces y que algunos propagan demasiado fácilmente: que una vez se es viejo, no sirve uno para nada, ¡como si fuera necesario servir para algo para merecer vivir!

Ya que esta forma de ver las cosas entra peligrosamente en resonancia con las palabras de Michel Houllebecq cuando dice que «sólo un país auténticamente moderno [es] capaz de tratar a los viejos como puros desechos».[9] Ahora bien, esta mirada sobre la vejez contiene el riesgo implícito (incluso más) de derivas eugenésicas cuyas consecuencias hay que rechazar, negándose incluso a imaginarlas. Una sociedad digna de su nombre no puede no combatir estas derivas.

---

8. Maestre M. (2002), «Entre résilience et résonance. À l'écoute des émotions», *Cahiers critiques de thérapie familiale et de pratiques de réseaux*, 2/2002, 29, págs. 167-182.

9. Houellebecq M. (2005), *La Possibilité d'une île*, Fayard, París.

Los autores

Marie Anaut es profesora en la universidad Lyon-II, psicóloga clínica y psicoterapeuta familiar. Dirige investigaciones sobre las trayectorias vitales traumáticas y las problemáticas individuales y familiares que de ellas resultan, en el marco del Centro de investigación psicopatológica y psicología clínica (CRPPC, Lyon-II). Ha publicado muchos libros y artículos sobre la resiliencia y sus aplicaciones clínicas.

Claude Béata es un veterinario conductual diplomado en las Escuelas Nacionales de Veterinarios, diplomado en el Colegio europeo de Medicina conductual veterinaria (ECVBM-CA), coordinador del diploma universitario en Psiquiatría veterinaria de la Universidad Claude-Bernard-Lyon-I. En los grupos interdisciplinarios de trabajo sobre la resiliencia aporta la dimensión de patología comparada que permite establecer puentes entre los trastornos conductuales animales y los sufrimientos humanos, subrayando a menudo que estamos más frente de una diferencia de grado que de naturaleza.

Alain Brossard es doctor de Estado de Letras y ciencias humanas. Se interesa por los efectos reguladores de las conductas no verbales, especialmente la mirada, en las personas con procesos cognitivos normales o patológicos. Es autor y traductor.

Boris Cyrulnik es neuropsiquiatra y director de enseñanza en la Universidad de Toulon.

Michel Delage es psiquiatra, antiguo profesor del Servicio de sanidad de los ejércitos, antiguo jefe de servicio de psiquiatría del Hospital de instrucción de los ejércitos, Sainte-Anne, en Toulon y terapeuta familiar (consulta en el Hospital de instrucción de los ejércitos en Toulon y en la asociación Vivir en familia en La Seyne-sur-Mer). Trabaja sobre el modelo de apego en la comprensión de los sistemas familiares, así como en la resiliencia familiar.

Jacques Gaucher es psicólogo clínico, profesor en la Universidad Lumière-Lyon-II, en el Instituto de Psicología, en el laboratorio «Salud, individuo, sociedad» (EAM SIS/HCL 4128). Más concretamente trabaja en los procesos psíquicos en el envejecimiento y la vejez así como el proceso de resiliencia en las personas mayores, los desafíos psíquicos del «binomio cuidador/mayor», los impactos psíquicos de la enfermedad de Alzheimer y los trastornos aparentes del sujeto enfermo y sus allegados.

Pascale Gérardin es psicóloga clínica especializada en neuropsicología, ejerce en el CHU [Centro Hospitalario Universitario] de Nancy y en el CMRR de Lorraine (centro Memoria de recursos y de investigación).

Cyril Hazif-Thomas es psiquiatra geriátrico, jefe de servicio de la Intersectorial de gerontopsiquiatría en el CHRU [Centro hospitalario regional universitario] Brest, EA 4686, «Ética, profesionalidad y salud», UBO [Universidad Bretaña Occidental] de Brest.

Yves Kagan es médico internista y geriatra, jefe de servicio de la Fundación Rothschild en París. Considera que la medicina de la edad avanzada es un modelo emergente de medicina sistémica de la complejidad humana. Sus escritos se alimentan de su práctica, que tiene por objetivo transmitir un saber sobre el universo de la tercera edad y difundir cómo arroja mayor luz sobre nuestra comprensión de la condición humana.

Antoine Lejeune es médico neurólogo, responsable de una consulta de memoria de proximidad en Aix-en-Provence. También es vicepresidente de Francia Alzheimer Bouches-du-Rhône.

Pierre Lemarquis es neurólogo, cofundador de la Sociedad Internacional de Neurología del Sur, y explora la relación entre el arte —en especial la música— y el cerebro. Miembro del grupo de investigación sobre «Envejecimiento y resiliencia», es profesor adjunto de etología en la universidad de Toulon.

Jérôme Pellerin es psiquiatra, jefe de la Unidad de Psiquiatría para las personas mayores en el hospital Charles-Foix en Ivry. Basa su práctica en las aportaciones de la psicoterapia institucional y se interesa por los efectos del envejecimiento en los sistemas.

Marion Péruchon es psicóloga clínica, psicoterapeuta, catedrática en la Universidad René-Descartes-Paris-Sorbonne-Cité (Instituto de psicología, Laboratorio de psicología clínica y patológica). Sus principales temas de investigación son la psicosomática del adulto; el envejecimiento (las crisis de la vida) y la vejez (la normalidad y la patología, como el Alzheimer); psicoanálisis y creación.

Louis Ploton es psiquiatra, profesor emérito de gerontología en la universidad Lyon-II. Desde hace treinta años desarrolla modalidades terapéuticas individuales, grupales e institucionales para los enfermos del Alzheimer, con observaciones clínicas sobre su funcionamiento psicoactivo y sus modos de comunicación. Es autor de numerosas obras.

Jean-Pierre Polydor, neurofarmacólogo, es neurólogo en Cannes. Ha participado en ensayos clínicos de fármacos para el Párkinson y el Alzheimer. Ha desarrollado un método de comunicación basado en gestos con sus pacientes de Alzheimer llamado «teatro de la relación», basado en las neuronas-espejo. Participa en la aplicación de este método para restablecer las relaciones sociales entre la pareja cuidador/enfermo y los hijos dentro de la asociación «Alzheimer Trazo de Unión».

Gérard Ribes es psiquiatra, antiguo profesor asociado de psicología, director de docencia, investigador asociado en el laboratorio Salud, individuo, sociedad (EAM SIS/HCL 4128). Trabaja en las dinámicas familiares y conyugales en el envejecimiento, en particular en el Alzheimer y los trastornos aparentes, así como en la resiliencia en el anciano y su articulación en los procesos de cuidado en las instituciones geriátricas.

Serge Sirvain es doctor en medicina, médico hospitalario en geriatría, responsable del equipo móvil geriátrico en el centro hospitalario Alès-Cévennes. Es ante todo un profesional clínico, autor de distintos artículos científicos. Trabaja principalmente en la pluridisciplinariedad y el contexto de los cuidados, con la finalidad de que la geriatría no sea la medicina de la vejez, sino la que trata las enfermedades de las personas mayores, manteniéndose cercana a las personas.

Philippe Thomas es gerontopsiquiatra en el centro hospitalario Esquirol en Limoges.

Mireille Trouilloud es psicóloga clínica, doctora en psicopatología, vicepresidenta de la Asociación Rhône-Alpes de gerontología psicoanalítica. Ejerce en Grenoble dentro de un centro de día gerontológico, un EHPAD (albergue para personas mayores dependientes) y un centro de prevención. Sus actividades clínicas también se centran en la ayuda (individual, familiar y grupal) a los cuidadores familiares y profesionales. Sus trabajos teórico-clínicos versan sobre el impacto de los trastornos cognitivos en la vida psíquica, familiar y la relación de cuidado; la psicoterapia durante el envejecimiento y las patologías psicocognitivas; los trastornos del ideal durante el envejecimiento y sus repercusiones en el vínculo relacional.

g